河南省“十四五”普通高等教育规划教材
小 学 全 科 教 师 培 养 系 列 教 材
总主编 陈冬花 李跃进 刘会强 李社亮

小学数学课程标准与教学设计

主　编　吴　宏　张鸿军
副主编　朱海林　方勤华　刘广军
参　编　杨　倩　杨建辉　梁修振　李小静

南京大学出版社

图书在版编目(CIP)数据

小学数学课程标准与教学设计 / 吴宏，张鸿军主编
. -- 南京 ：南京大学出版社，2021.7
ISBN 978-7-305-24720-0

Ⅰ. ①小… Ⅱ. ①吴… ②张… Ⅲ. ①小学数学课一课程标准②小学数学课一教学设计 Ⅳ. ①G623.502

中国版本图书馆 CIP 数据核字(2021)第 137256 号

出版发行 南京大学出版社
社 址 南京市汉口路 22 号 邮 编 210093
出 版 人 金鑫荣

书 名 小学数学课程标准与教学设计
主 编 吴 宏 张鸿军
责任编辑 曹 森 编辑热线 025-83592123

照 排 南京南琳图文制作有限公司
印 刷 南京玉河印刷厂
开 本 787×1092 1/16 印张 15.5 字数 372 千
版 次 2021 年 7 月第 1 版 2021 年 7 月第 1 次印刷
ISBN 978-7-305-24720-0
定 价 43.00 元

网址：http://www.njupco.com
官方微博：http://weibo.com/njupco
官方微信号：njupress
销售咨询热线：(025) 83594756

编 委 会

前　言

小学教育是教育事业的基础。小学阶段是发展学生数学思维、数学学习习惯、数学学科素养与创新精神的关键期，对于提高未来公民的理性精神、人文精神和身心健康发展起着奠基作用。教师是学校变革以及学生发展的动力和关键因素，小学教育的重要性对小学教师的培养与专业发展都提出了更高的要求。深刻领悟课程标准的基本理念，建构扎实的教学设计理论基础，培养教学设计能力是教师专业能力的重要内涵。

本书的设计思路是：首先，上编以义务教育数学课程标准为基础，以小学数学教育研究的新进展为指导，以教学设计所需要的理念和知识为线索，总结和梳理小学数学教学设计所需要的数学教学观念、数学课程知识、数学教材与内容知识；其次，下编从一般与特殊、整体与局部、基础与提高的层面，理清教学设计的基本规范、教学设计整体与局部的关系、具体内容的教学设计和教学评价设计的知识。立足小学数学教学设计的系统需求，以期有利于教师形成结构合理的教学设计知识和能力，树立科学的设计理念与价值观。最后，以"教育名言""学习目标""学习策略""问题导入""预备知识""本章小结""思考训练"栏目呈现，教学资料包配备"拓展阅读""拓展链接"，增强本书的可读性，促进教师教学设计知识的融合。

本书的特点：一是充分发挥理论指导教学设计实践的作用。上编课程概述、课程理念与课程目标的解读，旨在形成科学的教学价值取向，为教学设计做好观念准备；结合《义务教育数学课程标准》进行课程内容与教材分析，旨在形成完整的知识结构体系，为教学设计做好知识准备。下编教学的基本规范与整体系统理论，旨在形成合理的思维架构，为教学设计做好行动准备。二是章节内容逻辑清晰，条分缕析、层层递进。各章的编写内容，先是概括介绍内涵、特点、要素、价值，再重点阐述设计的依据、原则、具体策略以及案例分析。在回答"是什么""为什么"的基础上，重在指导"怎么做"。三是教师教学设计实践指向小学生的深度学习和全面发展。各章节内容的编写，都基于小学生的学习经验与特征分析，以培养小学生学科核心素养为目标，提出教学设计的方法、策略与模式，体现出与

《义务教育数学课程标准(2011 版)》理念的高度一致性。四是内容与呈现方式助力课程学习者的学习及其教师专业能力养成,具备实用性。“学习策略”是学习的方法指导,便于自学和小组合作学习;“问题导入”以“问题”引发学习兴趣,成为贯穿一章的主线;“预备知识”旨在唤醒学习者已有的知识与经验,为新学习奠定基础,达成知识的迁移与内省;“本章小结”进一步明确章节观点,强调重点、难点与章节框架结构,起到承前启后的作用;“思考训练”检测学习结果,用于课堂教学评价与自我评价,另外每章在章首二维码中也为学习者提供了丰富的拓展资料,微信扫码即可获取。

本书的编写工作如下:吴宏编写前言、上编第一章与下编第三章;杨倩编写上编第二章;杨建辉编写下编第一章;梁修振编写下编第二章;朱海林、李小静编写下编第四章。最后,吴宏校对与统稿全书。

编写过程中用到一些优秀教师的教学设计与案例已经在书中注明。张鸿军老师提供大量的案例;张珂老师负责图形绘制,方勤华教授和刘广军教授审阅稿件并给予悉心指导。在此感谢所有参加编写工作的朋友们,也借此机会感谢所有参与编写工作的单位。衷心希望该书对小学教育的研究与实践有参考价值。

编　者

2021 年 5 月

目　录

上编　小学数学课程与教材解读

下编　小学数学教学设计

上 编

小学数学课程与教材解读

第一章
小学数学课程

扫码查看
本章资源

> 数学是一种思维训练，特别是关于语言的使用。
>
> ——弗赖登塔尔(Hans Freudenthal)

内容提要

本章在概述小学数学课程的基础上，从课程目标、课程内容、数学活动、数学学习评价和课程与信息技术的整合，阐释《义务教育数学课程标准(2011 版)》(以下简称《新课标》)的基本理念。对小学数学课程目标及其核心概念做出重点解读。

关键词

小学数学课程；课程标准；课程目标；核心概念；学科核心素养

学习目标

1. 能结合数学和数学教育的本质，理解《新课标》的基本理念，树立科学的数学教学观念；
2. 了解近年来国际小学数学课程改革趋势，以及我国小学课程的发展与特点；
3. 认识《新课标》的基本理念、目标体系和内容框架之间一脉相承的关系；
4. 理解小学数学课程标准中的十大核心概念。

学习策略

本章是课程的思想观念部分。理解数学与数学教育的本质，深入分析《新课标》，直接影响教学设计的价值取向。因此，需要投入较多时间和精力弄懂相关概念，并在头脑中初步形成科学的教学观念。对于较为陌生和抽象的概念，需要结合教学案例，联系自身学习经历，多对比、多联想、多提问，在反复阅读中获得深刻理解。其中，加大课外阅读和深入思考最为关键。

测测你的数学教学观

填写问卷量表(见章首二维码资源),自测数学教学观。

工具主义取向教学观的表现:在数学观上,把数学看成由事实、法则和技巧构成的一套工具,是一堆彼此无关却很有用的事实和法则;数学是其他学科的工具,受过训练的工匠熟练地利用它达到一些外在的目的。在学习观上,认为学生需要大量反复的练习,学习的目的是掌握技能和取得好成绩,掌握数学解题的方法和技巧也很重要。在教学观上,教师是讲授者,教学应严格遵守教学内容,把知识、解题能力和分数作为根本追求。

柏拉图主义取向教学观的表现:数学观方面,数学是由逻辑组成的结构体系,是静态的和确定的。学习观方面,学生要在完整的知识体系中理解概念,学习目标是将外在的知识内化为学习者的认知结构。教学观方面,教学目标是掌握数学基础知识和基本技能,提倡发现学习和有意义地接受学习;评价综合采用行为测验和认知分析的方法。

问题解决取向教学观的表现:数学观方面,数学是人类的发明创造,是动态开放的、可误的,由问题推动发展的;是社会建构的,在不断否定中得以发展。学习观方面,数学学习是知识建构的过程,师生间多边的交互活动是关键。教学观方面,教学为了引导学生的高阶思维活动,达到知识的深刻理解;教师是辅助者,学生是自信的问题提出者和解决者。

成为合格的小学数学教师,应以怎样的数学观、数学教学观和数学学习观作为指导思想?这就要回答:数学、数学教学和数学学习的本质是什么。解读《新课标》、了解小学数学课程及其基本理念和小学数学课程目标,能帮助我们树立科学的数学教学观念,为教学设计做好思想观念和知识结构准备。

本章预备知识

1. 什么是课程?什么是课程内容、课程内容的选择、课程内容的组织?
2. 什么是课程目标?什么是教育理念?
3. 什么是教材?教材在课程与教学中有什么作用?
4. 什么是课堂教学评价,评价的功能是什么?
5. 什么是课程标准?为什么要制定课程标准?

第一节　小学数学课程概述

小学数学课程概述主要包括数学与数学教育的本质,我国小学数学课程发展的背景、过程和特点。在国际小学数学课程改革的视野下,把握我国小学数学课程改革的方向。

一、数学与数学教育

（一）数学是模式的科学

数学研究是以抽象思维的产物作为直接对象的。“数学是研究关系的科学”①“数学是无限的科学”②。这两种说法揭示了数学的研究对象——“量”和“无限”是对于真实事物或现象的抽象和想象。“数学是结构的科学。当直觉和未经分析的经验表明在许多不同的背景下存在着共同的结构特征时，数学就有了任务，这就是以精确的和客观的形式系统地阐明基本的结构特征。”③当直觉和经验发现不同背景下存在共同的结构特征时，这些基本结构特征就成了数学研究的对象。由此可见，数量关系、空间形式和结构都是数学的研究对象。“数学家们寻求存在于数量、空间、科学、计算机乃至想象中的模式。数学理论阐明了模式间的关系；函数和映射、算子和射把一类模式与另一类模式联系起来，从而产生了稳定的数学结构。数学应用即是利用这些模式对于适用的自然现象做出解释和预言”④。数学概念、命题、解决具体问题的方法和策略都是数学模式，“它们反映的不是某一特定事物或现象的量性特征，而是一类事物或现象在量的方面的共同特性”⑤。从而，“数学的本质特征就是，在从模式化的个体作抽象的过程中对模式进行研究”⑥，“模式的科学”是对数学研究对象认识的概括和整合。数学模式是从实体中抽象并建立的复杂形式，由各个组成部分之间的某些关系假定的，以及包括隐含于这些假定模式中的其他关系。正如，教师在黑板上用粉笔线画的三角形，是三角形的特例，是一种模式。但教师要讲的却是所有这一类三角形有无限多个。教师讲的不是黑板上的三角形，而是广大空间中的三角形，还要研究隐含在三角形定义中的错综复杂性质。

数学是模式的科学，反映了数学在量和量度方面的抽象特征。第一，数学是从量的方面反映客观实在的。数学的抽象只保留了事物或现象的量的特性，却完全舍弃了它们的质的内容。对于“量性模式”中“量”的理解，随着数学的发展有一个演变的认识过程。比如，“数”和“形”曾是“量”的概念的基本意义，而今“量”概念已突破了这一历史局限。第二，数学抽象达到了更大的高度。除了一些基本的数学概念具有较为明显的现实意义之外，许多数学概念是由概念引出概念，抽象之上的再抽象。更有一些概念是数学抽象的理想化（可能量化模式），是人类思维的自由创造。数学模式的存在，只有对经验的理解（实际的理解或概念性理解）才能决定，“在感觉强烈时起作用，唤醒无限去认识有限的活

---

① 张奠宙，孔凡哲等. 小学数学研究[M]. 北京：高等教育出版社，2009：12－14.

② J. Papur. 数学家谈数学本质[G]. 王庆人，译. 北京：北京大学出版社，1989：571.

③ J. Papur. 数学家谈数学本质[G]. 王庆人，译. 北京：北京大学出版社，1989：298.

④ L. Steen. The Science of Patterns[J]. Science，1988，240(4852)：6－611.

⑤ 李奕娜，刘同舫. 工具与文化之间的数学品格——模式观的数学本体论下对数学意义的探索[J]. 自然辩证法通讯，2013，35(1)：84.

⑥ A. N. 怀特海. 数学与善[M]//邓东皋，孙小礼，张祖贵等. 数学与文化. 北京：北京大学出版社，1990：13.

动”①。模式的概念强调存在的相对性，即事物的联系和所涉及的背景关系。

(二) 数学的文化表现形式

数学是人类抽象思维的产物，在环境力量和遗传力量的共振下，构成了相对独立、动态和多元开放的文化系统，是现代文化形成的主要力量，又是其中极其重要的因素。作为人类文化相对独立的子系统，数学有其自身特殊的发展规律和价值，外部环境为它提供了必要的动力和调节因素。

1. 数学与整体文化的互动

数学具备模式科学的高度抽象性，决定了数学应用涉及人类物质生活的需要，数学方法影响自然科学和社会科学的研究与发展。数学推动了主客体的明确分离，确认外部世界具有内在的规律性。在定性基础上，定量地描述客观事物，以及准确地刻画了客观事物及其变化。两千多年前的古希腊人认为，科学和文化的本质是数学，数学“量化”和“科学化”的取向，增强了科学预见的可靠性和精确度。现代自然科学理论的普遍原理只是“一种暂时性的假说，其真理性完全取决于推导出的具体命题能否得到经验的确证”②，必须借助数学从事新的理论创造。

数学与文化间的互动，使其成为社会发展不可或缺的动力。从数学发展的历史文化层面上，不同民族和地域在不同时期各自生长了数学的萌芽，甚至有相当精深的发展。这种固有的与民族文化共兴衰的数学传统，深刻地折射了不同民族的自然观念、精神追求和思维旨趣。从人类历史发展的角度，不同文化对数学的重要性有不同的认识。比如，源于古希腊的现代数学传统重视抽象思维的价值取向，而中国古代则是重视数学的应用价值。民众的日常生活中，任何个体或文化群体都能自发地形成一定的数学知识，各社群都发展出自己的数学形式，这样视野的数学文化就摆脱了数学的欧洲中心主义。依据多元文化的立场对它们做出公正的评价，既尊重不同的数学形式，又吸取有益成分。同时，以整个社会群体作为直接对象分析，清楚地认识数学对整体性文化的影响，很大程度上决定了民众的世界观、方法论和价值观念。

2. 理性精神和人文精神

数学理性有一定的历史发展和演变过程。古希腊文明应用数学知识，以能够理解的规律认识杂乱无章的自然运动。“数学现代发展的研究对象由明显直观背景的量化模式扩展到可能的量化模式”③，为科学创造提供了必要的概念工具和现实的可能性。此外，数学对固有局限性的自觉反省和自我批判，证明了自身的局限性也是数学理性的重要内涵。克莱因认为，“数学是一种精神，一种理性的精神”④。数学理性精神的内涵是“主客体的严格区分；研究方法是精确、定量的，而非含糊和直觉的；批判的精神和开放的头脑；

---

① A. N. 怀特海. 数学与善[M]//邓东皋，孙小礼，张祖贵等. 数学与文化. 北京：北京大学出版社，1990：12.

② 郑毓信，肖红. 语言视角下的数学教学[J]. 课程·教材·教法，2009，29(9)：48.

③ 郑毓信，肖红. 语言视角下的数学教学[J]. 课程·教材·教法，2009，29(9)：48.

④ 克莱因. 西方文化中的数学[M]. 张祖贵，译. 上海：复旦大学出版社，2014：8－9.

抽象的、超验的思维取向”①。总之，数学理性精神的精髓在于，努力超越直观经验，以抽象思维达到对事物本质和普遍规律的认识，发挥数学在批判精神形成发展中的作用。

数学的人文精神表现在：第一，数学是人类理性的活动，展示人性追求自由和真理的本质。数学为人们提供了必要的信息，增强对自身的认识，“数学使得我们坚信，人类的力量足以解决自身的问题，而且到现在为止人类所能利用的最成功的方法是能够找到的”②。数学在一定程度上，增强了人类对自己文明的信心。第二，数学研究成果具备简单美、对称美、奇异美和统一美的特征，陶冶人的美感、增进人的审美能力和直觉力，体现人文关怀。第三，数学家的创造是直觉、想象和幻想。“数学是创造的艺术，因为数学家像艺术家一样的生活，一样的工作，一样的思索”③，“数学家无论是选择题材还是判断能否成功的标准，主要是美学原则……判断数学家能否成功，或者他的努力是否有价值的主观标准，都是非常自足的和美学的”④。无论是直觉主义流派，还是形式主义流派都十分重视直觉和想象在数学创造中的作用，遵循以简洁概括的形式，表达某种本质、规律的审美标准。

（三）数学知识的性质

数学量化模式和可能量化模式决定了数学知识的性质。数学是人类思维的产物，既是纯客观存在的体现，又要遵循数学严密的逻辑推理规则。数学一旦被发现或发明，只能依据一定的逻辑规范运转，不会因人的意志为转移。因此，抽象性和真理性是数学公认的性质，数学经验性是数学与其他自然学科的共同点，拟经验性是数学相对其他自然学科的特殊性。

1. 抽象性与真理性

（1）抽象性

数学最本质的特征是抽象性。数学是模式的科学，数学研究的量化模式和可能量化模式决定了数学的抽象性。数学抽象经历两个阶段：第一阶段，现实的抽象是从感性具体到理性具体的思维过程。数学基本概念是现实世界中数量之间以及图形之间关系的抽象，包含数学的定义、研究对象关系的术语和计算方法。第二阶段，逻辑的抽象是从理性具体到理性一般的思维过程。在第一阶段的基础上，第二阶段能够合理地解释前一阶段抽象所得到的概念，建构概念之间的结构形式，使抽象达到更高的水平。数学与其他学科抽象性的区别在于：第一，数学舍弃了事物的其他方面，仅保留数量关系和空间形式，这是由数学研究对象中的量化模式决定的；第二，数学概念中很多不是从现实原型抽象出来的，而是在数学抽象的基础上建构的，这是由数学研究对象中可能量化模式决定的。小学数学概念能在生活中找到原型，遵循了抽象深度“三个层次”的划分⑤。

---

① 郑毓信，王宪昌，蔡仲．数学文化学[M]．成都：四川教育出版社，2000：291－296．
② 克莱因．西方文化中的数学[M]．张祖贵，译．上海：复旦大学出版社，2014：192．
③ 斯蒂恩．马继芳，译．今日数学[M]．上海：上海科学技术出版社，1982：26．
④ 刘云章．数学教学哲学——断想[Z]．南京师范大学教科院：数学教育交流资料，2000：8－11．
⑤ 史宁中．数学基本思想18讲[M]．北京：北京师范大学出版社，2016：14．

（2）真理性

数学真理性体现在现实真理性和模式真理性。“实践是检验真理的唯一标准”①，数学的现实真理性和模式真理性符合真理的实践标准和数学标准。现实真理性指数学理论对于客观世界量性规律性的正确反映。模式真理性指数学理论建立在合理的抽象思维之上，具有一定的数学意义，确定了一个量化模式，即被认为关于这一模式的真理。数学以量化模式作为直接研究对象，量化模式的建构包含由主观思维的创造向客观独立存在的转化，数学严密的演绎逻辑决定了数学既是一种创造性的活动，又是一种客观的研究。

2. 经验性与拟经验性

（1）经验性

数学的经验性指，人类实践活动为数学认识提供了最基本的源泉。数学是思维对于客观世界量性、规律性，间接的、能动的反映。数学研究通常是由一定的假设出发进行演绎，再通过比较结论与事实，检验原先的假设。与其他学科不同的是，数学用于检验的不是观察报告，而是数学事实即证明或计算的结果。一些数学家认为数学是一门实验科学，数学实验处理的是思维对象，其结果必须从抽象的高度去把握。

（2）拟经验性

数学的拟经验性指，数学命题（理论）的真理性在很大程度上取决于它的数学意义，或者在数学中的成功性。拟经验性表明，“数学不是一般意义下的经验科学，有自己相对独立的价值标准，数学家可以自由地从‘纯数学’的角度从事自己的研究，无须随时顾及它们的真实意义”②。数学的经验性和拟经验性把数学实践置于首位。数学是数学家做或做过的事情，具有人类活动或创造所固有的不完善性，随着严密性标准的变化，或者新的挑战、新意义的产生而重新商榷。

（四）数学教育

数学教育既是一种社会文化现象，又是研究数学教学实践和方法的学科；既是各地课堂教学的实践，又是一门年轻的交叉学科。数学教育的社会性决定了数学教育要与时俱进、不断创新，其教育目标、教育内容、教育技术等都会随着社会进步而不断变革与发展。其中，如何处理好数学的学科体系与儿童心理发展规律的问题，是数学课程改革争论的焦点。

数学对数学教育有着根本性的影响，数学家对数学教育的影响主要体现在教学内容的选取与安排上。1908 年，在第四届国际数学家大会上，成立了国际数学联盟（International Mathematical Union，简称 IMU）的一个新的下属组织——国际数学教育委员会（International Commission on Mathematical Instruction，简称 ICMI），克莱因当选为该委员会的第一任主席。他是一位热心倡导数学教育改革的数学家，在 1900 年之后，他在演讲和著作中一再强调③：

（1）数学教师应该具备较高的数学观点，只有观点高了，事物才能显得明了而简单。

---

① 《光明日报》特约评论员．实践是检验真理的唯一标准[N]．光明日报，1978-5-11.

② 郑毓信．数学教育哲学[M]．成都：四川教育出版社，2001：101.

③ 陈昌平．数学教育比较与研究[M]．上海：华东师范大学出版社，2000：143-144.

一个称职的教师应当掌握或了解数学的各种概念、方法及其发展与完善的过程，以及数学教育演化的经过。

（2）教育应该是发生性的，所以空间的直观、数学上的应用，函数的概念是非常必要的。教几何学，在教科书的卷首上应该写上“欧几里得不是为孩子写这本书的”。

（3）应该用综合起来的一般概念和方法来解决问题，而不是去深钻那种特殊的解法。

（4）应该把算术、代数和几何学方面的内容，用几何的形式以函数为中心观念综合起来。

他的改革计划主要是关于教学内容的，虽然 100 多年过去了，但从我们当前的课程改革进程来看依然能引起我们的共鸣。

数学教育对提高公民科学文化素养、培养理性精神、形成完美人格具有重要的作用：第一，数学具有工具性、实用性的显性价值与文化等隐性价值；第二，数学教育是连接“科学”与“人文”教育的桥梁；第三，数学教育价值的多元化、综合化成为追求的目标。21 世纪，数学教育是指向核心素养的教育。为实现这一目标，小学数学教育应把着力点放在人的培养上，强调从自身的体验和感悟出发，激发学生喜爱数学、学好数学并善用数学思想、方法去探索自然和人类心灵，充分实现数学教育的科学价值和文化价值。

二、新中国成立以来我国小学数学课程的发展与特点

课程是教育中最主要的内容，教育的每一次改革必然会使课程发生改革。新中国成立以来，我国小学数学课程经历九次改革，以下主要介绍新中国成立以来我国小学数学课程改革中教学大纲（课程标准）和教材编写方面的改革，并简要论述我国小学数学课程的发展趋势与特点。

（一）小学数学教学大纲（课程标准）的改革与发展

新中国成立以来，国家正式颁布并实施 10 个教学大纲（课程标准）（见表 1－1）。这些教学大纲（课程标准）的颁布，确立了小学数学教育的基本方向，在数学课程的理念、目的、内容及课时安排等方面起着指导性作用。

表 1－1　新中国成立后小学数学大纲（课程标准）修改的基本情况

时间	名称	阶段	说明
1950 年	小学算术课程暂行标准（草案）	统一课程	主要吸取苏联和旧教育的教学经验及南方小学课程标准中的长处
1952 年	小学算术教学大纲（草案）	学习和模仿苏联	参照苏联《初等学校算术教学大纲》，学制是小学五年一贯制，初中一年算术
1956 年	小学算术教学大纲（修订草案）		在之前大纲的基础上，参考苏联大纲，修改为四、二制（初小四年、高小二年），初中一年算术
1963 年	全日制小学算术教学大纲（草案）	初步构建我国的小学数学课程	在总结新中国成立以来经验教训的基础上，学制为六年，小学全部学完算术

（续表）

时间	名称	阶段	说明
1978 年	全日制十年制学校小学数学教学大纲（试行草案）	拨乱反正，课程教材重建	在 1963 年大纲的基础上，根据我国实现四个现代化的要求，吸取国内外小学数学教学改革正反两方面的经验教训而制定，学制为五、六年制并存
1986 年	全日制小学数学教学大纲		在 1978 年大纲的基础上修订而成，是新中国成立以来的第一份正式大纲，学制仍为五、六年制并存
1992 年	九年义务教育全日制小学数学教学大纲（试用）	构建适应义务教育和未来发展需要的小学数学课程体系	根据《义务教育法》在 1986 年大纲的基础上进行修改、完善，学制仍为五、六年制并存
2000 年	九年义务教育全日制小学数学教学大纲（试用修订版）		在原试用大纲的基础上进行调整和修订，学制仍为五、六制并存
2001 年	全日制义务教育数学课程标准（实验稿）	颁布并实施新课标，编写和实验新教材	调整原来大纲，制定“课程标准”取代“教学大纲”。学制为小学初中九年一贯制，分三个学段：一至三年级、四至六年级、七至九年级
2011 年	义务教育数学课程标准		在原课标基础上修改、调整，使基本理念、课程目标、内容标准和实施建议都更加规范、全面。学制仍为小学初中九年一贯制

（二）小学数学教材的改革与发展

小学数学教材的改革和数学课程的发展变化紧密相关，修订和调整数学教材主要由人民教育出版社根据教学大纲（课程标准）进行，在教学内容、课程结构上进行相应的调整。部分历史时期，小学数学教材还体现地域化、政治化等特点。新中国成立以来小学数学教材变革的情况如表 1－2 所示。

表 1－2　新中国成立以来小学数学教材变革的基本情况

时间	教材情况	特点
1950 年	选用两套课本：刘松涛等编写的华北联合出版社的《初级小学算术课本》《高级小学算术课本》；俞子夷等编写的原大东书局出版的《初级小学算术课本》《高级小学算术课本》；1951 年教育部确定一律采用俞子夷版作为教材	新中国刚刚成立、新、旧解放区使用的教材不一致，教材的编写较仓促，不能贯彻 1950 年的课程标准
1952 年	人民教育出版社开始参照苏联课本编写五年制小学课本。从秋季开始编辑出版前三册，整套课本到 1955 年编完，称为“1952 年”教材	是新中国成立以来第一套全国通用教材。受苏联小学教材影响较深
1957 年	人民教育出版社根据 1956 年颁布的《小学算术教学大纲（修订草案）》编写《初小算术课本》（八册）和《高小算术课本》（四册）	根据大纲将“五年一贯制”学制改为“四二学制”。内容和编排基本与“1952 年教材”相同
1958 年	教育部补充修改原有教材，将初中算术内容编入小学教材，出版《初小算术课本》（八册）和《高小算术课本》（四册），称为“1959 年暂用本”	把初中算术内容移入小学，适应实际需要。初步克服机械学习外国，脱离我国实际的缺点

（续表）

时间	教材情况	特点
1960 年	在“教育革命”的影响下，各地教师组织编写“革新”教材。较有代表性的有北京师范大学数学系编写的九年一贯制《小学代数》课本和华东师范大学编写的小学数学课本。其他地区推出了地区试用本	大胆革新，首次把《小学代数》改为《小学数学》。较多地引入初中内容，学生学习的难度较大
1961 年	人民教育出版社依据教育部大纲编写《十年制学校小学课本算术（试用本）》（十册）和《珠算（试用本）》（一册），称为“1961 年教材”	调整教学内容，删繁就简，总结规律，突出重点。教材的教学效果较好，但存在部分内容陈旧的问题
1963 年	依据 1963 年大纲，人民教育出版社在“1959 年暂用本”和“1961 年教材”的基础上编写六年制《小学算术》课本	继承大纲的基本思想，以搞好基础知识的教学和基本技能的训练为目标。增加部分内容，提高难度
1968 年	在“复课闹革命”的号召下，各地推出“三算结合”实验教材。不实验“三算结合”的地区编写各自的五年制课本	各地的教材对教学内容的编排和设置各不相同。教材强调联系革命，忽视基本技能训练
1978 年	人民教育出版社编写《小学数学（试用本）》课本	是新中国成立以来使用时间最长、范围最广的一套教材。起到拨乱反正的效果
1981 年	人民教育出版社部分修改教材，改称为《五年制小学课本・数学》	做小的调整，使各册内容更均衡
1988 年	国家教委决定编写适用于“五四学制”“六三学制”使用的三种不同层次的教材。全国组织编写了八套半教材。主流教材仍然是人民教育出版社教材，并在全国二十多个省市地区进行教学实验。许多地区推出各具特色的小学数学实验课本	结束一套课本“一统天下”的局面。各地的数学实验课本各有特点，适应社会发展的新需求
1992 年	教育部颁布数学教学大纲，进行义务教育教材改革	确立“一纲多本”的教材使用。精简部分内容，减少珠算和大数目计算
2001 年	教育部正式颁布《基础教育课程改革纲要（试行）》，由 14 家出版社编写各类教材，在全国 42 个实验区实验。先后出现北师大版、人教版、苏教版和西南师大版的小学数学教材	重视实际教学经验，重新划分教学内容，教材编写更科学化、现代化
2013 年	人教版、苏教版等教材根据新课程的要求，重新修订原来的教材	充分考虑未来社会对公民数学素养的要求，广泛吸收数学教学改革经验，致力于小学生的数学学习和全面发展
	西南师范大学版根据新课程要求，重新修订原来的教材	情境创设联系学生生活、图文并茂，注重转变学生的学习方式，重视数学知识的形成过程及应用等。素材选取重视农村、关注西部；数学文化内容丰富而系统、呈现方式新颖；综合与实践操作性强、注重活动拓展；概念和法则呈现注意“淡化形式，注重实质”①

① 宋乃庆，宋运明等. 我国小学数学新教材编写特色探析——以西师版为例[J]. 西南师范大学学报（社会科学版）2014(3)：80 - 85.

（三）我国小学数学课程的发展趋势

新中国成立以来，小学数学课程经历长期的发展，无论教学大纲还是教材都处于不断更新和变革中。以下结合历次小学数学课程改革，简单论述我国小学数学课程的发展趋势。

1. 借鉴他国优秀成果，继续坚持中国特色

经历“苏联化”到“自主化”阶段。新中国成立初期，我国的小学数学课程受苏联影响较深，教学大纲和教材很大程度甚至照搬同时期苏联的数学课程。20 世纪 60 年代开始，由于政治上与苏联分裂，苏联教材又在我国的使用中出现了一些问题，我国开始结合本国实际情况和需求，修订和调整小学数学课程。

21 世纪，我国小学数学课程改革借鉴西方、日本等发达国家的经验，在改革中不断整合、改进，在学制、课程体系和教材编写上坚定“中国特色”，课程变化发展更结合实际、因地制宜。

2. 紧跟时代发展，不断更新数学教育内容和方式

首先，小学数学课程的内容设置随着时代变革不断做出调整。比如，已被取消或削弱的珠算、大数据的数计算；新增的计算机内容、丰富应用背景的学科交叉、教学技术与多媒体技术等。其次，对教师的教学方式提出更高要求，以符合现代数学教育的理念。再次，越来越突出教学评价的多样性和指导性。评价改革不断向多层次、多方位、综合评价的方向发展。突出评价在教学活动的指导性作用，以评价作为学习反馈，促进教师与学生共同进步。

3. 基于知识技能学习，以数学思维和能力培养为核心目标

小学数学课程改革从过去强调知识技能的学习，到通过知识技能学习，在问题解决的实践中培养学生的数学思维能力。教材编写上，既重视数学知识的内在逻辑基础，又突出内容编排符合儿童身心发展特点，更好地服务于儿童思维培养。比如，教材中“混而不乱”的描述性概念，恰当的“卡通化”处理。充分考虑数学概念与思维对象的关系，有意识地引导学生看图说话，从用自己的语言表达，到尝试运用较为准确的数学语言交流，不断地提高学生的数学交流和表达能力。总之，培养学生的数学思维，提升学生从实际背景中抽象数学问题的能力，引导学生善用数学解决问题，已成为小学数学课程的主要目的。

4. 立德树人任务下，凸显小学数学课程的文化浸润价值

基础教育立德树人教育目标下，数学的“真”——确定性；“善”——数学精神；“美”——理性美，具有“化人”和“育人”的价值。数学作为科学通用语言和抽象的最高表现形式，无论是内容、思想和方法，都以其真实和确定性成为人们思考和问题解决时值得信赖的思维模式。数学的确定性可以培养学生客观地认识世界，具有强化学生的理智感，丰富理性精神和提升理性能力的价值。数学是人类的独特创造，承载人类精神的追求，具有丰富的道德价值力量。发掘和彰显数学内敛和含蓄的道德力量，能够影响学生的行为规范与价值取向。数学发展的历史，让学生体会民族自豪感，以及人类不断超越自我的精神，在否定中寻求思想的自由创造。数学的准确性要求，学生形成不迷信权威、不屈从权贵和坚持原则的意识。数学作为艺术作品予以评论，欣赏、理解和感受数学的美，激励学生学习的持久动力，提升学生的审美品质和涵养。

(四) 以"双基"为核心的小学数学课程特点分析

从课程改革的实践历程看,自1952年我国首次明确提出"双基"教学,并在长期的实践中成为我国数学教育体系的核心特色。"双基"教学根植于我国"重视基础、重视训练"的教育传统理念,结合现代教育理念,学者们对"双基"理论做出进一步提炼与完善。

1. "双基"的内涵与特征

"双基"指数学基础知识和基本技能。中小学数学课程标准(教学大纲)所规定的教学内容就是数学基础知识;按照一定的程序与步骤进行运算、推理、作图、处理数据等心智活动方式就是数学基本技能。为回归"双基"培养知识技能和能力素养的本质,"双基"理论进一步发展"双基"成"四基"(基础知识、基本技能、基本思想、基本活动经验),在内容、教学和评价上具备以下特征:

(1) 内容

教材内容全面,讲究数学的逻辑体系,注重基础性。教学重视概念、技能的基础训练,强调常规练习和解题。

(2) 教学

突出启发式原则、学习的系统性与层次性,以及对知识的巩固,强调数学思想方法和数学解题思维的培养,重视分析问题和解决问题能力的培养,注重学生发展。通过变式教学发展思维,通过数学应用培养创新。

(3) 评价

在考试中引入开放性问题和非常规问题,评价主体和评价方式的多元化,进一步改进综合能力方面的考核系统。

2. "双基"理论的构建

张奠宙概括了"双基"理论的心理学特征①:记忆通向理解形成直觉;运算速度保证高效思维;逻辑系统支持演绎推理;依靠变式提高演练水平。纵向水平的三个层次:双基基桩建设;双基模块教学;双基平台。

顾泠沅和邵光华从外部结构特征(双基教学课堂结构、课堂控制、双基教学目标、双基教学的课程观、双基教学理论体系的开放性)五个维度、内隐特征(启发性、问题驱动型、示范性、层次性、巩固性)五方面概括中国双基教学。②

三、近年来国际小学数学课程改革

(一) 美国《州共同核心数学标准》③及其特点

1. 内容

2010年,美国正式颁布了《州共同核心数学标准》(Common Core State Standards for Mathematics,简称CCSSM)。其内容主要有:

---

① 张奠宙.中国数学双基教学[M].上海:上海教育出版社,2006:50-71.

② 邵光华,顾泠沅.中国双基教学的理论研究[J].教育理论与实践,2006(2):48-52.

③ 可参见,http://www.corestandards.org/Math/。

结构上，主要由导言、数学实践标准与数学内容标准三部分组成。导言部分介绍了数学标准的三个重要理念：高水平与系统连贯；学会解题且重视对数学的理解；为升学与就业做准备。实践标准和内容标准对主体内容做出了具体阐述。

具体内容上，数学实践标准部分描述了贯穿整个 K－12 学生所需要发展的八个数学实践能力：① 培养问题意识并坚持不懈解决问题的能力；② 数学抽象推理与数据分析能力；③ 建立切实可行的推断，并合理质疑他人推理的能力；④ 数学建模能力；⑤ 选择适当工具解决问题的能力；⑥ 数学实践中的精确性；⑦ 寻找并利用数学结构解决问题的能力；⑧ 在反复推理中发现并总结规律的能力。

数学内容标准部分由引言、概要和具体条目组成，其中 K－八年级、高中各自形成独立体系。小学部分一至五年级的内容标准主要包含四个领域：运算与代数思维，十进制数及其运算，测量与数据，几何。在三到五年级，学生开始学习分数。数学内容标准对各年级学生在每个领域应该掌握的内容都进行了具体描述。

2. 特点

(1) 标准实施的统一性

CCSSM 旨在统一美国年级的数学课程标准，追求重点突出且内容一致，能适用于美国各州、地方的中小学课程。

(2) 内容强调高水平、重视理解、前后连贯、重点突出

相对以往标准，CCSSM 在深度和难度上都有所加强，以提高美国学生的数学水平。内容上重点阐述数学学习中理解知识的重要性，并详细描述各年级标准的重点；要求各年级间具有连贯性，以实现实际教学中的自然过渡。

(3) 重视提升学生的能力，突出对数学建模和数学推理能力的要求

在实践标准中，CCSSM 明确了对学生八项能力指标的要求，具体提出了数学建模作为数学实践与教育的核心主线；CCSSM 将数学推理贯穿整个中小学课程。

(4) 打破分散的标准评价模式，建立与 CCSSM 一致的新评价系统

改变过去以终结性评价为主的方式，实行终结性评价与形成性评价相结合的模式；重视评价体系队伍的高水平，以保证测验的高质量。

（二）英国《Cockcroft 报告》《英国国家课程》及其特点

1. 内容①

《Cockcroft 报告》(简称《报告》)在整体结构上由三部分组成：① 数学教育的目的是满足学生成年后的生活、就业和进一步学习的需要。② 根据上述需要所建立的数学课程及教学方法。③ 阐述良好数学教育所需要的条件。

课程内容上，教学大纲部分罗列了知识和能力要求“基础表”，并对每一部分内容做出相应要求与教学建议，强调与生活的紧密联系。针对不同能力水平的学生，适当对数学知识进行不同程度的扩展与加深。

评价方面，试题应与其他测试方法结合，考试难度要适当，重视学生的自信心，重视对

---

① Cockcroft, W. Mathematics Counts. Report of the Committee of Inquiry into the Teaching of Mathematics in Schools[M]. London: HMSO, 1982: 5－41.

实际问题中利用数学知识方面的考查。

2013 年，英国教育部发布了《英国国家课程》[①]。具体内容方面，课程标准包含了教学目标、教学内容要求和学业成绩目标。对 KS1 和 KS2 的一至六年级学生，提出在数学的认识、计算、几何等方面的学习内容要求和学业成绩目标；强调对学生数学过程中口头表达能力的培养。评价方面规定："每学段末，学生应了解、运用和理解相应学习纲要中的知识、技能和过程。"

2. 特点

(1) 强调数学课程的高要求

精简了数学课程的内容，突出重点，内容广度明显缩小，但提高了对课程的要求。在基础知识与基本技能方面，不仅要求深入理解，还强调熟练性。

(2) 重视数学建模能力培养

一方面，贯彻"运用与应用数学"目标；另一方面，正式提出开展数学建模教育的主张，关注应用数学知识解决实际问题，强调解决不熟悉和非常规问题、数学建模问题。

(3) 重视发展综合数学素养

首次将"数学素养与数学"作为法定主题融入所有学科，体现学科的融合趋势。

(4) 重视数学评价与课程标准的一致性

以每阶段规定掌握的知识、技能和过程，作为学业成绩水平的考量。突出学业评价与课程标准的一致性，以利于学习的反馈和评价的针对性。

(三) 新加坡《小学数学教学大纲》

1. 内容[②]

2013 年《小学数学教学大纲》分为：简介、数学课程框架、教学与评估、小学数学课程内容四个部分。简介部分主要概述课程改革的背景、数学课程的目标体系和大纲设计。"以问题为中心"的课程框架用以指导数学课程的教学与评价。教学与评估部分关注数学的教与学，强调教学原则与学习阶段、经验对教学工作的影响，重视评价方式及评价与教学的整合。课程内容部分是对各年级学生数学课程内容的说明。

小学数学教育的总目标是：① 获取日常生活及进一步学习数学所需的数学概念与技能；② 通过"问题解决"培养学生的数学思维、逻辑推理、数学交流能力和数学应用意识，发展学生的元认知技能；③ 培养学生对数学的兴趣与自信。

教学与评估由学习活动经验、教与学、课堂评估三部分组成。学习活动经验方面，重点关注学生如何学习，强调认知与元认知技能的学习依赖于所建立的学习活动经验。教与学部分，"教"提出教师教学的三条原则；"学"分为准备、获得、掌握三个层次。

课堂评估包括评估作用、评估范围和评估与指导三个内容，一方面阐述评估在教学中的重要性；另一方面具体指导教师的实践过程。

---

① Khoon Yoong Wong, Kok Leong Boey, Suat Khoh Lim-Teo, Jaguthsing Dindyal. The preparation of primary mathematics teachers in Singapore: programs and outcomes from the TEDS-M study[J]. ZDM Mathematics Edecation, 2012(44): 293 - 306.

② 廖运章，卢建川. 2014 英国国家数学课程述评[J]. 课程. 教材. 教法，2015(4)：116 - 120.

2. 特点

(1) 在操作上具体明了，重视对教师教学工作的指导

在“学习活动经验”部分，用多种表达方式提醒教师应以学生为中心；在“教与学”部分，明确教师的教学原则，并具体描述每条原则；学习部分，说明在每个阶段教师应如何帮助学生有效学习；评估部分，阐述如何利用评估促进学生学习以及如何整合评价与指导。课程框架部分增加主题“这对教师意味着什么?”的文字说明，使教师对每部分意义有更深刻的理解与把握。

(2) 学习活动经验可操作性强，强调知识技能的整合

“学习活动经验”中具体说明通过构建学习活动经验发展学生的能力，实现二者的整合。各年级的小学数学课程标准中，要求将数学学习过程融入三部分知识模块的学习，并对行为进行详细说明。

(四) 国际小学数学课程改革的趋势

综合分析近年来几个国家的小学数学课程改革，东西方国家的数学教育体系逐步走向融合：既重视掌握知识技能，又重视思维与能力培养；既对课程标准做出统一要求，又强调学生的个性化发展。国际小学数学课程改革的趋势是：

1. 注重数学与其他学科的融合

小学生数学学习目标之一是能够初步学会运用数学的思维方式去观察、分析现实社会，解决日常生活和其他学科学习中的问题，增强应用数学的意识。因此，数学与其他学科的整合会成为一种发展趋势。

2. 教育技术有机融入数学教育

比如，教师借助各类软件快速、形象和及时反馈等优点，实现更好的教学互动；“慕课”的快速发展和传播，深刻影响未来数学教育。

3. 以问题解决为核心

许多国家提出：问题解决不仅是学习数学的目标，也是学习数学的主要方式。问题解决能够让学生意识到数学与现实的联系，是提高学生解决问题能力、培养创新能力的重要方式。

4. 重视以学生为主体的学习活动

教师以教学目标的某一项及学习大纲的某个水平为出发点，组织学生学习活动。这类活动针对性强、内容集中、便于教学组织，或选择开放性课题任务，进行开放性教学活动，使学生有机会接触多个教学目标，涉及多个学习水平。

5. 课程目标的个性化与差异化

课程安排多种可供学生选择的数学活动，学习程度也有一定的弹性，使不同发展水平的学生都有收益，有利于学生的个别差异。

6. 小学数学课程评价的变化

建立以监控质量为指向的、稳定的评价机制；开发旨在促进学生灵活运用知识以及创造性地解决问题的题库；倡导具有较强实践性和开放性的质性评价；有机结合评价与课堂教学活动等。

7. **构建学生核心素养体系**

数学学科核心素养问题引起人们的关注，它是学习者在学习数学或数学某一领域所应达成的综合性能力。正确理解数学核心素养与数学思想方法的关系，成为构建数学核心素养体系的重要问题。

第二节　小学数学课程的基本理念

小学数学课程的基本理念贯穿《新课标》，是其编写的重要基础，指导义务教育数学教育改革的方向，推动我国数学教育的不断发展。深入理解课程基本理念，有利于形成新的数学教育观念，以更高观点体会、理解数学课程的内涵。

一、课程目标的基本理念

《新课标》义务教育阶段课程标准的性质是："义务教育阶段的数学课程是培养公民素质的基础课程，具有基础性、普及性和发展性。数学课程能使学生掌握必备的基础知识和基本技能，培养学生的抽象思维和推理能力，培养学生的创新意识和实践能力，促进学生在情感、态度与价值观等方面的发展。义务教育的数学课程能为学生未来生活、工作和学习奠定重要的基础。"①"数学课程应致力于实现义务教育阶段的培养目标，要面向全体学生，适应学生个性发展的需要，使得：人人都能获得良好的数学教育，不同的人在数学上得到不同的发展。"②

（一）小学数学教育要促进每个学生的发展

数学课程性质中的"基础性、普及性和发展性"，是指小学数学课程的受众和适用范围是广泛的、内容是基础的、不断发展与时俱进的。"基础性"指：小学数学知识中的算术、初等几何和统计概率初步是学科基础，算术和几何中的基本术语、数学法则和运算技能是学科领域各分支的基础；小学数学知识包含数学高深分支中重要的概念和基本原理，其中蕴含丰富的数学思想方法，它们决定着数学思维的深度、广度和灵活度。理念中"面向全体学生""人人"强调课程关注每个学生，是对"普及性"的呼应，体现大众数学的教育思想。"发展性"指：小学数学能够让学生掌握现代生活和学习所需要的数学知识和技能，为学生未来生活、学习和工作奠定基础。

（二）小学数学课程应提供良好的数学教育

良好的数学教育超越了对数学学科的要求，需要数学课程兼具智育、德育和审美等促育人功能。新课程除了提供学生适应未来生活和进一步发展所必需的数学知识技能，更

---

① 中华人民共和国教育部. 义务教育数学课程标准（2011 版）[S]. 北京：北京师范大学出版社，2012：2.

② 中华人民共和国教育部. 义务教育数学课程标准（2011 版）[S]. 北京：北京师范大学出版社，2012：2.

关注学生在情感、态度、价值观和能力方面的发展。“良好的数学教育”是公平、优质、有价值、可持续、与时俱进的，要求精选学习内容，提供与现实生活和以往知识经验紧密联系的素材，用有趣、富有挑战性的素材吸引学生，帮助学生了解、掌握数学基础知识，发展数学能力，提高数学素养。

（三）小学数学课程让不同的学生得到不同的发展

“不同的人在数学上得到不同的发展”是指：数学课程既要面向全体学生，又要认识学生的差异性，发掘每个学生的潜质，促进每个学生个性、活泼的发展。根据学生的个性特点，弹性调整课程和教学，为每个学生提供适应他们发展的机会，让每个学生都能得到发展。

案例

小学一年级“认识物体”的教学片段①

课堂上，老师以富有童趣的语言激发学生的兴趣，引导学生对长方体、正方体、圆柱和球体进行初步感知，然后让学生们用具体实物拼摆自己喜欢的玩具或物体。教师来回巡视，一个小男孩磨磨蹭蹭地来到老师身边，拉着老师的衣角，老师停下来，微笑着问这个孩子怎么啦？原来他想让老师欣赏他的杰作——一辆“坦克”。老师跟着他走过去，弯下一米七几的个子，以欣赏的眼光看了看孩子别出心裁的“坦克”，露出由衷的微笑，高兴地说：“这个坦克可真威武！还有长长的炮筒呢！”学生听了，脸上写满了喜悦与自豪，十分得意地说：“我长大了要开坦克，保卫祖国！”教师摸了摸小男孩的头，十分亲切地说：“从小有志向，将来你一定行！”

评析

“认识物体”是学生认识几何图形的开端。教师以生动的语言，引导学生参与观察和制作活动，初步感知三维图形。教师尊重、关爱每个学生，用看似平常的话语，实现了师生情感的交流融合。这样的回应产生了良好的教育效果，既促进学生知识技能的学习，又使学生形成积极的数学学习情感态度，有效达成数学教育的德育功能。

二、课程内容的基本理念

《新课标》提出：“课程内容要反映社会的需要、数学的特点，要符合学生的认知规律。它不仅包括数学的结果，也包括数学结果形成过程和蕴含的数学思想方法。课程内容选择要贴近学生的实际，有利于学生体验与理解、思考与探索。课程内容的组织要重视过程，处理好过程与结果的关系；要重视直观，处理好直观与抽象的关系；要重视直接经验，处理好直接经验与间接经验的关系。课程内容的呈现应注意层次性和多样性。”②分别从

① 朱欣欣. 小学数学案例教学论[M]. 杭州：浙江大学出版社，2011：171.

② 中华人民共和国教育部. 义务教育数学课程标准（2011 版）[S]. 北京：北京师范大学出版社，2012：2.

课程内容的依据、结构、选择、组织和呈现,理解数学课程内容的基本理念。

(一)课程内容的依据

学生始终都是学习主体,课程内容要符合学生认知规律,以科学的方式组织呈现;数学课程内容要反映数学特点和核心价值;数学课程的目的是培养国家振兴的建设者和接班人,课程内容要体现社会需要。

(二)课程内容的结构

关注数学课程的过程和构成,通过观察、实验、猜测、验证、推理和交流等数学活动,让学生在知识形成的过程中,体会思想方法,提高数学能力和素养。

(三)课程内容的选择

精选小学数学课程内容,一方面要贴合学生实际,便于学生调动已有知识经验、产生共鸣;另一方面要选择有价值、有意义的内容,以现实、有趣、有挑战性的数学素材或数学问题,使学生主动参与数学学习活动。

(四)课程内容的组织

小学数学课程内容组织要重视过程,处理好过程与结果的关系;重视直观,处理好直观与抽象的关系;重视直接经验,处理好直接经验与间接经验的关系。帮助学生借助直接经验,获得间接经验,由直观走向概括的半抽象和抽象。

(五)课程内容的呈现

小学数学课程内容的展开,一是要符合逻辑顺序、认知规律,根据内容的模块、难易程度、要求层次等方面,使内容呈现具有层次性;二是以“问题情境—建立模型—解释—应用与拓展”的基本模式展开,层层递进。要根据学生所处的文化环境、家庭背景和自身思维方式,以教材与多媒体相结合、实践操作与探索建构活动相结合的多种形式呈现。

案例

小学六年级“统计”的教学设计

课前教师布置了一道让学生调查、了解自己所在社区或村镇人们经济收入的主要来源,自己家庭一年来的主要开支等情况的社会活动题目。上课时学生们就自己收集到的资料,在课堂上进行广泛地交流和热烈地探讨。教师根据学生提供的素材,引导学生进行统计分析,并做出统计图。

评析

教学设计结合学生的文化环境和家庭背景,进行课程资源的开发与利用。利用生活化的教学情境,让学生对生活的体验更真实,对知识的理解更深刻,从而在学习中获得生命意义的理解。从课内延伸到课外,学生在亲历了“统计”的真实过程中,理解了统计的现实意义。

三、数学活动的基本理念

“教”与“学”作为数学教学活动的两个方面，从教师和学生两个角度看，均有丰富的内涵。《新课标》将“教”与“学”作为一个整体阐述，体现“教”与“学”的辩证统一。

（一）教学活动的属性

《新课标》指出，“教学活动是师生积极参与、交往互动、共同发展的活动。”①“参与”不仅指形式上、行动上的参与，更是学生和教师数学思维火花的碰撞。“交往互动”不仅是教师提出问题、学生回答问题，更是学生与教师数学情感体验的交流、数学经验的分享。“有效的教学活动是学生学与教师教的统一，学生是学习的主体，教师是学习的组织者、引导者与合作者。”进一步强调，有效教学的标准是要始终处理好教师和学生的关系。

（二）教学活动的关键

一是课堂教学活动“激发学生兴趣，调动学生积极性”②。教学内容设计、教学形式、教学方法等紧扣学生感兴趣的问题，以学生已有经验为背景开展教学，调动学生的积极性，达成预期的学习效果。二是要“引发学生的数学思考，鼓励学生的创造性思维”③。除了例题模仿、巩固操练和变式训练，还利用问题解决与问题提出，检验学生的学习情况，启发学生思考，鼓励学生创新。三是“要注重培养学生良好的数学学习习惯，使学生掌握恰当的数学学习方法。”数学学习方法有利于学生自主学习，从“学会”变成“会学”，有利于达成终身学习的目标。

（三）“学”与“教”活动的实质

《新课标》提出，“学生学习应当是一个生动活泼的、主动的和富有个性的过程。认真听讲、积极思考、动手实践、自主探索、合作交流等，都是学习数学的重要方式。”既要继承传统的学习方式，又要提倡学习方式的改革与转变。还要“给学生足够的时间去经历观察、实验、猜测、计算、推理、验证等活动过程。”④

“教师教学应该以学生的认知发展水平和已有的经验为基础，面向全体学生，注重启发式和因材施教。教师要发挥主导作用，处理好讲授与学生自主学习的关系，引导学生独立思考、主动探索、合作交流，使学生理解和掌握基本的数学知识与技能，体会和运用数学思想方法，获得基本的数学活动经验。”⑤

---

① 中华人民共和国教育部. 义务教育数学课程标准（2011 版）[S]. 北京：北京师范大学出版社，2012：2.

② 中华人民共和国教育部. 义务教育数学课程标准（2011 版）[S]. 北京：北京师范大学出版社，2012：2.

③ 中华人民共和国教育部. 义务教育数学课程标准（2011 版）[S]. 北京：北京师范大学出版社，2012：2.

④ 中华人民共和国教育部. 义务教育数学课程标准（2011 版）[S]. 北京：北京师范大学出版社，2012：2.

⑤ 中华人民共和国教育部. 义务教育数学课程标准（2011 版）[S]. 北京：北京师范大学出版社，2012：2.

案例

小学四年级平均数的教学设计

活动1：每组桌上摆着装有不同高度的4杯水(杯壁上有刻度)，水的高度分别是6厘米、3厘米、5厘米和2厘米。

问题1：怎样使个杯子里水的高度一样？(各组先协商一致，再动手)

小组讨论后，教师指名演示，学生1边倒这4杯水，边说思路。教师回应并指出这种方法是“移多补少”，理解平均数的意义。

问题2：倒的前后，有一个数没有变，同学们发现了吗？

“总数不变”。师生小结平均数的意义。

问题3：用平均数4与6,3,5,2比较，你有什么发现？

概括：平均数在最小数和最大数的中间。

活动2：全班学生分成5人、6人和7人各两组，每组发一张空白的身高统计表，每人先填自己的身高数据。(课前已请学生测量)

问题1：同学们，我们班哪一个小组的身高高一些？小组讨论用什么方法比较？并计算。

几分钟后学生汇报。应该先求出各组平均身高，再比较。

问题2：同学们先独立完成29页“做一做”的3道题。做对一题得10分，比一比哪一组的平均分高？(教师出示统计表)

学生积极参与，学生板演3道题，教师核对各组学生做题情况，把相应分值填表。

问题3：算一算自己小组的平均分，比一比哪组平均分高？

活动3：一个鱼池深浅不一，平均水深是130厘米，刘刚身高140厘米，他如果到池中玩水有危险吗？

理解平均数概念的本质，适时进行安全教育。

评析

教师创设活动情境，通过学生动手操作，从直观上感知同样多的数就是“平均数”；通过比赛，既激发学生学习积极性，从统计中考查学生知识掌握的情况，又巧妙设计平均数应用题。学生在亲身经历“平均数”形成的过程中，主动构建平均数意义，认识数学与生活的密切联系。

四、数学学习评价的基本理念

《新课标》提出，“学习评价的主要目的是为了全面了解学生数学学习的过程和结果，激励学生学习和改进教师教学。应建立目标多元、方法多样的评价体系。评价既要关注学生学习的结果，也要重视学习的过程；既要关注学生数学学习的水平，也要重视学生在数学活动中所表现出来的情感与态度，帮助学生认识自我，建立信心。”

(一) 建立多元、多样的评价体系

基于知识技能、过程方法、情感态度与价值观的三维目标，建立多角度、多层次的评价

体系。采用建立个人数学成长档案袋，建立电子成长记录等方式，记录学生数学活动表现、教学日记等方式评价学生的进步与发展。

（二）关注学习的过程与结果

学生的学习活动和学习过程中一些方面的变化是学习结果评价所不能和体现的。首先，学习活动包括两个方面，一是参与课堂教学活动的过程，如是否积极提问、主动回答教师问题、是否有积极的情感体验；二是学生的思考活动，如学生解决问题的过程、计算过程。其次，学习中的情感、态度和价值观的改变，自我调节能力和建立信心等。学习评价不仅要关注结果，更要关注过程。

（三）全面评价学生

《新课标》强调要关注学生学习过程中的变化发展，全面了解学生数学学习情况；关注他们在数学实践活动中表现出来的情感态度、个性倾向；注重考查学生运用知识解决问题的能力、创新意识和实践能力。

案 例

小学四年级因数与倍数的教学片段①

学习因数、倍数概念后，学生自主寻找 36 的所有因数。（教师展示一份作业，上面写着“1，36，4，9，2，18，6”）

师：对照自己找出的 36 的因数，你想对这位同学说点什么？

生 1：我觉得他是一对一对找的，这样比较快。

师：你是从哪看出来的？

生 2：因为，所以他先写 1 和 36，又因为，所以他接着写 4 和 9，但是他漏找了两个因数 3 和 12.

师：还有谁想说？

生 3：我从 1 开始想起，$1\times36=36$，1 和 36 是 36 的因数，$2\times18=36$，2 和 18 也是 36 的因数，$3\times12=36$，$4\times9=36$，$6\times6=36$，所以，36 的因数有 1，36，2，18，3，12，4，9，6.

师：对于他的方法，有没有什么需要补充或提问的？

生 4：为什么只写一个 6？

师：问得好，答得也好。两个因数一样时，通常只需要写一个就行了，这是数学上的规定。

生 5：我觉得最后要将这 9 个因数从小到大排一排，看起来会更顺一些。

师：（对生 1）你觉得呢？

生 1：我更喜欢自己的写法，每个因数是怎么来的，从写法中就一目了然了。

师：其实，写法不是最重要的，关键是思考方法要有理。老师觉得，怎样更符合你的思考习惯，你就怎样写。还有什么需要补充的吗？

---

① 朱欣欣．小学数学案例教学论[M]．杭州：浙江大学出版社，2011：137－139.

生6：我的方法和他有点类似，但是我用的是除法。

师：能把你的作业给大家展示一下吗？

（生展示：36÷1=36，36÷2=18，36÷3=12，36÷4=9，36÷6=6）

师：比较他俩的方法，你们发现了什么？

生7：虽然方法不同，但思考起来有很多共同的地方。

生8：乘法和除法正好相反，但结果一样。

生9：用的都是乘法口诀。

师：两种方法，一乘一除，相得益彰，非常好！

生10：我的方法有点笨。

师：是吗？这更激起了大家的兴趣，说来听听。

生10：我是用36依次除以1，2，3，4……遇到有余数的就跳过去，一直除到36，也同样找出这几个因数。

师：对于他的方法，谁来评价？

生11：我认为虽然慢了点，但是很保险，一个都不会遗漏。

生10：但比较下来，我觉得他们的方法更快些。

师：多好呀，有比较才会有提高，这就是收获。回顾刚才的过程，你觉得找出一个数的因数，最大的诀窍是什么？

生12：一堆一堆地找比较快。

生13：应该按一定顺序找，这样不容易遗漏。

师：说得真好，正是因为思考的有序，才会有答案的全面。

评析

教师课堂教学中对学生的评价到位而不越位，切实起到了激发学习兴趣、激活思维、引发互动、促进学生发展的作用。教学评价准确真诚，有针对性。教师对学生的激励不仅体现在语言上，还体现在对不同思考方法的包容和接纳，对学生学习个性的尊重。教师的评价营造了宽松和谐的学习氛围，激起学生主动参与学习、不断创新的愿望。

五、课程与信息技术的整合

《新课标》指出，“信息技术的发展对数学教育的价值、目标、内容以及教学方式产生了很大的影响。数学课程的设计与实施应根据实际情况合理地运用现代信息技术，要注意信息技术与课程内容的整合，注重实效。要充分考虑信息技术对数学学习内容和方式的影响，开发并向学生提供丰富的学习资源，把现代信息技术作为学生学习数学和解决问题的有力工具，有效地改进教与学的方式，使学生乐意并有可能投入到现实的、探索性的数学活动中去。”①

① 中华人民共和国教育部.义务教育数学课程标准(2011版)[S].北京：北京师范大学出版社，2012：3.

(一) 信息技术丰富和改进教学方式的价值

利用现代信息技术的优势,可以为学生提供丰富的学习资源。信息技术在教学中的作用表现在:其一,运用信息技术可以创设良好的学习氛围,调动学生学习的积极性;其二,运用信息技术可以使抽象的知识具体化、形象化;其三,运用信息技术可以快速提供信息,课堂教学信息量大,提高课堂效率。现代信息技术作为学生数学学习和解决问题的有力工具,使学生从大量繁杂、重复运算中解放出来,更多精力投入现实、探索性的数学活动中去。学生通过各种现代化媒介获取信息、促进学习和思考。

(二) 结合实际,合理运用信息技术

现代信息技术是为数学课程设计和实施服务的,使用过程中要合理、注重实效。有条件的地区,教学要尽可能地使用计算器、计算机以及有关软件;暂时没有这种条件的地区,一方面要积极创造条件改善教学设施,另一方面广大教师应努力自制教具以弥补教学设施的不足。在学生理解并能正确应用公式、法则进行计算的基础上,鼓励学生用计算器完成较为繁杂的计算。课堂教学、课外作业、实践活动中,应根据课程内容的要求,允许学生使用计算器,还应鼓励学生用计算器进行探索规律等活动。

现代信息技术的真正价值在于实现原有的教学手段难以达到、甚至达不到的效果。比如,利用计算机展示函数图像、几何图形的运动变化过程。应用现代信息技术的同时,教师还应注重课堂教学的板书设计。

案例

小学数学六年级“轴对称图形”的教学设计①

一、情境欣赏导入

问题1:屏幕广播师生收集的图片,观察形状上有什么共同点?

明确目标,指导学法。屏幕广播,打开IE浏览器,进入轴对称图形学习网页,指导学生如何浏览网页,了解本课学习内容、参考信息、帮助信息等。

活动1:学生自由操作网上的课件,观察轴对称图形:蝴蝶、飞机、天安门等。

问题2:观察这些图形有什么特点?

问题3:谁能举出还有哪些物体的形状有这些特点?

小结:这些图形都有一个共同的名称叫作轴对称图形。

二、实践操作明知

活动1:学生根据动画实验:折纸—画图—剪纸—打开,思考得到什么样的图形?

讨论得出概念:轴对称图形、对称轴。

三、合作研讨探究

活动1:呈现任务,小组合作。

这些平面图形中哪些是轴对称图形?各有几条对称轴?用点划线画出对称轴来说

---

① 朱欣欣.小学数学案例教学论[M].杭州:浙江大学出版社,2011:30-31.

明。打开动画，小组总结。整理资料，汇总报告。每小组学生利用网页中的交流园地进行讨论探究。教师在论坛上参与学生小组讨论。

四、练习测试反馈

网上答题测试，检测自己掌握知识的情况。

五、想象创作激趣

活动1：展开丰富的想象，用自己灵巧的双手设计出美丽的轴对称图形。

活动2：学生创作（在网上收集）并上传，同时通过论坛交流。

教师利用网络监控，指导学生操作，学生作品展示并评价。

六、课外收集拓展

关注轴对称图形在生活中的应用（如在图形学、建筑学、艺术等方面），注意收集并补充到学习网页中。

评析

教学设计重视学法的指导，并充分运用网络科技手段。设计中的网页浏览、交流园地、资料收集、网上设计等形式，极大地丰富了学生的数学知识，让学生更有效地实现资源共享，网络监控、网上答卷也让教师的角色从台前逐渐走向幕后。

第三节　小学数学课程目标

小学数学课程目标分为总目标和分目标，分学段从知识技能、数学思考、问题解决和情感态度四个方面阐述。课程目标体系表现为两个变化：一是明确提出“四基”；二是明确提出“四能”。结合“数与代数”“图形与几何”“统计与概率”“综合与实践”领域，从知识技能、活动经验、思想方法、能力和价值观方面明确小学数学课程的目标。

一、知识技能目标

知识技能是小学生数学深度学习的载体，知识理解和技能掌握是形成思维方式、培养能力和树立价值观念的基础。但知识技能的标准不仅指掌握符号、图形、图表等多种表征方式下的陈述性和程序性知识，还指知识结构化以及算法与算理融合的要求。

（一）理解知识和掌握技能

小学数学课程内容分为四个领域，“综合与实践”部分是其他三个部分知识间的融会贯通，体现问题解决过程中能力、方法和工具的综合。因此，从“数与代数”“图形与几何”和“统计与概率”三个部分明确小学数学课程知识的构成。

“数与代数”的知识内容包括：数学概念、符号和公式。第一学段，以数的认识、运算和常见的量为主；第二学段，运算的对象以小数、分数为主，扩大数的认识和运算的范围，开始接触代数的式与方程。

小学几何是以直观几何为主的体系，内容包括图形的认识、测量、图形的运动、图形与位置，是从整体到局部的认识过程，体现了目标要求螺旋上升的特点。在直观到抽象概括，三维、二维和一维图形的交互中，发展学生的空间能力和几何直观。

统计与概率包括搜集数据、整理数据和分析数据。数据搜集阶段：对事物的比较、排列与分类，领会分类结果和分类标准的关系。数据整理阶段：认识统计表和统计图。数据分析阶段：理解平均数的统计意义，感受简单随机现象，以及随机事件发生的可能性。

小学数学技能包括运算技能、作图技能、操作技能和数据分析技能，要求在一定熟练程度基础上，逐步做到方法合理和灵活。不同学段技能的具体要求如表 1－3：

表 1－3　小学数学技能的要求

	4～6 年级	1～3 年级
运算技能	1. 熟练地口算 20 以内、简单的百以内的加减法，一位数乘除两位数的加减法和表内乘除法； 2. 计算一位数、两位数和三位数的加减法、乘法和除法； 3. 进行简单的整数四则混合运算； 4. 进行同分母分数和一位小数的加减运算； 5. 结合具体情境，适当选择单位估算； 6. 能运用数及数的运算，如分总关系、倍分关系解决生活中的简单问题，并解释结果的实际意义，与他人交流各自算法的过程； 7. 进行简单的长度和面积单位的换算，计算长方形、正方形的周长和面积。	1. 计算三位数与两位数的乘法，三位数除以两位数； 2. 能进行以两步为主，不超过三步的简单整数四则混合运算； 3. 应用运算律简便运算； 4. 简单的小数和分数的加、减、乘、除运算及混合运算，解决简单的小数和分数的实际问题； 5. 运用常见的数量关系，解决简单的实际问题； 6. 选择合适的方法估算或借助计算器，解决实际问题； 7. 简单的符号运算，用等式的性质解简单的方程； 8. 进行体积的度量单位间的换算，会计算三角形、平行四边形和梯形的面积，圆的周长和面积，计算长方体、正方体、圆柱体的体积和表面积； 9. 具体情境中，按比例换算图上距离与实际距离。
作图与操作技能	1. 观察和操作实物和模型，会用长方形、三角形和圆等图形拼图，能操作图形的平移和旋转； 2. 能用不同的方式，选择恰当的长度单位，测量物体的长度； 3. 测量简单图形的周长，会估计给定简单图形的面积。	1. 用方格纸作正比例关系的图像，由其中一个量的值估计另一个量； 2. 会过一点做出已知直线的垂线； 3. 会用圆规画图，能画出从不同方向看到物体的形状图； 4. 能用量角器度量角的大小，并按要求画一个角； 5. 对于给定的三角形，能画出每一条边上的高线； 6. 会用方格纸估计不规则图形的面积，会测量不规则物体的体积。
数据分析技能	1. 能根据给定的标准或自己选定的标准，对实物或数据进行分类； 2. 运用简单方法收集数据，用自己的方式呈现数据整理的结果； 3. 简单分析数据，并运用数据表达和交流。	1. 根据问题设计调查表，并选择适当的方法收集数据； 2. 用统计图有效地表示数据； 3. 计算并解释平均数的实际意义； 4. 从媒体和简单的统计表中获取信息； 5. 解释统计结果，进行判断、预测和交流； 6. 列出并定性描述简单随机现象所有可能发生的结果，及其可能性发生的大小。

以上按照知识不同内容领域和技能要求，进一步细化小学数学的知识技能，但它们之

间的关系并非是割裂的。首先，知识本身是以结构化形式存在的。数学是以概念体系和规则体系的形式存在的，严格的数学逻辑和推理决定其复杂的结构化特性。其次，知识与技能之间有密切的联系。知识理解是技能掌握的前提，只有在知识理解基础上按照程序操作，才能避免简单模仿和记忆下自动化带来的种种危害，做到熟练和灵活地掌握技能；运用技能是对知识加深理解的过程。知识与技能的关联从一个侧面说明，数学内容不是彼此孤立的，而是相互交错重叠所构成的复杂体系。所以，“形成结构化知识”和“算法与算理融合”也是知识技能标准的重要组成。

（二）形成结构化知识

结构化知识是存在于学生头脑中的数学知识结构与认知结构，有机结合而成的心理结构，表现出知识点之间的关联和连贯发展的特性。形成结构化知识有助于理解基础上的记忆，是深度理解和有效迁移的前提和保障。在学习理论研究中，结构化知识的重要性早已得到关注。首先，结构化的知识有利于知识的理解、记忆和迁移。其次，形成结构化知识是有意义学习的标志。比如，数学知识间的关系有：类属关系、总括关系和并列关系。基于以上关系的同化学习和顺应学习，促进学生形成结构化知识。实际上，对结构化知识的关注，也是我国不再按年级设置教学而是按总体和学段设置目标与要求的原因。

小学数学结构化知识体现了知识间联系的广度、深度和贯通度。就某一个知识点要从横向和纵向、相同或差异的角度，分析建构知识的结构图。形成结构化知识需要把握：第一，认识知识的外部联系。弄清知识发生和发展的过程，明白这个知识的知识基础，遵循的发展规律，以及进一步的拓展。第二，认识知识内部的联系。知识研究对象的构成元素与方式，元素间联系的规律。第三，认识知识内外部的联系。类似知识的共同点与差异，及其演化、发展的过程。

从横向看，数学知识向更广、更外延的方向发展，构建结构化知识。首先，较为熟知的是单元结构图，即单元学习后，为沟通知识点间的相互关系而绘制的单元知识结构图。既是一个单元涵盖所有内容的整体结构，也是就该单元部分相关知识间关系的总结。比如，单元“圆的周长和面积”。从“公式”的角度，可以绘制出以下的结构图（如图 1－1）：

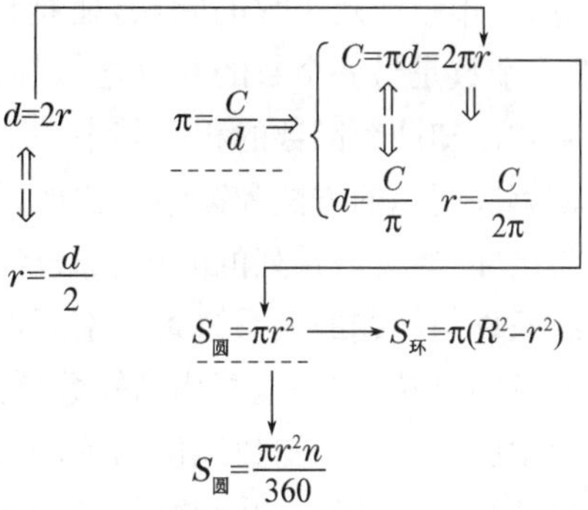

图 1－1　“圆的周长和面积”单元结构图

其中，⇒表示逻辑推导关系；→表示发展顺序关系。单元知识结构图有助于把握知识的来龙去脉和主次关系，从知识点间的相同关系、差异关系比较分析，用图形表征小学数学概念间的关系。其次，打破单元局限，建立相关知识间的网络结构。一是明确知识网络结构的核心知识。比如，数的认识和运算的核心知识是：十进制、位置和位置值。明白了数的构造，理解相同的数字在不同的位置上表达不同的含义，才能掌握自然数和小数的进位加法、退位减法、乘法和除法的运算法则。二是明确与主要问题相关联的知识点。比如，“分数加减法”的核心知识是“分数单位”和“分数的意义”，要解决的问题是同分母和异分母分数加减法。它们与分数单位、分数的意义、分数的基本性质和最小公倍数等知识点相关联构成结构化知识(如图 1－2)①。

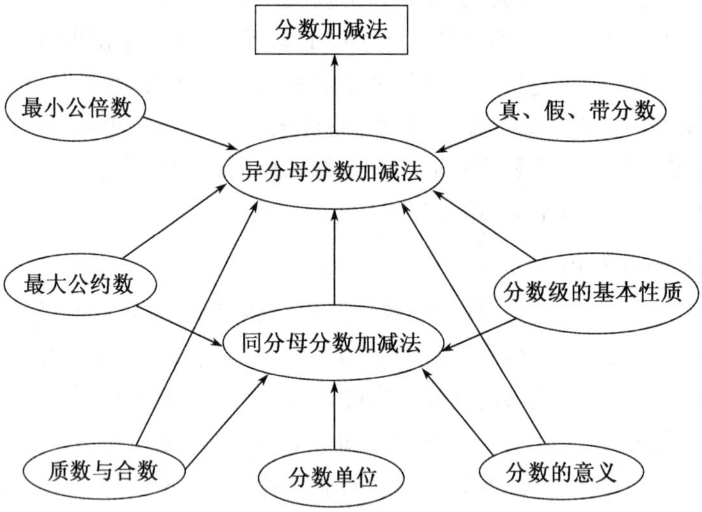

图 1－2 “分数加减法”的知识网络

从纵向看,随着知识的层层递进和深化,构建结构化知识。小学数学课程以函数思想为核心,其知识体系呈现螺旋上升趋势。知识点的再现是结合学生认知水平和学科逻辑结构,体现认识的全面和深化发展。首先,深化数学概念的意义和运算规则的理解。比如,“除法的意义”随着被除数和除数取值范围的扩大,经历不断深化的过程。低年级初步建立“平均分”的概念,懂得在平均分的前提下,求一份有多少或可以分成几份,都用除法计算;中年级涉及小数的除法,概括出除法的意义;高年级涉及分数除法,除法的意义是“求一个数是另一个数的几分之一”或“知道一个数的几分之几是多少,求这个数”。综合起来,“已知两个因数的积与其中一个因数,求另一个因数的运算”是除法的意义。其次,丰富解决问题的方法和策略。比如,算术解法与方程解法的对比。二者的共同点是:化未知为已知,通过一系列的分析、综合活动解释隐蔽的内容,即条件与问题的相互联系,找到联结条件与问题的关系链条。不同点是:算术解法只允许已知数参与运算,问题始终处于关系链的末端,被动地等待已知数算出它的值,对顺向思考的问题用算术方法比较简单。方程中已知数和未知数地位同等,未知数可以插入关系链的任何部分,利用数量关系建立等量关系,逆向思考的问题用方程方法比较简单。经过反思与对比,理解方程思想的本质及其价值与意义,面对不同的问题选择适当的方法。再次,从知识抽象度和共同本质上加深认识。比如,整数和小数的加减法要求对齐数位,分数的加减法要先通分,再加减。虽然运算法则各异,但它们的算理相通,即相同计数单位的数才能相加减。最后,数学思想带动知识的整体构成。比如,小学数学以函数思想为主线,贯穿诸多知识点,函数思想有助于构建结构化知识。

---

① 李琼,倪玉菁等. 小学数学教师的学科知识:专家与非专家教师的对比分析[J]. 教育学报,2005,1(6):60.

（三）算理与算法的融合

算法属于程序性知识，反映了各种量之间的逻辑关系。算理是四则运算的原理依据，由数的概念和性质、运算意义以及运算定律构成。不能简单地把算理理解为依附于运算的一种性质，而应把算理理解为运算的本质，充分认识算理的重要性，做到算法与算理融合。循理入法，以理驭法，可以回答“为什么这样算”的问题，有利于运算中在理解基础上建构事实，强化记忆并灵活地提取事实。算理与算法融合能够从比较、鉴别中，逐步体会通性通法的意义，寻求合理简洁的运算途径解决问题。比如，计算 28×2，可转化为表内乘法计算，也可用 $20\times2+8\times2$ 的算法。后一种算法对于一位数乘以两位数，对于两、三位数乘两位数的运算都是畅行无阻的，它就是通性通法或是主干算法。

小学数学的运算定律构成了四则运算抽象推理的基础，认识运算律可用于验算、简便运算和估算，实现算法多样化，对于发展学生思维的灵活性、敏捷性都有重要作用和意义。第一，运算定律的学习过程本身就是一个归纳、抽象与推理的逻辑思维过程；第二，运算定律可用于解释参算数的改变引起运算结果变化，即“变与不变”的相对性。比如，被减数增加一个数，减数不变，差也增加相同的数；被除数和除数同时扩大或缩小相同倍数，商不变等。第三，运算定律可用于解释运算顺序和运算法则。比如，交换律和分配律是自然数集合上的乘法运算推广到整数集合乘法运算的工具，分配律在代数中被称作“合并同类项”。

理解运算的意义是算理与算法融合的具体要求。小学数学运算意义包括：加法运算意义、乘法运算意义和除法运算意义，理解运算意义是探索运算法则和问题解决的基础。理解运算意义要求学生结合问题情境阐述具体意义，并给出运算的几何解释。“加、减、乘、除等概念从自然数到分数、小数的演化过程是连续的”①。尽管每种运算在表面上看起来不同，但它们自始至终是同一个概念，体现了数学发展过程连贯性的本质。就是说，分数、小数四则运算与自然数四则运算的意义有着相通之处。比如，分数和小数乘法的意义可直接从自然数的乘法或加法直接派生出来。对照分数运算的意义与几何解释，运用不同的表征方式，以加深对运算意义的理解(如表 1－4)。

表 1－4　分数运算意义与几何解释的对照

	几何解释	运算意义
加法	加法的意义是把两个或两个以上(两个部分或一类事情)的数、量合并成一个数、量的运算，其本质是完全一致的重复或累计。加法的现实意义是聚合和增加性变化，注意单位的统一。	线段的拼接。比如，给定分数 $\frac{k}{l}$ 和 $\frac{m}{n}$，$\frac{k}{l}+\frac{m}{n}$ 表示长为 $\frac{k}{l}$ 和长为 $\frac{m}{n}$ 的两条线段拼接而成的新线段的长度。
减法	减法的意义是从整体里去掉一部分，包括：1. 从一个数里去掉一部分剩余是多少；2. 求两数相差是多少。减法是加法的逆运算，中年级减法的意义包括：已知两个加数的和与其中一个加数，求另一个加数的运算。减法的现实意义是比较和减少性变化。注意单位的统一。	从较长线段的一段移去较短的线段后剩余线段的长度。比如，给定分数 $\frac{k}{l}$ 和 $\frac{m}{n}$，$\frac{k}{l}-\frac{m}{n}$ 表示从一条长度为 $\frac{k}{l}$ 的线段一端移去长度为 $\frac{m}{n}$ 的线段后剩余线段的长度。

① 伍鸿熙. 数学家讲解小学数学[M]. 赵洁，等译. 北京：北京大学出版社，2016：2.

（续表）

	几何解释	运算意义
乘法	乘法的意义是① 求几个相同加数的和的简便运算，乘法是特殊的加法；② 某物的$\frac{m}{n}$，当$\frac{m}{n}$表示自然数时，乘法意义是某物的$\frac{m}{n}$倍；当$\frac{m}{n}$表示分数时，乘法的意义是将某物平均分为相等的n份，取其中的m份。	① 矩形的面积，两个因数分别为矩形的长和宽；当长和宽为分数时，$\frac{m}{n}\times\frac{k}{l}$的几何解释（如图1－3）。② 长度相等的线段拼接而成的线段长度。特别地，分数乘法$\frac{m}{n}\times\frac{k}{l}$表示把线段$\left[0,\frac{k}{l}\right]$平均分成长度相等的$n$段，其中$m$段拼接而成的线段长度。
除法	除法的意义是已知两数的积与其中的一个因数，求另一个因数的运算。其中，自然数的除法是从被除数中连续减去除数，求减去除数的次数的算法。中低年级除法的本质是“平均分”，包括按份数平均分和按每份数平均分；高年级除法与分数与比的关系，除法可以等价代替乘法。	对于给定的数A和B，其中$B\neq0$，A表示该矩形的面积，B表示该矩形一边长，则A除以B的商等于该矩形的另一边长。

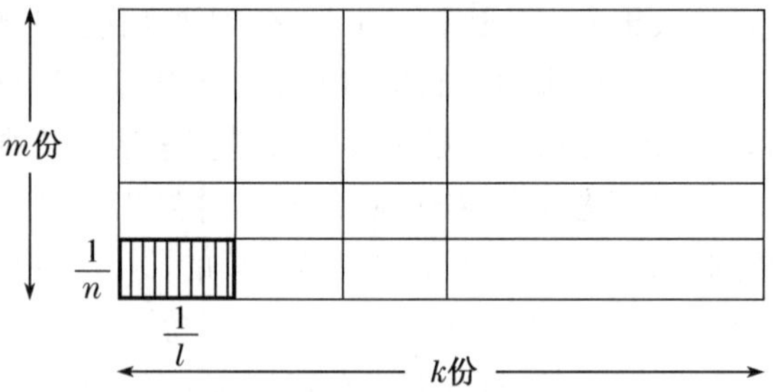

图1－3　分数乘法的几何解释

此外，结合现实问题，说出运算的意义和算理，也是算法和算理融合的具体要求。在多样化的现实情境中，逐步完善和加深四则运算意义的理解。借助现实问题情境，增进对运算法则和运算顺序的理解。比如，混合运算可以比喻成讲述故事，括号表示大故事所包含的小故事，加号表示并列的故事。如果用一个式子表达，就组成混合运算。为保证混合运算与分步运算结果一致，需要建立运算顺序的基本法则。

二、活动经验目标

我国《新课标》的目标从“双基”发展到“四基”，数学基本活动经验标准成为“四基”之一。“经验是以静态与动态两种状态存在的。”①除了从经验事物本身、从目标角度考察数学活动经验，还需要从经验的过程角度思考数学活动经验的应用。② 教学应联系学生的数学现实，丰富数学活动经验，帮助学生在经验的形成和条理化过程中学习数学。

① 马复.论数学活动经验[J].数学教育学报，1996，5(4)：22－25，54.

② 吴宏.活动经验在中小学数学教学中的应用[J].中小学教师培训，2018，378(1)：53.

(一) 联系自身的数学现实

小学数学学习是数学化的过程，是学生"从自己的数学现实出发，经过自己的归纳和反思，得出有关数学结论的过程"①。联系自身的数学现实是数学化学习的基础，影响数学思考和问题解决。

1. 联系已有知识和经验的作用

有利于感悟数学知识的系统性。学习新内容时，明确新旧内容的区别，确立新旧内容的上位和下位关系非常重要。只有经历对新知识的准备，才能通过同化和顺应的过程，完成认知结构的重组。学习新的概念，建立联结准备好理解概念，并为大脑提供稍后组成语义结构的信息。比如，"分数的初步认识"。辨别整除与平均分的概念。"平均分"的意义为新学习提供词汇基础，又为深入理解分数概念的本质属性和意义打下基础。建立联结还将新问题转化为旧问题，获得问题解决的自然思维过程。

2. 联系自身数学现实的要求

数学现实包括自身的知识背景、与数学关联的经验背景。它们与思维和认知水平相关，与学习风格和习惯相关。

首先，了解自己的知识结构和观念。已有的知识结构包括：已经学习了什么知识，是否理解了这些知识，并能做到灵活应用；是否明确新旧知识间的区别和联系；能否将新概念和原理纳入它们所在的概念和原理体系中去；是否形成了合理的知识结构和观念，表现在能否回答"为什么学习这一内容""这一概念或技能现在和未来对我有何帮助"和"这与我已经学过的东西有何关联"的问题。尤其是知识建构过程中存在的困难，数学学习中易出错和易混淆的地方。比如，由于前面接触的整数基本上是以"个"为单位，学习"万""亿"为单位的数时，不适应数的表示习惯和思维方式。

其次，了解自己的学习风格。学习风格是知觉与学习环境的相互作用，并做出反应的学习方式、策略和倾向的总和，具有鲜明的个性特征和持久的稳定性。数学学习风格体现了数学学科的抽象本质，是数学学习中持续表现出的特质。

(二) 积累丰富的数学活动经验

"活动经验的动态存在，体现了数学活动的过程本质"②。数学课堂活动的设计有助于学生积累丰富的数学活动经验。一方面，基本活动经验是在数学地操作活动、思维活动和情感活动等多样化的活动中实现的；另一方面，数学基本活动经验为课堂数学活动的设计确定了目标，减少课堂数学活动的盲目性。积累丰富的数学活动经验既要从目标角度，帮助学生形成数学的基本活动经验，还要从经验的过程角度，实现由感性经验上升为理性、条理化和结构化的经验。

1. 数学活动经验聚焦过程

首先，数学活动是一种过程。数学是人类智慧创造的产物，不仅包括结果，还包括发

---

① 弗赖登塔尔. 作为教育任务的数学[M]. 陈昌平，唐瑞芬，等译. 上海：上海教育出版社，1995：121－123.

② 吴宏. 活动经验在中小学数学教学中的应用[J]. 中小学教师培训，2018，378(1)：53.

明和发现的过程。“数学活动论”从活动的观点看数学，认为数学就是数学活动，是由数学的知识成分和观念成分共同决定的动态过程。① 其核心观点是，数学应被看成是人类的一种活动，一种富有创造性活动。其次，教学的本质也是过程性的。“数学教学是数学活动的教学”②，学生参与数学活动，历经了“数学化”和“再创造”的过程，在深刻理解的基础上内化和构建自身的知识体系，形成数学意识和能力。

数学活动经验是直接或间接经历中获得的经验，包括通过直接感悟、间接习得，逐渐形成和积累的发现问题、提出问题、分析问题和解决问题的经验；也包括操作具体、形象的事物后，经由思维活动所获得的数学思维的经验模式。“经验”一方面是名词，表示生活和知识经验；另一方面又是动词，表示数学学习是一个复杂的活动过程，具备“经验事物和经验的过程两重意义”③。

2. 作为教学目标的数学基本活动经验

静态存在的经验是数学活动的经验目标，具体指明应为学生提供的数学活动机会。作为过程性评价的指标，便于师生基于共同明确的表现标准，不断改进教学。

第一，感知型经验。它是通过外显的行为操作获得的感觉和知觉体验。④ 主要包括：观察标本、模型、图画、图片、录像、幻灯和多媒体的经验；拼摆、割补和搭建等操作学具的经验；制作图表、记录活动、口头表达和书面表达的经验；模仿、称量、比较和使用计算器(机)操作的经验。

第二，数学思维的经验。数学思维的经验是具体、形象的事物操作后，经由思维活动所获得的经验图式。瑞士著名心理学家、哲学家皮亚杰提出“活动内化”的概念，就是一种建构的活动，也是思维经历反思性活动、由较低层次向更高层次发展的过程，表现在由具体的活动抽象出相应的思维图式。

思维的经验图式对数学的发现和创新有重要意义，数学发展史上不乏思维经验图式的总结和应用。波利亚对“怎样解题”提出了一个总的方案，⑤并且提出一系列在适当时候发挥作用的个别策略。另一个是拉卡托斯提出的“数学发现的逻辑”(拉卡托斯启发法)图式(如图 1－4)⑥。

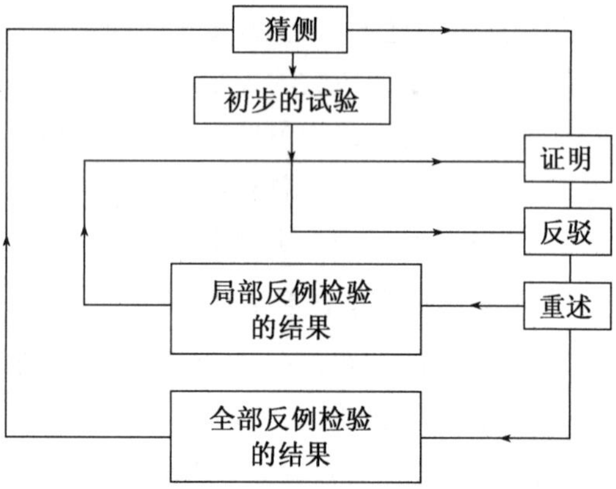

图 1－4　数学发现的逻辑

① 郑毓信. 数学教育哲学[M]. 成都：四川教育出版社，2001：109－118.

② A. A 斯托利亚尔. 数学教育学[M]. 丁尔陞，译. 北京：人民教育出版社，1984：106.

③ 贲友林. 关于获得数学活动经验的三点认识[J]. 江苏教育，2011(12)：10.

④ 唐彩斌，朱黎生等. “四基”“四能”给课程建设带来的影响——宋乃庆教授访谈录[J]. 小学教学数学版，2012(07－08)：12.

⑤ Philip J. Davis, Reuben Hersh, Elena Anne Marchisotto. 数学经验(学习版)[M]. 王前，译. 大连：大连理工大学出版社，2013(1)：256.

⑥ Philip J. Davis, Reuben Hersh, Elena Anne Marchisotto. 数学经验(学习版)[M]. 王前，译. 大连：大连理工大学出版社，2013(1)：263.

思维的经验图式影响了认知结构的发展和创新能力的提高，数学学习应形成发现数学模式和数学建模的活动经验。

第三，数学情感体验。数学情感体验建立在真切感受和深刻理解基础上，对数学产生的情感或生成意义；是对数学在内心中的地位、意义、价值、对象与自我同一性的把握和确认，侧重于对数学的态度、感受和领悟。积极的数学情感体验使学生始终处于热爱、快乐的氛围中，进一步激发其数学学习的信心。除了体验数学的应用价值，积极的情感主要来自思维挑战带来精神追求的满足，体现在学习的兴趣和良好的学习习惯，包括各学科都需要的学习习惯和数学学科专门培养的习惯。

三、思想方法目标

数学学科思想是数学系统内所隐含的，能够观照数学发展与教师的教、学生的学的核心思想观念，它与数学方法既有区别又有联系。数学思想能够通过"激活教学形态，延展教学时空，开阔教学视界来促进学生的层进式、沉浸式、整合式学习"①。按照其重要性，分为数学基本思想和其他数学思想。

（一）数学基本思想

《新课标》提出"体会数学的基本思想和思维方式"，"在数学教育的过程中让学生获得数学基本思想"②。数学基本思想聚焦于三个方面：抽象思想、推理思想和模型思想。这三个基本思想对数学学科的建立、发展和应用，对数学素养的培养都有重要价值。首先，它们是数学产生和发展必须依赖的思想。数学的三个显著特征，即一般性、严谨性和应用广泛性的形成，依赖于抽象、推理和模型的思想。其次，它们是学过数学的人应当具有的基本思维特征。数学素养指具有观察世界的数学眼光，具有思考世界的数学思维，掌握表达世界的数学语言。相应地，养成良好的数学思维习惯，在错综复杂的事物中把握本质；在杂乱无章的事物中理清头绪；在千头万绪的事物中发现规律。抽象是数学的视角，通过抽象可以"把现实世界中与数学有关的东西抽象到数学内部，形成数学的研究对象"③；数学的思维是推理，通过推理可以"从数学的研究对象出发，在一些假设条件下，有逻辑地得到研究对象的性质以及描述研究对象之间关系的命题和计算结果，促进了数学内部的发展"④；数学的语言是模型，通过模型可以"用数学所创造的语言、符号和方法，描述现实世界中的故事，构建了数学与现实世界的桥梁"⑤。因此，抽象、推理和模型思想是数学的基本思想。

1. 数学抽象思想

抽象是从许多事物中舍弃个别的、非本质属性，得到共同的、本质属性的思维过程，是

---

① 陈娜，郭元祥. 学科课程思想的内涵、特征及其对教学的观照[J]. 课程·教材·教法，2017，37(8)：11.

② 中华人民共和国教育部. 义务教育数学课程标准(2011 版)[S]. 北京：北京师范大学出版社，2012：9.

③ 史宁中. 数学基本思想 18 讲[M]. 北京：北京师范大学出版社，2016：2.

④ 史宁中. 数学基本思想 18 讲[M]. 北京：北京师范大学出版社，2016：2.

⑤ 史宁中. 数学基本思想 18 讲[M]. 北京：北京师范大学出版社，2016：2.

形成概念也是研究概念之间关系的必要手段。数学抽象对现实世界具有数量关系和空间形式的真实材料进行加工、提炼出共同本质属性的思维过程。不同于其他学科，数学抽象舍弃了事物的其他方面，保留了数量关系和空间形式；抽象出数学的研究对象，以及它们之间的关系。因此，数学抽象经历了两个阶段，“一是，基于现实，通过对现实世界中的数量与数量关系、图形与图形关系的抽象，得到数学的基本概念，是从感性具体上升到理性具体的思维过程；二是，基于逻辑的，可以合理解释通过第一次抽象得到的数学概念以及概念之间的关系，其特点是符号化、形式化和公理化，是从理性具体上升到理性一般的思维过程。”①

2. **数学推理思想**

数学推理主要指数学逻辑推理。逻辑推理指所要判断的命题之间具有某种传递性，有一条主线把这些命题串联起来。② 数学内部的发展依赖逻辑推理，它是数学在整体上一致性和严谨性的保证。有两种形式的逻辑推理：演绎推理和合情推理，后者包括：归纳推理和类比推理。这些数学推理思想的概念、方法及其优势如表 1－5。

表 1－5　数学推理思想的概念、方法及其优势

	概念	方法	优势
演绎推理	从一般到特殊的推理，是由大到小的命题推理，所得到的结果是必然成立的。	三段论、反证法、数学归纳法(完全归纳原理)、算法逻辑等。	通过证明能验证结论的正确性，但不能增添新的东西。
归纳推理	从特殊到一般的推理，是由小到大的命题推理，所得到的结论是或然成立的。	不完全归纳法、类比法、简单枚举法、数据分析等。	指引数学研究的方向，有利于发现新的数学结论，体现思维的创造性。
类比推理	从特殊到特殊的推理，是由某些方面的相同或相似的两类对象，得出它们其他方面也可能相同或相似的推理。其结论实或然成立的。	善于联想和触类旁通，包含假设、猜想、比较和联想等。	发现数学规律，提出新问题和获得发现：由两对象的某些相似性，发现另一对象的相应性质或结论；由处理此对象的某些方法，提出处理另一对象的相似性质或结论。

3. **数学模型思想**

数学模型是用数学的语言描述现实世界中的规律，用数学的方法解决现实世界的问题。数学模型思想运用数学的语言和工具，对现实世界的一些信息适当简化，经过推理运算和实践的检验，对相应的数据进行分析、预测、决策和控制。函数思想和方程思想是小学数学模型思想的主要组成。函数思想的本质是建立以及研究变量之间的对应关系。小学数学函数思想运用运动和变化的观点、集合和对应的思想分析问题的数量关系，通过类比、联想、转化合理地构造函数，运用函数的图像和性质，解决问题的思维过程。方程思想是将问题中的未知量用数字以外的数学符号表示，根据数量之间的相等关系构建方程模型，体现了已知与未知的对立统一。由于未知数参与了等量关系式的构建，便于理解问

---

① 史宁中. 数学基本思想 18 讲[M]. 北京：北京师范大学出版社，2016：5.

② 史宁中. 数学基本思想 18 讲[M]. 北京：北京师范大学出版社，2016：6.

题、分析数量关系并构建模型。除了数学基本思想，其他数学思想依附于某些具体的数学内容，它们在本质上是个案而不具有一般性，是数学基本思想的解释和说明，共同体现了数学基本思想在数学发展过程中的启发性和规范性功能。

（二）其他数学思想

1. 分类思想

分类思想是面对比较复杂的问题，无法通过统一研究或者整体研究解决时，把研究对象按照一定的标准分类并逐类进行讨论，综合每一类的结论，使问题得到解决的思维过程。分类思想建立在分类的基本逻辑方法的基础上，将对象的特征作为分类的标准，根据对象的某一属性特征把事物不重不漏地划分为若干类别，并遵循"变域明确原则；标准同一原则；不重不漏原则；层次性原则"①。分类结果在同一标准下的一致性与不同标准下的多样性是分类的基本特点。分类思想方法对于情况复杂的问题往往是有效的，按照问题出现的所有可能情况进行讨论，能理清杂乱无章的思绪，使复杂的问题条理化，综合每种情况下的结论，使问题得以解决。

2. 化归思想

化归思想是将新的问题通过变换，使之转化为已解决的问题，达到问题解决的思维方法。其中，化归可以理解为"转化"和"归结"的两种含义，不是直接寻找问题的答案，而是设法将面临的新问题转化为熟悉的、容易解决的问题，以便运用已知的理论、方法和技术等。化归思想的核心是可变的观点，基本形式是化未知为已知，化一般为特殊，化抽象为具体，化非常规为常规，化繁为简，化曲为直等。

3. 数形结合思想

数形结合思想是通过数和形之间的对应关系和相互转化来解决问题的思维过程。数形结合中的"以数解形"，借助数的精确性、程序性和可操作性阐明形的某些属性；"以形助数"，借助形的几何直观性阐明某些概念及数之间的关系。

4. 极限思想

极限思想是用无限逼近的方式研究数量变化趋势的思想，它的两个关键是：变化的量是无穷多个；无限变化的量趋向于一个确定的常数。应用极限思想，首先，构思一个与被考察的未知量相关的变量；其次，确认所求的未知量就是该变量的结果；最后，用极限方法计算结果。

5. 统计思想

统计思想采取抽样调查的方法收集和分析数据，用样本来估计总体，进行合理的推断和决策。有两种估计方法：一是用样本的频率分布估计总体的分布；二是用样本的数据特征（如平均数、中位数和众数）估计总体的数据特征。数据分析的观念是统计思想的核心。

6. 随机思想

随机思想是体会数据的随机性。包括：同一问题，每次搜集到的数据可能不一样；数据充分是发现规律的前提。随机事件的规律，叫作统计规律，概率论是研究随机现象的统

---

① 邵光华. 作为教育任务的数学思想方法[M]. 上海：上海教育出版社，2009：314.

计规律的一门数学学科。随机思想的应用体现了统计与概率之间的密切联系。通过数据的分析，以及对事件发生可能性大小的定量刻画，做出合理的预测和决策。

四、能力发展目标

学习知识与技能是培养能力的基础，反过来，能力的形成有利于知识与技能的学习。能力是学生在各门课程学习过程中表现出来的比较稳定的心理和行为特征，包括一般能力和学科特殊能力，这里主要关注培养学生的数学特殊能力。小学生的数感和符号感所构成的数学直觉能力，是其他数学能力的基础，与数学思维能力和数学问题解决能力共同组成数学能力培养的目标主体。

（一）数学直觉能力

1. 数感

数感是关于数字、数量及其关联的直觉。学生数感的基本要求是：理解数和运算，并可以做出数学判断；能够为解决复杂的数学问题提出有用的策略；能估计运算结果。具体"表现在：理解数的意义；能用多种方法表示数；能在具体的情境中把握数的相对大小关系；能用数来表达和交流信息；能为解决问题而选择适当的算法；能估算运算的结果，并对结果的合理性做出解释。"①

2. 符号感

符号感是学生在符号使用过程中，逐渐产生对符号的直观感觉和经验。学生符号感的基本要求是：理解小学数学符号的意义，不仅注意符号之间的关联，也要注意对一符多义的理解；能够运用符号表达数学对象；能够运用符号进行数学思考。具体"表现在：能够理解并且运用符号表示数、数量关系和变化规律；知道使用符号可以进行运算和推理，得到的结论具有一般性；理解符号的使用是数学表达和进行数学思考的重要形式。"②其层次水平从最初的读懂会用，到操作符号进行运算和推理，再到形成符号思考的思维形式。

（二）数学思维能力

1. 抽象概括能力

任何特殊认识活动的学习都离不开抽象和概括。数学高度概括和形式化的特征，决定了数学学习中更需要进行抽象和概括。数学抽象能力是从具体中抽象，运用形式结构运算，使数学材料形式化的能力。数学概括能力是从材料和外表不同的对象中，找出共同点的能力。③ "数学概括能力是数学能力的核心"④，知识的学习均依赖于对数学对象、结构、关系和经验的概括。数学概括能力表现为发现普遍现象中存在差异，在异类现象间建立联系、分离出问题的核心和实质以及从特殊到一般的能力，其目的是找出一类事物本质

---

① 中华人民共和国教育部. 全日制义务教育数学课程标准(实验稿)[S]. 北京：北京师范大学出版社，2001：2.

② 中华人民共和国教育部. 义务教育数学课程标准(2011 年版)[S]. 北京：北京师范大学出版社，2012：6.

③ 克鲁捷茨基. 中小学生数学能力心理学[M]. 李伯黍，洪宝林，译. 上海：上海教育出版社，1983：111.

④ 蔡金法. 试论数学概括能力是数学能力的核心[J]. 数学通报，1988(2)：4－6.

特性和把本质特性推广到同类事物之中形成系统的表述。因此，数学概括能力与抽象能力密切相关——概括是抽象的基础，抽象为概括提供了材料。概括能力的发展从事物外部的感性特点概括，转为本质属性的概括；对少数简单事物的概括，转为对复杂事物的概括。①

小学生数学抽象概括能力的发展线索是“从外部的要求到内部的需要”②，即由某些外部刺激引起，发展到不依赖外部刺激。抽象概括能力在不同水平下的要求：一是，直观形象水平。概括事物直观的、形象的、外部的特征或属性，从事物的外观和实际意义中抽象。感知具体材料中的普遍要素，特殊中发现一般，一般概念下归入特殊的事例。比如，对数学概念和规律的抽象概括。二是，形象抽象水平。概括形象的、本质的特征或属性成分增多，是从特殊概括已知和一般到归纳概括的过渡。三是，初步本质抽象水平。对事物的本质特征或属性、推理和证明的方法，以及事物内部联系和关系，从数、已知图形、已知关系中进行抽象概括，初步地接近科学概括。比如，在一定的抽象水平上解释问题，从不同的问题中发现它们的共同特征，并将方法迁移运用到同类型的问题中。

2. 运算能力

运算能力指运用有关运算的知识进行运算、推理，能够准确、合理、高效、简约、创新地完成数学运算活动任务的个性心理特征。③ 运算能力是在运算技能基础上形成的，体现了数学思想方法的综合运用，与其他能力尤其是数感、符号感关系密切。小学数学运算能力的要求是：依据算理，从问题的条件出发，灵活运用公式、法则和定律；根据问题的条件、结论，灵活、迅速地调整思维结构，选择最恰当的运算方法和策略。具体表现在：使用材料和图表将加减乘除模式化，在确认模式基础上，运用位值解决四则运算问题，并加以认识和拓展；将运算方法应用到货币和非正式的测量单位上；简化已知的笔算策略；选择和运用策略来估测和进行心算；选择与解决问题相关的信息，解决运算问题；扩展用于计算小数、简分数和百分数的估测策略的范围；会在笔算、计算器和估算等方法之间做恰当的选择；计算由问题情景中得出，包括已知的比率和直接比例，使用比例描述数量间的正比或反比关系，解决包含有比例的问题。

3. 推理能力

这几种数学推理作为重要的数学思想，在数学思想部分已有所涉及。推理能力是由已知命题推出新命题的思维过程。小学数学推理能力的要求是：认识演绎推理、归纳推理和类比推理的模式和方法；能够通过观察、实验、归纳、类比来大胆猜想，通过演绎推理证明猜想正确与否。具体表现在：体会到推理和证明是数学学习的基础；大胆猜想，通过实验或用实物、图画、举例等方式验证自己的猜想；在与他人交流的过程中，能够有序、清晰地表达出自己的推理过程，运用数学语言合乎逻辑地讨论与质疑。

---

① 林崇德. 学习与发展——中小学生心理能力发展与培养[M]. 北京：北京师范大学出版社，2011(3)：199.

② 克鲁捷茨基. 中小学生数学能力心理学[M]. 李伯黍，洪宝林，译. 上海：上海教育出版社，1983：413.

③ 吴宏. 中小学生数学运算能力表现：结构要素、水平层次与评价指标[J]. 喀什师范学院学报，2014，35(3)：62.

4. 空间能力

空间能力是数学地处理空间形式(形状、结构、度量及位置关系),探明其结构关系所需要的一种能力,是一种对几何结构的表象以及对表象的抽象、加工操作能力。其中,空间观念和空间想象能力是空间能力的重要组成。空间观念是能力发展的基础,空间想象是能力的主要因素和类型,体现了空间观念的发展和提升。① 小学数学空间能力的要求是:根据物体特征抽象出几何图形,根据几何图形想象出所描述的物体,依据语言画出图形;想象物体的方位和位置关系;描述图形的运动和变化;利用图形描述和分析问题。② 具体表现在:能顺利地进行三维图形与二维图形的相互转化;能依托和利用图形进行数学思考和想象。

(三) 问题解决的综合能力

问题解决的综合能力是面对陌生的情境时,用数学的眼光发现和提出问题,探索推理解决问题的能力。其中,发现和提出问题是问题解决的基础和创新的前提,是在观察、了解已知数学信息,理解信息间的数量关系、逻辑关系等内在联系的基础上,选择相关信息,提出未知量的能力。

在解决非常规问题(没有现成的方法或程序可以解决的问题,包括开放性问题、探究性问题和情景性问题)时,涉及数学建模能力、数据分析能力和数学交流能力(如表1-6)。小学数学问题解决能力要求做到"数学知识现实化"和"现实问题数学化"③,利用数学知识将现实生活中的问题抽象成数学问题,用数学的方法解决问题。具体表现在:根据观察和实验的结构、常识,运用数学思想以及归纳类比的方法得出猜想,然后进行验证;通过一定的探索研究,深入认识数学对象的性质,发现数学规律和整理问题;问题解决的思维具有发散性和灵活性。

表1-6 数学建模、数据分析和数学交流能力的内涵及其要求

	内涵	小学生数学的能力要求
数学建模能力	建立数学模型解决实际问题的能力。	理解数学模型,比如数概念模型、运算模型等;借助直观模型解决实际问题;借助数学模型解决实际问题。
数据分析能力	通过数据收集和分析提取信息;通过数据体会随机性,利用数据解决问题的能力。	了解数据中蕴含着信息;选择方法应根据问题的需要;体验数据分析中的随机性。
数学交流能力	作为数学活动共同体的成员,借助数学文字语言、符号、记号、图形和表达式,通过听、说、读、写方式进行表达、沟通,分享数学见解和学习体验,并在此过程中不断反思提升数学素养的能力。	回顾解决问题的过程,对结果的实际意义做出解释,并在交流中表达自己的想法;学会欣赏他人,勇于采纳他人正确的观点,与他人合作交流;逐步形成评价与反思的习惯。

① 吴宏. 中小学生空间能力的构成要素与水平层次及评价指标[J]. 数学教育学报,2014,23(5):42.

② 中华人民共和国教育部. 义务教育数学课程标准(2011年版)[S]. 北京:北京师范大学出版社,2012:6.

③ 吴正宪,刘劲苓等. 学数学教学基本概念解读[M]. 北京:教育科学出版社,2014:34.

五、价值观目标

"价值观对行为提供普遍指导和行为制定的决策,或对信念、行动进行评价的参照点,是使人据此而采取行动的一些原则、基本信念、理想、标准或生活态度。"①价值观作为世界观的重要组成部分,是人们关于某种事物对人的作用、意义和价值的观点、看法和态度。与人文学科一样,数学课程领域也蕴含丰富的价值观,并逐渐引起教育界的重视。"在数学课堂进行价值观教育对学生个人和社会身份的获得起着非常重要的作用。这种价值观教育应该在数学课堂中处于优先地位,因为它们能够对学生是否关注或喜欢数学产生深远的影响。"②2001 年,《义务教育数学课程标准(实验稿)》明确提出了"义务教育阶段的数学课程要使学生在数学能力、情感态度与价值观等多方面得到进步和发展"③;2011 年的《新课标》再次阐述了数学课程的价值观教育作用:数学课程能"促进学生在情感、态度与价值观等方面的发展"④。数学课堂教学的价值观,既与一般教育价值观类似的部分,又体现数学学科特征,只有在数学教学中才能培植的价值观。数学教学中的价值观教育相对专门的价值观教育课程,内容要宽泛得多。这里将数学教学的价值观念分为:价值判断能力和自我价值观念。前者包括对数学和数学学习的价值判断,包括:了解数学的价值和数学学习的目的;树立自我价值观和世界观。学生应该达到的价值观标准是一个价值系统,一种有层次的结构,随着学生认知和思维水平的发展,呈现不同层次水平的要求。

(一) 了解数学与数学学习的价值

对数学做出价值判断主要从三个方面开展:科学价值;哲学价值;社会文化价值。具体要求学生明确:第一,数学抽象的量化和可能量化模式为自然和人文学科的研究,提供了科学的语言和方法。数学语言和逻辑形式的简洁性和准确性的特征,是运用数学进行定量研究值得信赖的保证。第二,数学辩证统一的观点。包括数学内部矛盾的对立统一。比如,一般和特殊、变与不变、确定性与不确定性、变通性与灵活性等辩证关系的认识。第三,数学与社会的关系,欣赏数学理性内在的美。认识数学在生产、生活中的广泛应用,受到社会外部环境的影响;数学体现了数学家追求真理、不断探索的过程;数学遵循一定的数学传统,体现了数学家共同体活动的过程;数学有着艺术的审美价值,需要感受真善美,创造真善美,需要对道德上的善有足够的辨别力。

认识数学学习的目的,主要表现在三个方面:通过数学学习,可以改善思维;掌握科学的语言和研究方法,形成数学应用的意识;发展创新意识。具体表现在:第一,学习新的思维方式,弥补自己思维的不足,达到思维品质的优化和能力的提升。首先,从数学思维的

---

① 莫尼卡·泰勒. 价值观教育与教育中的价值观(上)[J]. 教育研究,2003,280(05):35.

② Fitz Simons, G & Seah, W. Beyond numeracy: Value in the Mathematics Classroom [R]. Sydney: The 24th Annual MERGA Conference . 2001: 202.

③ 中华人民共和国教育部. 全日制义务教育数学课程标准:实验稿[M]. 北京:北京师范大学出版社,2001:4.

④ 中华人民共和国教育部. 义务教育数学课程标准(2011 年版)[M]. 北京:北京师范大学出版社,2012:1-2.

基本方式中学习，掌握思维的规范性要求，扩充思维的深度和广度。比如，正向思维与逆向思维，联想思维与类比思维，直觉思维与逻辑思维等。喜欢思维的挑战，可以从思维中获得快乐，感受数学学习是对个人精神追求的满足。其次，向他人学习。积极参与思维活动，对于实施适当的数学行为有敏感性；善于从他人的思维过程中寻找亮点，学习好的思维方式。第二，应用数学知识和方法解决实际问题。首先，认识到现实世界存在大量与数形有关的问题，抽象成数学问题，用数学方法解决；其次，有意识地利用数学知识解释和解决现实世界中的问题；最后，有问题意识，能够调动数学知识、思维、情感去发现问题、提出问题。第三，创新能力的养成。善于发现问题和提出问题，学会独立思考，掌握数学归纳概括、验证猜想和规律的方法，根据自己的个性特征和工作需要做出适当的思维选择。

（二）树立自我价值观和文化自信

通过数学学习，学生树立的自我价值观主要从两方面：认识自我和行动的标准；认识客观世界所持的态度。具体表现是：第一，学生都可以欣赏和评价数学，能够学好数学，在合作中做出自己的贡献。在鼓励和引导下，能够主动参与数学学习活动共同体的数学活动，不断克服困难解决问题；对社会生活中与数学相关的信息感兴趣，并且在合作交流中提出自己的建议；有责任感，愿意为国家和社会发展贡献自己的力量。第二，充满好奇心和求知欲。对数学学习和运用数学方法解决问题充满信心，养成缜密思考和善于反思的思维品质；体验数学活动中的成就感。第三，批判和质疑精神。相信真理和实事求是的力量，培养乐于思考、言必有据、勇于质疑的独立人格。

树立辩证发展的世界观，了解不同文化的差异和共同点，建立民族文化自信。承认数学是由不同民族文化的数学汇集而成的，不同的民族文化在数学创造中形成不同的数学形式、方法和构造等都有其内在的合理性，世界文化不同阶段的交流与碰撞都产生过积极的作用。拒绝西方数学的文化霸权，不以西方数学的模式生搬硬套，认识到“我国传统数学有它自己的体系和形式，有着它自身的发展途径和独到的思想体系”①，避免仅以西方数学为模式评判中国数学的弊病。

本章小结

数学是模式的科学，具有抽象性、真理性；经验性和拟经验性。数学的文化属性体现在：数学是人类文化发展的重要组成，受到社会经济发展的影响；又为人类文明做出了重要贡献。同其他文化产品一样，数学既是发现的，又是发明的；既有确定性，又有不确定性。数学教育的价值是提高公民科学文化素养、培养理性精神、形成完美人格。我国义务教育数学课程改革、近年来国际小学数学课程改革和《新课标》的基本理念均表明：小学数学课程走向思维能力的培养，在积累数学活动经验的过程中，促进学生生动活泼、全面地发展。教学设计要从知识技能、活动经验、思想方法、能力和价值观来明确小学数学课程目标，深刻理解小学数学课程的核心概念。本章旨在帮助学习者树立科学的数学观、数学

---

① 吴文俊．关于研究数学在中国的历史与现状[J]．自然辩证法通讯，1990(4)：1－3．

学习观和数学教学观，为教学设计提供正确的思想观念指引。

思考与训练

1. 结合同学们的辩论(辩论材料见章首二维码中)，你有什么想法？你的数学观、数学学习观和数学教学观是怎样的？

2. 我国小学数学课程发展的特点是什么？

3.《新课标》中的“双基”发展成“四基”，其理论发展的背景是什么？数学能力培养与“双基”矛盾吗？你认为怎样处理二者的关系？

4. 国际小学数学课程改革的趋势是什么？对我国有什么启示？

5.《新课标》的基本理念、目标体系和内容框架是如何体现一脉相承的关系的？

6. 测测你的数感。

(1) 下面哪一个选项的和大于1？说明理由。

A. $\frac{2}{5}+\frac{3}{7}$　　B. $\frac{1}{2}+\frac{4}{9}$　　C. $\frac{3}{8}+\frac{2}{11}$　　D. $\frac{4}{7}+\frac{1}{2}$

(2) 一列火车匀速行驶，经过一条长 300 m 的隧道需要 20 s 的时间。隧道的顶上有一盏灯，垂直向下发光，灯光照在火车上的时间是 10 s。这列火车的长度是多少？

(3) 王力骑自行车从 A 到 B 地，陈平骑自行车从 B 地到 A 地，两人都沿同一公路匀速前进，已知两人在上午 8 时同时出发，到上午 10 时，两人还相距 36 km，到中午 12 时，两人又相距 36 km。求 A，B 两地间的路程。

第二章 小学数学的内容与教材分析

扫码查看
本章资源

数学是知识的工具，亦是其他知识工具的泉源。所有研究顺序和度量的科学均和数学有关。

——勒内·笛卡尔(René Descartes)

内容提要

本章从“数与代数”“图形与几何”“统计与概率”“综合与实践”四大领域，具体阐释小学数学的内容，概述国内主要版本小学数学教材特色，并重点解读与分析几个主要版本小学数学教材。

关键词

数与代数；图形与几何；统计与概率；综合与实践；核心内容；教材特色

学习目标

1. 了解国内主要版本小学数学教材的特色，能结合案例分析教材特色，具备解读小学数学教材的能力；

2. 理解“数与代数”“图形与几何”“统计与概率”的核心内容，能准确分析小学阶段主要版本教材，比较不同版本教材相关内容；

3. 了解小学数学主要版本教材“综合与实践”案例及其特点，能够根据学生特点选取适当内容设计“综合与实践”活动。

学习策略

本章在树立正确思想观念基础上，展开小学数学内容介绍和教材分析。对国内主要版本小学数学教材编写特点的介绍，重在帮助学习者进一步理解《新课标》的基本理念，体察“基于课标”的教材编写原则。学习的关键是在第一章小学数学教学观念引领下，理解“教什么”。学习者需积极搜索、拓展课程资源，结合具体教材感受、理解并把握“数与代数”“图形与几何”“统计与概率”“综合与实践”四大领域内容。对于较陌生的内容，可以结合教学案例或教学实录，多认识、多对比、多思考，在反复阅读中获得理解。

看一看，说一说

你能从下面教材中读出哪些新的课程理念？试结合第一章的内容想一想、说一说，感受以下主要版本教材特色。

图 2－1　人教版一年级上册“认识钟表”

图 2－2　人教版六年级上册“分数除法”

小学数学教材以《新课标》为依据，实行“一标多本”。作为未来的小学数学教师，不仅要树立正确的数学教学观念，为教学设计做好思想观念和知识结构准备，还要在深入解读《新课标》的基础上理解教材；不仅要熟悉自己所处地区或学校选用教材的特点，从而准确地理解、把握和运用教材，还应了解其他版本教材的特点，以便更加灵活地设计和组织教学。

本章预备知识

1. 什么是教材？编写教材的主要依据是什么？
2. 小学教材的编写原则是什么？

3. 小学生应具备的数学核心能力是什么?
4. 数学学科核心素养的内涵与特征是什么?
5. 小学数学课程的目标是什么?

第一节 “数与代数”的内容与教材分析

“数与代数”是义务教育阶段数学课程的主要内容,在小学数学内容中占比最大,是整个数学知识体系的基石。掌握“数与代数”的基础知识与基本技能,形成良好的数感,建立初步的代数思想,有助于学习其他数学知识。

一、“数与代数”的基本内容

“数与代数”的主要内容有:数的认识,数的表示,数的大小,数的运算,数量的估计;字母表示数,代数式及其运算;方程、方程组、不等式、函数等。① 它们都是研究现实世界数量关系和变化规律的数学模型,强调三个核心概念:数感、符号意识、运算能力。

(一) 概述

“数与代数”在第一、第二学段包括“数的认识”“数的运算”“常见的量”“探索规律”“式与方程”“正比例、反比例”六个模块,其中,“数的认识”“数的运算”“探索规律”为两个学段都有的同类内容,“常见的量”属于第一学段,“式与方程”“正比例与反比例”是第二学段课程内容。同类内容在更高学段重复出现,安排是螺旋上升的,表现形式与具体要求不同。如,数的运算,第一学段和第二学段都有“经历与他人交流各自算法的过程”的内容,第二学段又增添了“并能表达自己的想法”的内容要求。

1. 数的认识

第一、二学段数的认识内容主要包括整数、小数、分数、百分数和负数的认识,以及与数的理解和数特征有关的数整除性方面的内容。② 数的认识贯穿小学数学教学的始终。整数是学习数的开始,是认识其他数的基础;从整数到分数是数的第一次扩充,两个整数的比就是分数;小数亦称十进小数,是特殊的分数,根据十进制的位值原则,把十进分数仿照整数的写法写成不带分母的形式;百分数是在分数的基础上产生的,分数中分离出分母是100的分数,将其改写成带有百分号(%)形式的数就是百分数;“负数”是一个与“正数”的意义相反的数学概念,它的形成源于对生活中完全相反的事物数量的刻画,在小学阶段只是简单介绍。③ 理解数的意义和数的表示是数认识的核心内容;在体会数概念的形成

---

① 中华人民共和国教育部.义务教育数学课程标准(2011年版)[S].北京:北京师范大学出版社,2012:5.

② 杨红萍.小学数学课程与教学[M].北京:中国人民大学出版社,2018:204.

③ 吴正宪,刘劲苓,刘克臣.小学数学教学基本概念解读[M].北京:教育科学出版社,2014:147,175,89.

过程中建立数感，做好两个学段相关内容的整体把握、递进与衔接是数的认识的重点。

2. 数的运算

数的运算贯穿第一、第二学段，是小学数学课程中内容多、分量重、占时长、任务重、难度大的内容。数的运算包括加、减、乘、除四种基本运算，数的大小及不同种类的组合影响运算的复杂程度。学生要理解为什么运算，根据不同目的选择不同运算方式，达成不同精度要求。数的运算主要涉及算理与算法，运算律与运算顺序，精算、估算与近似计算等问题。

运算定律包括加法运算定律和乘法运算定律。小学阶段涉及加法交换律、加法结合律、乘法交换律、乘法结合律、乘法分配律五大运算定律，一般是用归纳的方法让学生理解运算的规律。运算顺序涉及加减与乘除运算的先后顺序，以及在运算时运用括号改变运算顺序。① 重视估算的学习和运用。估算是对计算过程及结果进行近似或粗略估计的能力，是进行大致的推算。小学数学教材对此没有明确的定义，主要指的是能结合具体情境，选择适当的单位，对数据进行适当的放大或缩小，通过口算，得到和、差、积、商近似值的方法。②

3. 常见的量

第一学段"常见的量"主要是学生生活中已接触的计量单位，旨在把学生日常生活中的一些经验概念，转化为科学的量概念，使他们懂得用有效的方法去解决一些生活中常见的简单问题。③ 这部分内容包括：货币单位元、角、分；时间单位年、月、日，时、分、秒；重量单位吨、千克、克。这些计量单位的换算，都是比较抽象的。因此，创设多种生活情境，让学生在情境中感受有关概念的形成，是实施目标的重点。

4. 探索规律

"探索规律"是新课程独立设置的教学内容之一，其内容重点在于探索的过程，也即学生在具体情境中，通过观察、计算、操作、思考等方式，了解蕴含在问题情境中的规律，学会思考问题的方法。④ 第一学段主要指的是探索简单情境下的变化规律；第二学段主要指的是探索给定情境中隐含的规律或变化趋势。

5. 式与方程

第二学段的"式与方程"是代数的初步知识，正式引入字母表示数和简易方程，是学生数学学习的又一次抽象，也是学生从算术思维飞跃到代数思维，分析现实生活中的数量关系的重要载体。"式与方程"强调了数学的现实情境以及数学与现实的联系，主要涉及符号思想、模型思想和方程思想。

6. 正比例、反比例

正比例、反比例是小学最后阶段的内容，是一类常用的数量关系，这部分内容的学习是函数思想在小学的体现，肩负着帮助学生完成一次认识上飞跃的重要任务。学生将从

① 马云鹏. 小学数学课程标准与教材研究[M]. 北京：高等教育出版社，2016：83.
② 吴正宪，刘劲苓，刘克臣. 小学数学教学基本概念解读[M]. 北京：教育科学出版社，2014：207.
③ 孔企平. 小学数学课程与教学[M]. 上海：华东师范大学出版社，2016：124.
④ 杨红萍. 小学数学课程与教学[M]. 北京：中国人民大学出版社，2018：204.

大量对“常量”的认识经验中逐步过渡到认识“变量”，这是函数思想渗透的重要契机，主要涉及模型思想、推理能力、应用意识等核心概念。

(二) 内容结构及教材分布情况

表 2-1 “数与代数”内容结构及教材分布情况

内容结构			分布情况(人教版)
数的认识	整数的认识	10 以内数的认识	一年级上册
		11～20 各数的认识	一年级上册
		100 以内数的认识	一年级下册
		万以内数的认识	二年级下册
		大数的认识	四年级上册
		负数	六年级下册
	分数的认识	分数的初步认识	三年级上册
		分数的意义和性质	五年级下册
		百分数(一)	六年级上册
		百分数(二)	六年级下册
	小数的认识	小数的初步认识	三年级下册
		小数的意义和性质	四年级下册
数的运算	整数运算	整数加减法	一年级上册、一年级下册、二年级上册、三年级上册
		整数乘法	二年级上册、三年级上册、三年级下册、四年级上册
		整数除法	二年级下册、三年级下册、四年级上册
	分数运算	分数加减法	三年级上册、五年级下册
		分数乘法	六年级上册
		分数除法	六年级上册
	小数运算	小数加减法	四年级下册
		小数乘法	五年级上册
		小数除法	五年级上册
	估算		各册均有内容分布
常见的量	时间单位的认识	认识钟表	一年级上册
		认识时间	二年级上册
		时、分、秒	三年级上册
		年、月、日	三年级下册

（续表）

内容结构			分布情况（人教版）
	货币单位的认识	认识人民币	一年级下册
	质量单位的认识	克和千克	二年级下册
探索规律	探索规律		各册均有内容分布
式与方程	用字母表示数		五年级上册
	解简易方程		五年级上册
正比例、反比例	比和按比例分配		六年级上册
	比例、正比例和反比例		六年级下册

二、数的认识

小学阶段数的概念主要包括整数（自然数和负数）、分数（含百分数）和小数。数的认识一般包括数的意义、数的表示、数的性质、数的大小比较、数的应用五个方面。

（一）自然数

1. 数概念的建立与教材分析

严格意义上自然数的概念对于小学生而言过于抽象。因此，自然数在小学数学中的说明是：数起源于数，一个个地数东西。如，人教版小学数学四年级上册举了一些实例来描述自然数的概念：表示物体个数的 1、2、3、4、5、6、7、8、9、10、11……都是自然数。一个物体也没有，用 0 表示，0 也是自然数。所有的自然数都是整数。

自然数概念的建立是小学阶段的重要教学内容之一。国内主要版本小学数学教材对这一内容的安排都是循序渐进的，较为普遍的安排方式是：20 以内数的认识（10 以内数的认识→11～20 各数的认识）→百以内数的认识→万以内数的认识→大数的认识（万以上数的认识）。国内主要版本小学数学教材紧密联系生活实际，借助直观形象的事物帮助学生经历具体到抽象的认识过程。如，苏教版一年级上册“数一数”。

自然数的基本特征是后一个数比前一个数大 1，从具体的数量抽象出数以后，学生可以通过自然数的这一特征认识更大的数，并在此过程中理解自然数的大小关系。数数既可以逐一数也可以逐群数，从逐一数发展到逐群数，尤其是“以 10 个为一组”地数，对于学生理解十进制计数法和位值制非常重要。

2. 位值的理解与教材分析

11～20 各数的认识，正式开始由逐一数到逐群数，要学会理解“1 个十相当于十个 1”。把一捆小棒绑在一起当作“1 个十”对应计数器上十位上 1 个珠子，理解两位数的组成，初步体会位值概念。100 以内数的认识，除了要进一步扩充对数位的理解，学习“10 个十是 100”，还将进一步体会到“同一个数字在不同的数位上表示的意义不同”。不同计数单位，按照一定顺序排列，它们所占位置叫作数位。同一数字，因所在数位不同，计数单位不同，表示数值也将不同。

万以内数的认识。学习千和万，并体会这些计数单位的十进制关系，同时学习数位顺序表，将这些计数单位系统整理起来。我国的计数单位是每四位一级，万以内数的个位、十位、百位、千位为个级，学生理解各级每个数字的意义，这是理解多位数各个数位上的数字意义的前提条件。① 多位数的学习，将“个级”扩充到“万级”“亿级”……学习表示大数的方法。

(二) 负数

负数是学生“数概念”的一次重要拓展，是 2001 年小学数学课程新增的内容。在数学上，负数指小于 0 的实数，如－3，－10.3 等，与正数相对，是一个不可数的无限集合。

负数概念对小学生较为抽象，因此，新课标要求是“在熟悉的生活情境中，了解负数的意义，会用负数表示日常生活中的一些量”，且将其安排在第二学段。国内主要版本小学数学教材提供了诸如气温的表示方法、收入与支出的记录方法、高山与盆地的海拔高度等丰富多彩的常见素材帮助学生在实际生活中感受和体会负数产生的必要性。

(三) 分数

1. 概念描述

分数是小学阶段的重要内容，“认识分数”是学生对数域的第一次拓展，也是认识上的一次重要飞跃。就现代数学而言，分数的定义一般有四种：① 把一个单位平均分之后的一份或几份；② 两个数相除的商；③ 两数之比；④ 公理化定义。②

分数的意义是多层次的，分数在小学阶段可以从两个基本维度和四个具体方面进行理解。两个维度，一是以“比”的形式出现的数，表示部分与整体或部分与部分之间的关系，是小学分数教学的重点；一是作为有理数出现的一种数，能够和其他的数一样参与运算。四个方面，一是比率，是指部分与整体的关系和部分与部分的关系，其中部分与整体的关系更多地体现在真分数的含义中。二是度量，将分数理解为分数单位的累积。三是运作，主要是指将对分数的认识转化为运算的过程。四是商，主要是指将分数转化为除法之后的运算结果，即分数也是一个数。

2. 分数的初步认识与教材分析

就主流教材而言，第一学段学生认识分数要结合具体情境，经历“平均分”的活动，初步认识分数，直观认识部分与整体的关系。具体包括：单位“1”由一个物体组成；对分数只用描述性的定义，不进行抽象概括；比较两个同分母分数的大小；不研究假分数的含义。

教材通过具体情境引入分数，让学生体会学习分数的必要性，在强调“平均分”的同时，还强调“数”的概念。小学阶段分数的学习要借助多种直观模型理解分数，较为重要的有区域或面积模型、长度或测量模型、群组模型，分数的初步认识通常借助面积模型来帮助学生学习，如借助几何直观比较同分母分数的大小。

3. 分数的再认识与教材分析

就主流教材而言，第二学段“分数的意义和性质”是第一学段“分数的初步认识”基础上分数的再认识，要求学生进一步理解分数的意义，建立分数单位的概念。在分数的意义

---

① 马云鹏. 小学数学课程标准与教材研究[M]. 北京：高等教育出版社，2016：134.

② 吴正宪，刘劲苓，刘克臣. 小学数学教学基本概念解读[M]. 北京：教育科学出版社，2014：161.

中，分数单位很重要，有助于学生理解分数的性质。

该部分重点有三：一是对分数意义的理解，即让学生理解单位“1”的含义，理解并把握把一个整体(单位“1”)平均分成若干份，表示其中一份或几份可以用分数表示；二是感受分数意义的丰富性，沟通分数与除法的关系，多维度地理解分数意义；三是感受分数的相对性，结合具体情境让学生在理解分数意义的基础上体会分数对应的整体不同，所表示的具体数量也不相同。

(四) 百分数

1. 概念描述

百分数是一种特殊分数，指分母是 100 的分数，或表示一个数是另一个数的百分之几的数。百分数分母常用符号“%”表示，称为百分号，并写成分子与百分号并列的形式。如 5%、1.5%读作百分之五、百分之一点五。百分数在日常生活、工农业生产、统计工作和科学研究等方面具有广泛应用。①

2. 百分数的认识与教材分析

百分数是在分数的基础上产生的，在日常生产生活中使用频率较高，学生在学习相关内容前已具备了一定的经验基础。因此，认识百分数应联系学生的生活实际，使其能够更好地理解概念，并体会百分数的好处。国内主流教材在编写时均较好地关注到了这些，提供了教学脚手架。

认识百分数需要注意如下四点：① 分数既可以表示两个数之间的关系，也可以表示具体的数量，但百分数只表示两个数之间的关系，并不表示具体的数量；② 基于上述原因，分数既可以带单位名称，也可以不带单位名称，但百分数不能加上单位名称；③ 分数一般用最简分数的形式表示，但百分数为了便于比较，不用约分成最简分数的形式；④ 分数的分子只能是除 0 以外的自然数，但百分数的分子可以是整数，也可以是小数。

(五) 小数

1. 概念描述

小数亦称十进小数，是实数的一种特殊的表现形式。所有分数都可以表示成小数，根据十进制的位值原则，把十进分数仿照整数的写法写成不带分母的形式，小数中的圆点叫作小数点，它是一个小数的整数部分和小数部分的分界号。其中整数部分是零的小数叫作纯小数，整数部分不是零的小数叫作带小数。②

小数是一种特殊的分数，但又独立于分数，小数也是十进制计数法。小数的出现标志着十进制计数法从整数扩展到了分数，使十进制分数与整数在形式上获得了统一。

2. 小数的认识与教材分析

小数的认识通常分为两个阶段，第一阶段是小数的初步认识，第二阶段是小数的意义和性质。两个阶段的重点不同，呈现的方式和学习的方式也有区别。

---

① 吴正宪，刘劲苓，刘克臣. 小学数学教学基本概念解读[M]. 北京：教育科学出版社，2014：174.

② 吴正宪，刘劲苓，刘克臣. 小学数学教学基本概念解读[M]. 北京：教育科学出版社，2014：147－148.

第一阶段，联系生活实际中具体的量，基于学生的生活经验，让学生在感性层面具体地了解小数，知道小数所表示的具体量的含义。第二阶段，借助学生的生活经验和学生已有的小数初步认识、分数初步认识，系统地学习小数，探究、理解一位小数的意义，并通过类推，掌握两位小数和三位小数的意义；掌握小数的性质。小数的性质有两点：一是在小数的末尾添上“0”或者去掉“0”，小数的大小不变；二是把小数点向右（或向左）移动一位、两位、三位……原来的数就扩大（或缩小）10 倍、100 倍、1000 倍……①

三、数的运算

“数的运算”主要涉及三方面内容：第一，使用法则进行计算，形成基本的运算技能；第二，结合具体情境进行估算；第三，运算的意义及解决实际问题。

（一）整数运算内容与教材分析

1. 整数加减运算

整数加减运算的重点，在第一学段是运算意义及口算、笔算；第二学段是估算、用计算器算以及进一步体会加与减的互逆关系。整数加减运算重在使学生理解算理，既可从四则运算的意义去理解，又可从数的意义理解，还可从运算律及其性质理解。运算过程是一种推理，对于一年级的学生来说，理解“算理主要是十进制，算法是相同数位对齐，从个位算起，满十向前一位进‘1’”是较难的。多位数相减时，要注意分别把相同计数单位的数相减，如某一计数单位上的数不够减，则从高一级的计数单位上退一再减。退位减法的关键是结合律，用结合律讲减法是重点。

2. 整数乘除运算

整数乘除法分为表内乘除法和多位数乘除法，要特别重视表内乘除法运算的熟练程度。表内乘除法是学生学习乘除法的开始，是学生学习多位数乘、除法的基础。表内乘法是两个一位数相乘，可根据乘法的意义用相同数连加的方法求出结果。通常把所有两个一位数相乘和它们的结果编成乘法口诀，计算时直接利用这些结果求积，当前我国基本上使用“大九九”81 句口诀表。表内除法是可以用乘法口诀直接求商的除法，是建立在除法意义与相关的乘法口诀基础上的。表内乘除法的内容可采用不同编排方式：一种是并列编排，即先进行表内乘法（一般分为两个阶段）再安排表内除法（一般也是两个阶段），使知识更具系统性，如人教版、北师大版等；一种是交叉编排，即先进行 1～6 的乘法口诀教学，接着用 1～6 的乘法口诀求商，然后再进行 7、8、9 的乘法口诀教学以及用 7、8、9 的乘法口诀求商，突出乘除法的紧密联系，如苏教版。

多位数乘法分为多位数乘一位数和多位数乘多位数。多位数乘一位数可以将多位数写成不同计数单位数的和的形式，再根据乘法分配律，转化为已学过的表内乘法来计算。多位数乘多位数，则是先将其中一个乘数写成不同计数单位数的和的形式，再根据分配律与表内乘法进行运算。多位数除法有两种：其一，除数是一位数，被除数和商都是多位数的除法；其二，除数和被除数是多位数的除法。

---

① 金成梁，刘久成. 小学数学课程与教学[M]. 南京：南京大学出版社，2013：252.

（二）小数运算内容与教材分析

1. 小数加减运算

从国内主流教材看，小数加减法是集中编排的，一般安排在小数的意义和性质学习后，建立在学生掌握了整数加减法的基础上。小数加减运算在算理上与整数加减运算一致，只因数域扩展造成了算法上的变化。

小数加减法教学的重难点集中在小数点的处理问题上，如何使小数的相同数位对齐是新知识点。人教版、苏教版教材将小数加法与减法放在同一个例题中进行教学，不仅突出了知识之间的有机联系，还节省了教学时间，使学生能够快速地形成良好的小数加减的认知结构。因有整数运算和小数意义做基础，学生学习小数加减法并不困难，教学重点是理解其中的算理并在其基础上总结算法。

2. 小数乘除运算

小数乘法是乘法意义的一次扩展，计算小数乘法是先不看小数点，按照整数乘法来计算，然后在得到的积中点上小数点。可见，积中小数点位置的确定，是小数乘法教学的关键。小数除法是小学数学的难点，主要包括除数是整数的小数除法与除数是小数的小数除法。小数除法的内容与旧知识联系紧密，计算法则建立在“整数除法中被除数和除数同时乘以相同的数(0 除外)而商不变”“小数点位置移动规律”等知识基础上。“除数是小数的除法”是教学的重点和难点，是在“除数是整数的小数除法”之后学习的，要根据小数点位置移动引起小数大小变化的规律和商不变的性质，把除数是小数的除法转化为除数是整数的除法。

小数乘除法中还有一个重要内容——取积或商的近似值。一方面，乘积的小数位数等于两个因数小数位数的和，会出现积有较多位小数的情况，小数除法计算也会有除不尽的情况；另一方面，实际生活中并不需要过多位的小数，会经常根据需要对小数乘除法中的积和商取近似值。北师大版教材通过美元与人民币兑换的实例来说明取近似值的必要性以及如何取近似值，使学生在掌握相关知识的过程中深刻感受数学的应用价值。

（三）分数运算内容与教材分析

1. 分数加减法

分数加减法这部分内容一般结合分数意义来进行教学，并遵循由易到难、由简至繁的原则分为两个阶段。第一阶段，结合分数的初步认识，学习同分母分数的加减法；第二阶段，结合分数的意义和性质，系统学习分数加减法。就主流教材而言，第一阶段一般通过设置实际生活情境来让学生初步探究分数加减法的算理，初步突出分数单位的概念，让学生认识到只有分母相同才能直接相加减，进而掌握同分母分数(分母小于 10)加减法。第二阶段的分数加减法一般包含三项内容，即同分母分数加减法(人教版教材单列相关内容，明确提供了教学脚手架，其他主流教材没有明确单列，需要教师引导学生回忆相关内容)、异分母分数加减法和分数加减混合运算。

异分母分数加减法是同分母分数加减法则的提升和延伸，其依据依然是分数单位相同才能相加减这一算理；其法则是先通分，再按照同分母分数加减法则进行计算。分数运算较之整数运算更加复杂，主要是因为分数单位的不确定性提高了分数运算的复杂程度。

本阶段教学要进一步突出分数单位的概念，使学生明确异分母分数转化为同分母分数的目的，就在于将分数单位不同的分数转化为分数单位相同的分数。

2. 分数乘法

分数乘法包括分数乘整数和分数乘分数两个层次，前一层次在整数乘法和分数加法的基础上学习，后一层次在理解分数乘法意义的基础上通过操作去理解和学习。分数与整数相乘，通常分为两步，先教分数与整数相乘的意义，再教分数与整数相乘的计算法则。分数与整数相乘的意义与整数乘法的意义相同，都是求几个相同加数的和的简便运算，只是这里将相同加数从整数变成了分数。分数乘分数的意义是分数乘整数的扩展，分两个层次教学：先解决求一个数的几分之一的问题，再解决求一个数的几分之几的问题。分数乘法的计算方法较为简单，算法也比较直观，但要说明算理并不容易。在教学时要充分发挥几何直观对探索和发现计算方法的重要作用，采用面积模型帮助学生理解算理。

3. 分数除法

分数除法建立在学生学习整数除法和分数乘法的基础上，在教学中一般从分数除法的意义和分数除法的计算法则两个层次进行。在小学阶段，分数除法的编排顺序是：先认识倒数，再掌握分数除法计算。分数除法一般是作为分数乘法的逆运算来定义的。学生要先学习倒数的概念，明白倒数是对两个数而言的，只能说一个数是另一个数的倒数，不能孤立地说某一个数是倒数。在此基础上，学生习得求一个数的倒数的方法。

分数除法包括分数除以整数、整数除以分数以及分数除以分数三类，内容由易到难、由简到繁，逐步提升。无论哪种类型，其计算方法最终都可转化为乘以除数的倒数，即将分数除法转化为分数乘法。就国内主流教材而言，都是通过实例来说明算理的，由一个实际问题一步步引导学生得出计算法则：甲数除以乙数(0 除外)，等于甲数乘以乙数的倒数。

四、常见的量与探索规律

小学数学中涉及许多计量单位，一些与几何测量关系密切，如长度单位、面积单位和体积单位等，被安排在“图形与几何”内容中；一些是与数量运算有关的计量单位，主要包括货币单位、时间单位和质量单位，被安排在“数与代数”内容中。小学数学中“探索规律”的内容主要是数、式、形的规律的探索，“数与代数”领域中存在大量的规律可供学生探索发现。有的在各领域公式、法则、算法等规律性知识的教学中，强调让学生经历发现、探索的过程；有的将“探索规律”作为“数与代数”领域中的独立内容。

(一)“常见的量”内容与教材分析

1. 货币单位的认识

货币单位一般安排在百以内数的认识之后。通过货币单位的学习，一方面使学生初步了解人民币的基本知识，懂得如何使用人民币，提高其社会实践能力；另一方面使学生深化对 100 以内数的概念的理解，体会数概念与现实生活的紧密联系。

在人民币的认识部分，教材有两个特点。一是加强与实际生活的联系；二是结合具体操作帮助学生认识人民币。由于学生对人民币已有一定的感性基础，也在日常生活中积累了一定的购物经验。因此，教材中设计了一些购物和换钱活动。

2. 时间单位的认识

时间单位与学生生活密切相关，但时间单位较为抽象，单位之间的进率较为复杂，时间观念的建立也需要一个过程。当前主流教材中"时间单位的认识"在第一学段分次编排，认识钟表，认识时间，时、分、秒，年、月、日。在时间单位的学习中，要重视引进计量单位。一是重视解决计量单位如何引进的问题，二是计量单位的教学要注重联系学生的生活实际，三是要在教学中体现数学思想。

教学时、分、秒，要注重让学生通过观察、操作时钟来体验。在回忆百米赛跑的基础上感受秒是比分还小的时间单位；指导学生做 1 分钟的事情，让学生在活动中体验 1 分钟的长短。充分利用学生日常生活中常见的年历，引导学生观察不同年份的年历卡，找出每个月的天数填入表格，发现关于年、月、日的规律。

3. 质量单位的认识

克、千克、吨是国际通用的重量单位，也是我国法定的计量单位。质量单位不如长度单位直观，感受质量单位还需要学生肌肉感觉的参与与体验。国内主要版本教材均设置了丰富的情境，让学生通过掂一掂、称一称、抬一抬等实践活动来感受和建立质量单位的概念。

基于学生的已有直接经验，现行教材一般先教千克、克的认识，再教吨的认识。教千克、克时，利用天平、台秤等衡器进行实际操作；拎一拎、掂一掂、抬一抬常用物品，估一下有多重，注意估计与精确称量的有机结合。知道 100 个 10 千克合在一起是 1 吨，通过实例使学生间接认识"吨"是一个较大的质量单位。

（二）"探索规律"内容与教材分析

两个学段的"探索规律"的内容与要求有差异。第一学段主要是依据小学生的发展水平，编排简单而有趣的探索规律的内容。第二学段的要求较第一学段高出许多，事物中的规律或变化趋势不再是简单而直观的，是较为"隐蔽"的、需要通过"探求"来发现的；"探求"是探索规律内容与目标的重点，教学效果要在探求的活动过程中体现并实现；发现的规律要用数学方法表示，不断接近数学模型。

现行小学教材通常采用集中与分散相结合的方法编排相关内容，即在不同阶段设置独立的单元，以恰当的主题进行"探索规律"的教学。如人教版和苏教版教材"探索规律"的内容，分别在两个学段中都以主题单元的方式进行独立设计。在其他各学习领域，又以分散渗透的方式穿插编排了有关数学规律的探索性内容，重视让学生经历知识的探索过程，将发现规律、探索规律作为培养学生归纳、类比等合情推理能力的重要载体，渗透于教学的全过程。

不同的教材在内容的选取上存在较大差异。人教版教材以独立单元设计的"探索规律"内容相对较多，且广布在各个年级；选取的内容主要是图形变化规律、数列变化规律和操作活动变化规律；内容设计的活动性、探究性较强，一些内容直接设计在教学实践活动中。苏教版教材主题单元的设计，主要是让学生在现实情境中探索事物的间隔排列、简单搭配以及简单周期现象中的规律，并通过平移的方法探索、发现简单图形覆盖现象中的规律。使学生经历自主探索和合作交流的过程，并从中体会列举、画图、计算和有序思考等解决问题的基本策略。培养学生发现和概括规律的能力，初步形成回顾与反思探索规律过程的意识，提高其解决相应简单实际问题的能力。各版本教材都在“找规律”单元设置了多道例题，为探索一类现象的规律设计了过程与线索，在编写上呈现出三个特点。其一，呈现的素材比较典型，具有吸引力；其二，能引发学生操作的活动；其三，用适当形式概括规律。

五、式与方程、正反比例

从数到代数是数学表征的一次飞跃，用字母表示数是又一次抽象。方程是刻画现实世界中相等关系的重要模型，集中体现了代数运算的过程与对象、算法与结构的二重性。“式与方程”强调了数学的现实情境，以及数学与现实的联系，内容涉及符号思想、模型思想、方程思想等数学思想。比与比例，一直是传统算术的一项重要内容。比例的内容大多属于代数知识，从本质上说，正比例、反比例关系实际上是两种基本的函数关系。方程进入小学领域后，使很多问题变得更容易。

(一)“式与方程”内容与教材分析

现行教材通常采用早期孕伏、逐步渗透，分散与集中相结合的方式编排。孕伏阶段：在低年级结合数与计算等教学内容编排各种用符号表示数的算式，提前孕伏代数思想，使学生可以尽早感知。过渡阶段：低年级孕伏的基础上，中年级结合图形面积计算，出现用字母表示的计算公式；结合整数理论知识的教学，出现用字母表示运算定律，为正式学习“用字母表示数”做铺垫。正式学习阶段：通过前两个阶段的教学，学生对字母表示数与简易方程已经积累了相应的感性认识，第二学段相对集中地编排专题内容，供学生系统学习。

1. 用字母表示数

用字母表示数是代数的一个基本特点。从用数字表示数到用字母表示数，从用语言等式表示数量关系到用字母表示数量关系，是一个从特殊到一般，从具体到抽象的过程。从本质上看，字母不同于数。字母符号含有丰富的语言特性：既可以是已知数，又可以是未知数，还可以是变化的数；既可以表示具体意义的数，也可以是一般意义的数。用字母表示数是建立数感与符号意识的重要过程，是形成代数式、整式、分式和根式的一系列概念和学会各类运算的基础，具有重要的意义，贯穿学习数与代数的始终。

2. 方程

方程是学生在小学阶段接触到的最为抽象的概念。方程亦称方程式，一般指含未知数或变数的等式，不仅指代数方程。① 从本质上说，方程是描述现实世界的等量关系。以往，小学阶段教学简易方程、方程变形的主要依据是四则运算各部分之间的关系，实际上是用算术的思路求未知数；现在，运用等式的基本性质来解方程，既有利于保证三个学段教学内容的连续性，又有利于学生逻辑思维的发展。需要明确的是，小学阶段对方程和方程的解的概念以及有关解方程的依据和方法的认识都是初步的，尚未把握方程的实质，形成方程的系统理论。

列方程解决实际问题是在初步学会解简易方程的基础上，对算数方法解实际问题的

---

① 吴正宪，刘劲苓，刘克臣. 小学数学教学基本概念解读[M]. 北京：教育科学出版社，2014：220.

替代优化，为中学阶段列方程（组）解实际问题的教学奠定基础。小学阶段解决问题的基本方式是算数方法，而在解决较为复杂的问题时，方程与算术的方法有着明显的区别。列算式解实际问题要依据四则运算的意义与实际问题中的数量关系，这种方式常常需要逆向思考并要在脑中进行数量关系的变换，容易造成列式上的困难。列方程解题则根据实际需要用字母表示未知数，使未知数与已知数处于同等地位参与列式，依据题中数量之间的等量关系，列出含有未知数 x 的等式（即方程），一般不需要逆向思考。列方程解实际问题不仅有利于学生感受数学的应用价值，渗透数学思想方法；还有助于学生增强思维的灵活性，进一步提升发现问题、提出问题、分析问题、解决问题的能力。

（二）“正比例、反比例”内容与教材分析

正比例和反比例是一类常用的数量关系，究其本质是一种函数关系，是函数思想在小学的体现。关于比与比例的教学内容，近年来趋于简化。正比例与反比例的教学，一般编排在六年级教材中，主要内容包括比的意义、比的基本性质、化简比、部分与整体的相对关系、同种量的相对关系和不同种量的相对关系、按比例分配解决实际问题、比例关系中的正比例和反比例等。

1. 比与比例

比，亦称单比，算术术语。比较两个同类量之间的一种倍数关系，称为这两个同类量的比。在单位相同时，两个量的比可以用表示这两个量的数的比来代替。两个数相比，也可以说成两个数相除。比的概念是从比较两个同类量之间的倍数关系而产生的，后来推广到两个不同类量的比。但无论是同类量的比还是不同类量的比，都可以归结为两个数的比。小学数学教材中一般认为，两个数相除，又叫作这两个数的比。比例，算术术语，指四个数（或四个量）之间的一种关系式。如果两个数（或量）的比，等于另外两个数（或量）的比，则称这四个数（或量）成比例。①

比和除法、分数既有紧密联系，又有区别。就紧密联系而言，比的前项相当于被除数、分子；比的后项相当于除数、分母；比值相当于商、分数值；比号相当于除号、分数线；除数和分母不能为“0”，比的后项也不能为“0”。就区别来说，一方面，“比”更强调对于量与量之间的倍比关系进行直接描述，有时并不关注具体比值，而除法、分数更多的是强调两个量之间的一种运算关系，通常也会关注运算的结果；另一方面，用“比”可以同时表示两个、三个甚至更多的量之间的倍比关系，而除法、分数一般只能表示两个量之间的倍比关系。国内主要版本教材均较好地对相关内容进行了编排。

2. 按比例分配

按比例分配是把一个数量按照一定的比进行分配，是“平均分”的拓展。按比例分配的问题在实际生活中经常遇到，解决此类问题，既可以帮助学生进一步理解比的意义和比与分数之间的关系，又可以培养学生运用所学知识解决实际问题的能力。国内主要版本教材在编排时注重设置学生常见的实际情境，提示教师在教学中要重视引导学生联系实际理解什么是按比例分配，在解决实际问题的过程中感受按比例分配的意义，感受数学的

---

① 吴正宪，刘劲苓，刘克臣. 小学数学教学基本概念解读[M]. 北京：教育科学出版社，2014：223.

应用价值。

3. **正比例和反比例**

在现实中，有许多数量关系可以表示为成正比例的量和成反比例的量，其本质是两个量按一定的比例发生变化。如果一个量增加(减少)，另一个量按一定的比例增加(减少)，两个量是成正比例的量。如果一个量增加(减少)，另一个量按一定的比例减少(增加)，两个量是成反比例的量。如果分别用 x 和 y 表示两个量，前者可以表示成 $y=ax(a>0)$；后者可以表示成 $y=\frac{a}{x}$，或 $xy=a(a>0)$。从教材中可以看出，小学阶段并不出现函数的概念，而是让学生具体感知两个量之间的关系，如总价与数量、圆柱的底面积与高。

国内主要版本教材在编排时均较好地提示了实际教学中需要注意的问题：一是要帮助学生理解变化的量及变量之间的关系；二是要加强正比例、反比例解决问题中对"变"的关注；三是要注重运用图像理解正比例和反比例；四是注重在教学中渗透函数思想。

第二节　"图形与几何"的内容与教材分析

"图形与几何"是几何学中初步的、小学生能够接受的部分，主要涉及现实世界中的物体、几何体和平面图形的形状、大小、位置关系及其变换，是人们更好地认识和描述生活空间并进行交流的重要工具。

一、"图形与几何"的基本内容

"图形与几何"的主要内容有：空间和平面基本图形的认识，图形的性质、分类和度量；图形的平移、旋转、轴对称、相似和投影；平面图形基本性质的证明；运用坐标描述图形的位置和运动。① 在第一、第二学段包括"图形的认识""测量""图形的运动""图形与位置"四个内容模块。"图形的认识"与"测量"是对静态空间图形的认识；"图形的运动"与"图形与位置"是对动态空间图形的认知，前者是让学生感知图形在运动和变化过程中的特征，后者是让学生从数量关系上理解图形的性质。

(一) 概述

1. **图形的认识**

图形的认识所含内容较多，贯穿小学数学教学的始终，一般可以按照"点、线、面、体"的顺序来整理相关知识。考虑到学生的心理发展规律、认识规律和图形间的内在联系，国内主要版本小学数学教材的内容设置和年段安排基本遵照"三维→二维→一维→二维→三维"的顺序。②

---

① 中华人民共和国教育部. 义务教育数学课程标准(2011 年版)[S]. 北京：北京师范大学出版社，2012：5.

② 马云鹏. 小学数学课程标准与教材研究[M]. 北京：高等教育出版社，2016：167.

图形的认识是由实物观察逐渐抽象成立体图形和平面图形的过程，在此过程中，涉及对图形总体特征、具体特征和图形之间相互关系的探索，如大小、形状、位置等。强调将外部活动操作(如从不同方向看、展开与折叠等)内化为内部智力操作，建立图形不同状态之间的对应联系。① 小学阶段涉及“线”的知识包括线段、直线、射线的认识和垂直、平行的认识；“平面图形”的知识主要包括角、长方形、正方形、平行四边形、梯形、三角形、圆和扇形等的认识；“立体图形”的知识包括长方体、正方体、圆柱、圆锥的认识。

2. 测量

几何学起源于图形的测量。图形的测量是对一维长度、二维面积、三维体积的度量操作。度量的关键是设立统一、恰当的单位，这是使度量从个体的、特殊的测量活动成为一般化的、可以大范围相互交流的前提。小学阶段的测量在第一学段包括物体长度的度量与估计、长方形及正方形的周长和面积计算、长度单位及常见的面积单位的认识；第二学段包括角的度量、基本平面图形以及不规则平面图形的测量、简单几何体以及简单实物的测量等内容。

3. 图形的运动

图形的运动最基本的形式有两种：一是形状和大小不变，仅位置发生变化(合同运动)；二是形状不变而大小变化(相似运动)。通过图形的运动探索发现并确认图形的一些性质，有助于学生发展几何直观能力和空间观念，有利于学生提高研究图形性质的兴趣，从中体会研究图形性质的不同方法。在小学数学课程内容中，“图形的运动”只研究平面上图形运动所形成的变换。其一，全等变换或保距变换，包括平移、旋转、轴对称；其二，相似变换，也称保角变换，如比例尺。②

4. 图形与位置

图形的位置第一学段的学习是定性地刻画物体的位置，用“上、下，前、后，左、右”描述物体的相对位置——与观察者和参照物都有关；用“东、南、西、北”等描述物体的绝对位置——不受观察者的影响，只与参照物有关。两种方式在不同场合下会带来不同的便利。第二学段则是定量刻画物体的位置，即用数来表示物体的位置，是解析几何的基础。③

(二) 内容结构及教材分布情况

表 2-2 “图形与几何”内容结构及教材分布情况

内容结构			分布情况(人教版)
图形的认识	立体图形的认识	立体图形(长方体、正方体、圆柱、球)的初步认识	一年级上册
		立体图形(长方体和正方体)的再认识	五年级下册
		立体图形(圆柱、圆锥)的再认识	六年级下册

① 杨红萍. 小学数学课程与教学[M]. 北京：中国人民大学出版社，2018：238.

② 马云鹏. 小学数学课程标准与教材研究[M]. 北京：高等教育出版社，2016：187.

③ 吴正宪，刘劲苓，刘克臣. 小学数学教学基本概念解读[M]. 北京：教育科学出版社，2014：230.

（续表）

内容结构				分布情况（人教版）
	平面图形的认识	长方形、正方形、平行四边形、三角形、圆的初步认识		一年级下册
		线的认识	线段	二年级上册
			线段、直线、射线	四年级上册
		角的初步认识		二年级上册
		长方形、正方形的再认识		三年级上册
		平行四边形、梯形的再认识		四年级上册
		三角形的再认识		四年级下册
		圆、扇形的认识		六年级上册
	观察物体	观察物体（一）		二年级上册
		观察物体（二）		四年级下册
		观察物体（三）		五年级下册
测量	测量单位及长度的测量	长度单位、长度测量	厘米、米	二年级上册
			毫米、分米、千米	三年级上册
		面积认识及单位	平方厘米、平方分米、平方米	三年级下册
			公顷、平方分米	四年级上册
		体积、容积认识及单位		五年级下册
	平面图形的测量	角的再认识、角的度量		四年级上册
		周长的认识、周长的测量	长方形、正方形	三年级上册
			圆	六年级上册
		面积的测量	长方形、正方形	三年级下册
			平行四边形、三角形、梯形，组合图形，不规则图形	五年级上册
			圆	六年级上册
	立体图形的测量	表面积的测量	长方体、正方体	五年级下册
			圆柱	六年级下册
		体积的测量	长方体、正方体、不规则物体	五年级下册
			圆柱、圆锥	六年级下册
图形的运动	图形的运动（一）	轴对称、平移、旋转		二年级下册
	图形的运动（二）	轴对称、平移		四年级下册
	图形的运动（三）	旋转		五年级下册

（续表）

内容结构			分布情况（人教版）
图形与位置	位置	上、下，前、后，左、右	一年级上册
	位置与方向（一）	辨认方向，用方向、距离确定位置及描述路线图	三年级下册
	位置与方向（二）	用角度、距离确定位置，简单路线图	六年级上册
	用数对确定位置	五年级上册	

二、图形的认识

小学数学课程主要涉及直观几何或实验几何，即用观察与操作、归纳与实验去发现空间的本质，不同于以逻辑推理为基础的推理几何。因此，空间、体、平面、直线、射线、线段等概念在小学数学中都采取不定义的方式，而是利用实物或模型描述，让学生能够体会即可。教材中用许多“像这样的……就叫做什么”的方式来描述最基本的几何体，即定性的认识。图形的认识由立体到平面，由整体感知到局部特征，由定性到定量的过程。对图形认识的要求主要包括两个方面：对图形自身特征的认识；对图形各元素之间、图形与图形之间关系的认识。主要涉及抽象思想、分类思想、集合思想以及有限与无限思想。

（一）线的认识

1. 概念描述及解读

直线是点在空间内沿着相同或相反方向运动的轨迹，是曲率最小的曲线，是以无限长为半径的圆弧。射线是直线上任一点一旁的部分。这一点称为射线的端点。或者说，射线是从某一个确定的点出发，沿固定方向运动的点的轨迹。线段是位于两点间的直线部分，这两点称为线段的端点。① 小学数学教材中没有对直线、射线和线段给出明确的定义，而是借助具体生活实例直观，引导认识直线、射线和线段的特点。射线和线段的定义是在直线的基础上给出的，但直线涉及无限的概念，在现实中没有实物原型，需要学生通过想象逐步抽象、加深对直线的认识。相较于直线，射线虽然也涉及无限概念，但能够在生活中找到实物原型，如手电筒照射出的光。线段的认识则最为容易，它是有限且可测量的，在现实生活中能够接触到实物原型。

小学数学教材中，在同一平面内不相交的两条直线叫作平行线，也可以说这两条直线互相平行。如果两条直线相交成直角，就说这两条直线互相垂直，其中一条直线叫作另一条直线的垂线。这两条直线的交点叫作垂足。②

2. 教材分析

“线的认识”包括认识直线、射线、线段，认识两点间的距离，认识平行和垂直。与二维

---

① 杨红萍. 小学数学课程与教学[M]. 北京：中国人民大学出版社，2018：241.

② 吴正宪，刘劲苓，刘克臣. 小学数学教学基本概念解读[M]. 北京：教育科学出版社，2014：238－248.

的平面图形和三维的立体图形相较，线的认识、平行和相交的认识等知识抽象程度更高，因此，线的认识内容放在第二学段。

国内主要版本小学数学教材对直线、射线和线段的认识内容，大致有两种编排：一种是将该内容全部安排在第二学段，作为单元的起始内容，接着安排平行、相交、角的认识等相关知识，如北师大版、苏教版教材；一种是将其安排在两个学段，第一学段伴随着长度单位的学习先认识线段，第二学段伴随着角的度量的学习来认识线段、直线和射线，如人教版教材。

各版本教材对平行和垂直内容的编排差别较大。有的将平行与垂直两个知识点编排在同一节课中，有的则将两个知识点分成两节课编排；有的从静态角度揭示平行与垂直现象，有的则从动态的角度，借助图形的运动从平移认识平行；有的先编写平行再编写垂直，有的则正相反，先学垂直再学平行。各版本教材均对平行线和垂线的“画”进行了编写，降低了对画图技能的要求，但对画图所使用的工具、操作步骤、难度起点等编排不尽相同。

总体而言，“线的认识”所涉概念大多是基本概念且较为抽象，国内各版本教材在编写时均大量引入生活中的实例，帮助学生完成从实物到几何图形的抽象。

(二) 平面图形的认识

1. 长方形、正方形、三角形、平行四边形、梯形的认识

国内主要版本小学数学教材，分初步认识图形和认识图形的基本特征两大部分，编排长方形、正方形、三角形、平行四边形、梯形相关内容。第一部分主要安排在一年级下册，是对相关图形的初步认识。其中，各版本教材对平行四边形的初步认识编排存在较大不同，有的将其作为学生需要认识的基本图形，简单呈现在教材中，如人教版、青岛版；有的设专节进行平行四边形的初步认识教学，如苏教版；有的将其放在“七巧板游戏”等操作活动中让学生初步感知，如北师大版；有的则完全没有涉及，如西师版。各版本教材均未在第一学段安排梯形的相关内容。第二部分主要是认识图形的基本特征，各版本教材编排大致相同。采用了生活实物加主题图并匹配相关问题的呈现方式，设计了大量的观察、实验、操作活动，提供了上佳的教学脚手架。

2. 角的认识

国内主要版本小学数学教材均将第一学段“角的初步认识”安排在二年级，以生活情境导入，内容涉及角的顶点及边的写法，设计了制作角、比较角大小的活动，又编排了了解直角、锐角和钝角的内容。各版本教材在引入具体情境上有较大的相似性，普遍选取剪刀、三角板、钟面上的指针夹角等学生常见的素材；在角的各部分名称、读法和写法方面有较大的差异，有的只标注了“顶点、边”，有的则对角的读法和写法进行了示范。

第二学段“角的认识”均编排在四年级上册，内容涉及角的意义、角的度量以及在此基础上的角的分类。各版本教材用丰富的方式引入“角”，有的教材格外关注角的动态变化(如北师大版“旋转与角”)，有利于学生探索角的本质特征。

3. 圆、扇形的认识

“圆的认识”包括圆的各部分名称、画圆的方法、圆的特征等内容。第一学段学生认识平面图形时，从有关实物抽象出图形并出现数学名词“圆”。国内主要版本教材将“圆”的认识安排在小学高年级，注重联系学生的生活实际引入“圆”，并关注呈现圆的本质属性。

在作图方面，多数教材先编写用除圆规外的其他工具画圆（如“一根绳子一支笔”画圆），再呈现用圆规画圆。各版本教材不仅结合图示给出圆心、半径、直径的概念，还安排探索活动让学生经历探索圆的特征的过程。在编排时，降低了对扇形的认识的要求，多结合实例简单介绍弧、圆心角等概念，删去求弧长和扇形面积的相关内容。

（三）立体图形的认识

对于立体图形的认识，第一学段重在初步感知和辨认，各版本教材在一年级上册通过“认一认”“分一分”“摸一摸”“搭一搭”“滚一滚”等活动，让学生直观认识长方体、正方体、圆柱和球；第二学段则强调通过观察和操作，在做和思考的过程中更好地体验、感知立体图形的特征。

1. 长方体、正方体特征的认识

长方体和正方体的认识在小学几何教学中具有重要地位，是学生首次接触立体图形的具体特征。除苏教版教材将其安排在六年级上册外，其他版本教材均将其安排在五年级下册。

小学数学教材没有对长方体的概念给出明确的定义，而是引导学生在从面、棱和顶点等维度总结长方体特征的过程中感知其本质属性；对正方体的概念也未给出明确的定义，或融合在对长方体特征的学习中，或建立在对长方体本质属性的认识上。对于长方体和正方体关系的认识，各版本教材或是直接将长方体和正方体的认识放在一起编排，将其联系与区别作为探究问题呈现，如北师大版、冀教版；或是在认识了正方体的特征后，再联系已学的长方体特征进行讨论，得出结论，如人教版、青岛版。各版本教材明确给出了“正方体可以看成是长、宽、高都相等的长方体”或“正方体是特殊的长方体”的描述；多数教材还借助韦恩图来表示二者的关系。

各版本教材编排“认识长方体、正方体的展开图”时存在较大差别：或设置为“展开与折叠”的专项学习内容，如北师大版；或将其设置在长方体和正方体的表面积学习中，如人教版、西师版；或只进行了正方体展开图的编排，将长方体展开图作为练习题，如苏教版。从立方体到展开图，从展开图到折叠为立方体，涉及图形二维和三维的转换。因此，各版本教材均重视操作活动，设计了动手操作的课堂活动，鼓励学生通过“剪一剪”“画一画”“量一量”“做一做”等活动来探索图形的特征。

2. 圆柱、圆锥特征的认识

由一个矩形绕其一边旋转一周而成的几何体称为直圆柱或正圆柱，简称圆柱。使直角三角形的一个直角边保持固定，把这个三角形旋转一周并回到其初始运动的位置，这样描述出的形状就是圆锥体。小学数学教材没有直接定义圆柱，主要是通过几何图形建立圆柱的表象，从圆柱的特征把握圆柱；也没有明确地定义圆锥，主要是通过由实物抽象出几何图形以建立圆锥的表象，再通过操作切截等手段让学生认识圆锥的特征。就表达方式而言，有的教材采用由实物引出描述式定义的方法，如人教版；有的则采用“点动成线、线动成面、面动成体”的编写思路，通过平面图形绕特定旋转轴旋转而生成的图形来定义立体图形，如北师大版。

关于圆柱与圆锥的认识，各版本教材主要采用两种编写方式：一种是集中编写，以有利于对两种立体图形进行联系及对比，如北师大版、苏教版、青岛版；一种是分开编写，即

先系统学习圆柱，包括圆柱的认识、圆柱的表面积及体积计算，再进行圆锥的认识及体积计算的学习，以有利于学生对圆柱或圆锥形成更完整、更丰富的认识，如人教版、冀教版、西师版。对圆柱和圆锥各部分名称的认识，各版本教材基本上采用相同的编写方式，都是在实物图的基础上，在模型图上标注。此外，各版本教材均注重对学生开展操作活动的提示，让学生通过“摸一摸”“做一做”“看一看”“说一说”等动手、动脑的活动，自己得出对圆柱和圆锥基本特征的认识。

各版本教材“认识圆柱的展开图”，或对圆柱的展开图进行了专门的设计，如人教版；或将其与圆柱的表面积学习融合在一起，不单设栏目，如北师大版。无论教材以何种方式呈现相关内容，与前述长方体和正方体展开图的认识相同，都是学生发展空间观念、实现图形二维和三维灵活转换的重要素材，是教学的重要内容。

（四）观察物体

国内主要版本教材在“观察物体”内容的编排上既有共性，又存在较大差异。共性是各版本教材均从对生活中具体实物的观察切入，有梯度地加大内容难度；均设计有观察、连线、画图等活动，引导学生观察并帮助其获得正确的观察结果。最终实现“多个小正方体拼成的立体图形”的观察，组成这些图形的小正方体的个数以 4 个为主。

差异在于：其一，各版本教材既有对物体的两个面、三个面或四个面的观察，又有对物体、单纯平视（前、后、左、右）或平视与俯视（上）相融的观察；其二，部分版本教材中的观察对象除了一个物体外，还有两个或多个实物的组合；其三，除各版本教材均观察静止实物外，苏教版教材还创设了观察运动物体的内容；其四，部分教材有比较明显的与第二学段观察物体内容进行衔接和过渡的内容，出现了“有颜色的正方体纸盒”这样介于实物与抽象集合体之间的观察对象；其五，各版本教材“观察物体”内容编排次数和容量不同，大多数版本第一、第二学段各安排一次，人教版和北师大版编排次数相对较多、容量较大；其六，北师大版教材在六年级上册增加了“观察的范围”及“不同观察位置导致观察结果的不同”等内容。

三、测量

长度、周长、面积与体积都是物体可测量的基本属性。周长、面积与体积的测量都是在理解图形特征，掌握测量方法的基础上进行的。测量主要有直接比较和运用度量单位进行测量两种方式。标准单位是指世界上最普遍采用的标准度量衡单位系统，采用十进制进位系统。长度单位间的进率是规定的，面积（或体积）间的进率是通过运算得到的。图形的测量涉及数形结合思想、符号化思想、模型思想、转化思想、推理思想和极限思想等多种数学思想方法。

（一）测量单位及长度的测量

1. 长度单位、长度测量

国内主要版本教材大多将长度的含义视作学生的已有经验，直接进入长度单位的认识和对物体长度的测量。虽然测量长度的主单位是米，但考虑到学生的认识能力和生活经验，各版本教材对长度单位的编写均从认识厘米开始，且大多分两次学习各个长度单位。各版本教材虽在长度单位的学习顺序编排上存在差异，但均强调让学生体会“测量单位统一”的必要性及意义，注重选取学生熟悉的生活素材创设具体情境，帮助学生建立长度单位的表象，安排相应的活动和练习培养学生的估测意识和能力。

各版本教材均将长度测量内容与首次长度单位学习整合在一起，并未单独编写如何进行长度测量的内容；均重视学生的操作活动，通过教材内容明确测量的操作要领。

2. 面积和面积单位

国内主要版本教材基本将面积和面积单位的学习安排在三年级下册，内容安排的整体结构趋同，都是先认识面，然后给出面积的描述性解释：物体的表面或围成的平面图形的大小，叫作它们的面积。为了使学生正确理解面积概念，各版本教材创设比较面积大小的情境，通过直观教学和学生的操作，使其认识到物体表面或平面封闭图形围成的平面部分有大有小，是可以比较大小的。再通过对两个图形面积大小的比较，体验用相同标准测量面积大小的过程，顺利过渡到面积单位的学习。

面积是可以量的，面积的计量单位叫作面积单位。对于选择什么样的图形作为单位面积，各版本教材差别较大，有的设计了对圆形、三角形、正方形等多种图形的尝试与体验，如人教版教材；有的注重对圆形、大正方形、小正方形等图形进行体验；有的直接使用“1 平方厘米”的正方形。各版本教材对面积单位认识的编写顺序是一致的，且均注重学生对各个面积单位实际大小的体验，强调通过展示、观察、与实际事物相连等多种方式帮助学生形成不同面积单位的明确表象。面积单位的进率，通常安排在正方形的面积公式后教学，事实上也可以在面积单位定义后教学。

3. 体积、容积及其单位

国内主要版本教材基本将体积及体积单位的学习安排在五年级下册，且大多除该内容外，还安排了容积和容积单位的学习。有的教材将容积与体积的知识编排在一起；有的则分开；有的教材通过实验引入体积概念(如北师大版)；有的则从生活经验引入。各版本教材都针对体积概念的核心部分“物体占有一定的空间”和“空间有大有小”设计了大量的观察、实验、操作等活动，丰富学生的体验，使其在经历过程中建立相关观念。

各版本教材延续了对面积单位学习的经验，注重通过设计活动来帮助学生感知各个体积、容积单位的实际大小，但是对三个体积单位，不同教材的侧重点不同。几何学起源于图形大小的度量，长度、面积、体积是刻画图形大小的度量。根据图形的维数，把度量一维图形大小的数称为长度，将二维图形的大小用面积来表示，体积则是标志三维图形大小的数。因此，多数教材安排了长度单位、面积单位及体积单位的比较(如北师大版)，以期在比较中沟通一维、二维、三维的联系并切实加深学生对体积单位的认识。

关于体积、容积单位的换算，有的教材认为体积单位定义后，即可根据定义推出它们之间的进率，因此将其安排在体积、容积单位学习之后，体积计算之前；有的则安排在体积计算后教学，利用计算来进一步验证单位之间的进率。

(二) 平面图形的测量

1. 角的度量

角的度量亦称角的测量，是平面三角的基本概念之一，指测度(或比较)角(旋转量)的大小的过程。它包含两个方面的内容，一是测量的方式、方法(包括测量单位、进位制)；二是测量的结果(量数)。小学数学教材对此没有明确的定义,大多是描述性说明。

国内主要版本教材在"角的度量"上编排差别较大:有的将其作为独立单元编写,有的将其编入"垂线与平行线"内容;有的从度量的工具引入,有的从度量标准的产生导入;有的先讲角的度量再进行角的分类,有的则先分类后度量。

度量的关键是设立统一、恰当的单位。因此,各版本教材都注重对 1°角认识的编排。虽然多数教材都是直接给出的 1°的含义,但也有教材着重体现"单位的角越小,测量的结果越准确"的思路,设计活动帮助学生建立 1°的表象。

利用量角器量角是一项基本技能,有一定的操作步骤和方法。各版本教材在编排时都对让学生探索量角器的使用方法进行了留白,有助于学生在探索、辨析等活动中理解量角器的构造和量角的原理,使学生在掌握技能的同时学会方法。用量角器画指定度数的角也是一种技能,有的教材将其编排在了用量角器量角之后,着重体现内容的连续性;有的则将其与量角分开,作为专门的技能进行编排,着重降低学生学习难度。

2. 周长的测量

各版本教材虽都定义周长,但有所不同。有的直接提出"封闭图形一周的长度,是它的周长",如人教版;大多则结合实例进行具体描述,如北师大版的"我爬过一周的长度就是树叶的周长"和苏教版"书签一周边线的长就是它的周长"。

多边形的周长是在线段长度的基础上定义的,是对长度学习的延续。对于周长的认识,如前所述,教材基本都是借助生活中的实例和图形,让学生在"描一描""摸一摸""绕一绕"等活动中,感受并理解这些图形一周的长度就是它的周长。逐渐明确,物体的某个面或封闭的平面图形(无论其是否规则),都有周长;而不封闭图形则没有周长。

在小学阶段,要求掌握周长计算方法的图形有长方形、正方形和圆。国内主要版本教材在长方形、正方形周长计算的编写上呈现出"引入情境不同,但具体计算方法相似"的特点,基本都让学生经历"逐边累加"和"根据特征计算"的过程。

在"圆的周长"部分,各版本教材设计较为相似,基本都包含了认识圆的周长、用滚动法或绕线法测量圆的周长、探索圆的周长和直径的关系、介绍圆周率、介绍周长公式、解决实际问题等丰富的内容。在导入部分,多数教材选用"轮子"导入,既直观可感,又易切入问题"探索周长和直径的关系"。对于探索周长和直径的关系,各版本教材主要采用操作归纳的方法,提供表格供学生记录通过滚动法或绕线法测量所得的各种大小不同的圆的周长和直径度量的结果,在此基础上引导学生归纳出二者之间的函数关系,并在探索活动后得出圆周率的定义和圆周长的计算公式。各版本教材均重视数学史的内容,介绍了与圆周率有关的史料知识,提示学生更全面地认识数学。

3. 面积的测量

小学阶段要求进行面积计算的图形有长方形、正方形、平行四边形、三角形、梯形和圆。长方形和正方形的面积计算在第一学段,且大多与面积和面积单位编排在一起。教材一般采用两种方式引入:一是创设"用若干个单位面积来摆长方形"的活动,摆出长方形后探索所使用的单位面积数量与长、宽的关系,进而推导出长方形面积的计算公式;二是直接以情境引入求长方形的面积大小,提示学生"用单位面积摆、铺"来进行探索,进而推导出计算公式。无论哪种引入,都强调学生借助单位面积的活动操作和归纳推理来深化对公式的理解和把握。

多边形(平行四边形、三角形、梯形)的面积计算均被安排在五年级上册。平行四边形的面积在面积的测量中处于较为特殊的位置,是由"直接数面积"向"间接求面积"过渡的图形,因此,各版本教材均将其作为多边形面积的首个学习内容。多数教材通过创设情境引出平行四边形的面积问题,也有通过对情境中长方形和平行四边形面积的比较来引入的,虽均设计了探究活动,但二者留给学生的探索空间是有差别的。

除冀教版教材,其余版本教材均在面积测量中使用了格子图,只是编排的位置和使用的目的各不相同。引入格子图,说明教材重视直接测量,意在让学生通过数一数的过程更加深刻地理解测量的本质、体会面积的含义,亦想通过直接测量来促进学生对间接测量方法和面积计算公式的理解。其中,青岛版教材是通过格子图数出平行四边形的面积;人教版教材是通过格子图将平行四边形与长方形放在一起进行对比,帮助学生发现两个图形间元素的对应关系;北师大版亦将长方形和平行四边形放入格子图进行对比,但着眼于帮助学生辨析"平行四边形是否可用两个相邻的边相乘求面积",即是否可以直接用长方形的面积计算公式求取平行四边形的面积;西师版教材将其放在练习中,帮助学生巩固对面积计算公式的理解;苏教版教材则直接在格子图上将平行四边形割补成长方形,以说明面积不变的道理。对于平行四边形面积公式的推导,各版本教材均呈现了转化的方法和过程,展现了将未知知识转化为已有知识的思考过程。具体而言,人教版教材呈现了一种转化方法(直角三角形+直角梯形),而其他版本教材均呈现了两种转化方法(直角三角形+直角梯形,直角梯形+直角梯形)。

各版本教材编排三角形与梯形面积的内容,均以转化为线索,采用了将两个完全相同的三角形或梯形拼摆成平行四边形的转化方法。不同的是,苏教版教材利用了格子图,在格子图中直观呈现了不同的平行四边形沿对角线分成两个完全相同的三角形,引导学生探索二者的关系;北师大版、西师版和人教版教材除拼摆方法外,还设计了对三角形、梯形进行"割、补"的方法;苏教版、人教版和冀教版教材在梯形面积计算公式的推导上,还采用了"平行四边形+三角形"的剪拼方式。

推导圆的面积公式,需要实现曲和直、有限和无限、近似和精确的转化,从而体现对立统一、相互转化及量变至质变等辩证规律。国内主要版本教材在圆的面积公式的推导中,均采用了"印度圆"的方法,对圆的面积"等分后插、拼"的推导过程进行了详细呈现。此外,北师大版、苏教版和西师版教材都安排了与多边形面积学习相关的内容,作为新旧知识的连接桥梁,如将圆放在格子图中,看是否可以通过数格子的方法得到圆的面积,进一步帮助学生感受直线图形与曲线图形的区别;青岛版教材在强调转化思想后,提供了用圆内接正多边形的方法来计算圆的面积的过程,让学生通过实际操作发现,圆内接正多边形的边数越多,越接近圆的面积,使其更为直观地感受极限的思想;人教版教材则将圆内接正多边形的这种计算方法放在"你知道吗?"中介绍,为学生提供了数学史知识的学习机会。

(三) 立体图形的测量

1. 表面积的测量

表面积的学习是学生进行三维、二维转换的良好时机,立体图形的表面积计算,要在掌握立体图形特征的基础上教学。表面积的计算，实质上是计算一个组合图形的面积。长方体是最基本、最常见的立体图形，理解表面积的意义是学生把握表面积计算方法的关键。除苏教版教材将长方体、正方体表面积学习安排在六年级上册外，其他版本教材均安排在五年级下册，在学生掌握长方体和正方体的基本特征后学习。教材一般以“包装盒”“设计长方体的包装方案”等现实问题导入，引导学生在解决具体问题的过程中探索、发现、掌握表面积的计算方法。各版本教材的引导程度存在差异，大多数教材直接呈现长方体的展开图，帮助学生实现三维向二维的转化；有的则只是用语言提示学生思维过程，未直观呈现。各版本教材均给出了表面积的描述性定义，但不再给出用字母表示或文字表达的计算公式。对于正方体表面积的计算，多是通过直接提问或提示学生对长方体表面积计算方法进行迁移来完成的。

圆柱表面积的测量亦建立在其特征认识基础上，难点是圆柱侧面展开图的计算。为此，各版本均借助生活实际创设问题情境，提供帮助学生想象、探索和思考的侧面展开图，引导学生明确圆柱侧面展开图的计算方法，进而研究表面积的计算方法。除西师版和苏教版外，其余版本教材通过不同方式提供了整个圆柱体的展开图，帮助学生推导侧面积的计算方法；除北师大版教材明确给出了圆柱侧面积的文字及字母表达式外，其余版本教材均没有侧面积或表面积计算表达式的内容呈现。

2. 体积的测量

对于长方体和正方体体积的测量，各版本教材均设计了操作活动，让学生通过摆放、观察等方式来得出小正方体个数与长方体长、宽、高的关系。这既是解决体积计算的具体方法，又是提示解决问题的思想方法。在学生动手操作的基础上，大多数版本教材直接给出长方体体积的计算公式及字母表达式，个别版本则安排学生进一步总结归纳得出体积计算公式。各版本教材在正方体体积学习的编排上较为相似，均从长方体体积计算公式和正方体的特征来迁移、总结，大多给出了文字和字母表达式。此外，在学习过正方体体积之后，各版本教材还编排了对长、正方体体积公式进行归纳的内容，即长方体、正方体的体积公式均可表达为“底面积×高”。

各版本教材都将圆柱和圆锥的体积测量安排在六年级下册。对于圆柱的体积，各版本教材均着眼于圆柱体积计算方法与学生已学各知识点间的联系，紧扣转化的思想进行编写。有的通过呈现等底、等高的长方体、正方体和圆柱，来引导学生进行知识的迁移；有的设置问题情境，引导学生通过对圆柱体实物的观察和比较来感受圆柱体积与其底面大小及高的长短相关；有的则直接提出“圆柱体积怎样计算”的问题后即进入体积转化。各版本教材均借助圆的面积的“等分后插、拼”的推导，来提示学生思考“圆柱与其转化拼成的长方体的关系”问题，引导学生体会转化中的变与不变。对于圆锥的体积，各版本教材均按照“猜想—实验—结论—应用”的思路编排，从圆柱与圆锥体积的关系入手，引导学生通过实验操作探究圆锥体积的计算方法，且特别强调了等底和等高的比较前提。

四、图形的运动

(一) 核心知识

如果一个平面图形的每一个点，都对应于该平面内某个新图形的一个点，并且新图形中的每一个点只对应于原图形中的一个点，这样的对应就叫图形变换。几何变换中最重要的是全等变换与相似变换。在小学数学教材中，没有明确定义图形变换。但对图形变换中最重要的两种变换形式——全等变换和相似变换都有所涉及。① 方格纸是学生认识图形的运动很好的媒介，利用它可以准确地描述图形的位置，定量刻画图形的运动。这种描述和刻画有利于加深学生对图形的运动的认识和理解。图形的运动主要涉及抽象思想与几何变换思想。

（二）第一学段"图形的运动"教材分析

各版本教材在编写时均较好地达成了"结合实例"的要求，基本都是从生活中的实物引入，提供大量丰富的图形运动现象，引导学生充分地观察、想象、感受。对于平移和旋转，各版本教材在第一学段编写较为相似，均不给出平移和旋转的定义，只有部分教材基于图片进行了描述性概括；而对于轴对称的内容，各版本教材编写差异较大，有的版本内容较深，在第一学段就明确给出了"轴对称图形"的名称和概念，并在图中标明了"对称轴"。

事实上，学生很早就有了物体或图形运动的经验，教师应注意收集并利用这些素材，让学生能够结合熟悉的具体情境直观认识，再通过观察、操作活动体会并感受图形的运动。

（三）第二学段"图形的运动"教材分析

对于平移和旋转，各版本教材在第二学段的编排中呈现较多共性。方格图中进行平移和旋转的图形以简单的直线图形为主，以利于学生在操作过程中能够准确定位起点和终点，清晰观察平移的路径和旋转的轨迹，进而深化对平移和旋转基本特征的理解和把握。各版本教材在编写时均注重提供不同形式的提示和说明，便于学生观察和操作。多数教材在此阶段给出了"轴对称图形"的描述性定义，并在方格图中以简单图形为例，编写了补充轴对称图形另一半的内容。

各版本教材还编排了欣赏图形、设计方案的内容，鼓励学生发挥创造力和个性，动手设计图案。图形的运动是研究几何问题的有效工具，可以帮助学生更好地认识图形的几何性质，感受图形变换与图形认识的联系，体会从变换的角度理解度量。

五、图形与位置

（一）核心知识

"图形与位置"主要包括两部分内容：确定物体的相对位置；辨认方向和使用路线图（包括比例尺的应用）。这部分内容与学生的生活经验紧密联系，不仅能满足现实生活中确定物体位置的需要，还能为学生提供一个刻画图形的新视角，为进一步学习平面直角坐标系做铺垫，发展学生的空间观念和推理能力。

确定物体的相对位置，包括物体相对于观察者的位置、物体与物体的相互位置以及物体在其一参照系下的位置。第一学段的重点是让学生在具体情境中学会观察、描述物体

① 吴正宪，刘劲苓，刘克臣．小学数学教学基本概念解读[M]．北京：教育科学出版社，2014：328.

的相对位置；第二学段要求学生用数对表示位置或根据数对借助方格纸确定位置。这里的数对，是指两个数组成的有序数对，旨在渗透平面直角坐标的思想方法。

辨认方向和使用路线图（包括比例尺的应用），第一学段的重点在于认识方向，会用方位词描述物体所在的方向，“会看简单的路线图”只要求指出每次行进的方向；第二学段则要求用方向和距离两个要素描述或确定物体的位置，进而运用方向和距离画出路线图，并根据比例尺和图上距离求出实际距离，或者根据比例尺和实际距离求出图上距离。学习辨认方向和路线主要是建立方位的观念，学习一些常用方位词的使用和图示方式、方法以及操作性技能。

（二）教材分析

1. 上下、左右、前后

小学生认识三维空间的起点是用“上、下、前、后、左、右”描述物体的相对位置。对于一年级的学生来说，本部分的内容难点在于认识物体位置的相对性，即随着参照物发生变化，判断一个物体的上下、左右和前后位置也要发生变化。

有研究表明，儿童最早分辨出的是垂直轴上边的方向，儿童对垂直轴下边方向的区分以及对水平面两对方向（前和后，左和右）的区分则要晚些，其中尤以对左、右的区分更显困难。[①] 教材编写都注意到了这一点，为了帮助学生更好地建立相对的左右概念，各版本教材在素材呈现上保证了学生以“自己”为参照物进行观察和判断位置。如教材中的人物是背向学生的，以使学生能够较好地实现“我”与教材中观察者之间的替换，进而完成识辨方位的任务。此外，各版本教材大多通过思考题的形式提示学生思考“左右的相对性”问题，使其在辨析、交流中初步感知方向的相对性。

2. 用方向、距离确定位置及描述路线图

对于方向和路线图的教学，要基于学生在生活中逐步积累的感性经验和已学的有关“上下、前后、左右”的认识。“八个方向及行进路线”主要是帮助学生建立基本的方向，通过辨别身边的建筑等活动，绘制“方向板”，并将东、南、西、北四个方向扩展为八个方向。辨认方向是描述行进路线的前提和基础，教材大多将两个内容编排在一起，或将描述路线图作为练习呈现，以巩固学生对方向的认识。

各版本教材在编写“用具体的角度和距离确定位置及行进路线”内容时，呈现出较强的相似性，基本上都是先在平面上、在十字坐标中描述一个具体位置。部分教材还安排了在十字坐标中根据给出条件画出指定位置的活动，对用方向、距离确定位置的内容进行了巩固。

3. 用数对确定位置

关于用两个数确定位置的内容，一般分两个层次来进行。先是结合生活实际，让学生尝试用两个“第几”，从两个维度来描述一个物体的位置，如“我的位置是第 1 组第 3 个”。在此基础上再抽象出“数对”，即在具体情境中能用两个数表示物体在平面上的位置，能在方格图上用数对准确表示点的位置以及根据所给的“数对”确定物体的位置。探索同行同

---

① 陈雪梅，高红志，刘月艳. 小学数学课程与教学论[M]. 北京：北京师范大学出版社，2016：203.

列等特殊数对的特征，并在学习过程中感受数的顺序以及数对与物体位置的一一对应关系。

各版本教材均从具体的情境中引入问题，帮助学生逐渐经历刻画具体事物位置的抽象过程。教材所用情境高度相似，都选取学生最为熟悉的班级座位图、队列图等。但抽象过程的呈现有所不同，有的教材直接将情境图和实物图抽象成不带原点的类平面直角坐标，如北师大版；有的则在情境图与抽象的平面坐标之间设置了过渡，将班级座位抽象成一个个的点，横纵坐标的位置分别标有第×行、第×列，帮助学生逐渐向更加抽象的数对过渡，如苏教版教材。

第三节 “统计与概率”的内容与教材分析

统计与概率的初步知识是未来社会公民必备的基本素养之一。作为同“数与代数”“图形与几何”“综合与实践”并列的内容之一，其核心目标是发展学生的统计观念和随机观念，统计是其重点。

一、“统计与概率”的基本内容

“统计与概率”的主要内容有：收集、整理和描述数据，包括简单抽样、整理调查数据、绘制统计图表等；处理数据，包括计算平均数、中位数、众数、方差等；从数据中提取信息并进行简单的推断；简单随机事件及其发生的概率。① 统计是这一部分的重点，发展学生的数据分析观念是本部分的核心。

表 2-3 “统计与概率”内容结构及教材分布情况

<table>
<tr><th colspan="4">内容结构</th><th>分布情况(人教版)</th></tr>
<tr><td rowspan="7">数据统计</td><td rowspan="2">数据收集</td><td colspan="2">数据分类与整理</td><td>一年级下册</td></tr>
<tr><td colspan="2">数据收集与整理</td><td>二年级下册</td></tr>
<tr><td rowspan="5">数据呈现</td><td colspan="2">统计表(复式统计表)</td><td>三年级下册</td></tr>
<tr><td rowspan="3">统计图</td><td>条形统计图</td><td>四年级上、下册</td></tr>
<tr><td>折线统计图</td><td>五年级下册</td></tr>
<tr><td>扇形统计图</td><td>六年级上册</td></tr>
<tr><td colspan="4">平均数</td><td>四年级下册</td></tr>
<tr><td colspan="4">随机现象发生的可能性</td><td>五年级上册</td></tr>
</table>

① 中华人民共和国教育部. 义务教育数学课程标准(2011 年版)[S]. 北京：北京师范大学出版社，2012：5.

二、统计的内容

(一) 核心知识

第一学段的内容以统计初步知识为主,包含简单的数据分类与整理、数据的图表表示。强调分类是收集、整理、描述数据的基础,突出在分类基础上收集、整理、呈现分类结果。第二学段主要是描述数据与初步推断结论。学生的学习重点转移到把一组数据作为一个整体来看,熟悉不同的表示方法:表、条形图、折线图、扇形图,能使用中位数、平均数比较相关数据。学生不是简单地学会从数据中求平均数,而是需要结合实例理解平均数说明数据的什么特征,并在数据基础上经历简单推理和论证的机会。小学阶段不出现众数概念。

统计活动是形成需要用数据表达的问题;计划、收集和表示数据;分析数据;做出预测或推断的一个循环的过程。发展学生的数据分析观念是小学阶段的一个重要目标。通过小学阶段的学习,学生应该了解:数据可以分为类型性数据与数值数据;数据能够被组织和排序,数学组织和排序后的"图"能够提供有关现象和问题的信息;对于同样的数据可以有多种分析和表示方法,不同的分析和表示方法可以得出不同的信息。

平均数、中位数和众数是反映数据中心趋势的一种测量工具,与标准差结合起来用于总结或比较数据,是学生学习汇总统计与统计检验的基础。平均数既是一种算法,也是一种统计量。中位数处于中间水平,不受极端值的影响,运算简单,在一组数据中起分水岭的作用;缺点是不能反映全体数据的情况,可靠性较差。

(二) 教材分析

1. 数据的收集与整理

经历数据收集与整理的过程是小学阶段简单数据统计内容的重点,学生从第一学段学习"分类"开始,逐步接触和学习简单统计的知识与方法。

(1) 分类

分类是学生接触数据分析的开始,也是统计的基础。选择合理的标准是分类教学应重点关注的内容。各版本教材均为学生提供了熟悉的生活情境,使学生在情境学习中感受分类的意义、学会分类的方法。教学分类需注意两点:一是要有具体的情境,选择并提供学生熟悉的现实情境;二是确定分类的标准,既可以是给定的标准,也可以是学生自选的标准,要使学生了解确定标准对于分类的重要性,不同的标准会产生不同的分类结果。

(2) 收集、整理数据的过程

各版本教材在每个学段均设计了具体的问题情境,通过学生熟悉的、可操作的数据收集过程,让学生亲自参与数据的收集和整理。体会数据是如何产生的,数据的背景是什么,了解数据的真实性和有效性,在数据分析的过程中理解数据的意义、对数据进行描述和价值判断。

2. 数据的呈现

数据收集、整理后,数据的表示和呈现是清晰了解数据中所蕴涵信息的重要环节。在小学阶段,呈现数据的方式主要有统计表和统计图,且多分散编排。

(1) 统计表

把数字资料按照一定的规则,在表格上表现出来的表格就是统计表。从广义上看,任何用来反映统计资料的表格都是统计表。小学数学教材没有对统计表给出明确的定义。但在统计教学中,要认识统计表,在第一学段学会根据统计表提出一些问题;第二学段学会绘制简单的统计表。①

统计表的形式繁简不一,通常按项目的多少,分为单式统计表和复式统计表两种。单式统计表反映的是与某一种数量有关的数据;复式统计表反映的是与两种或两种以上数量有关的数据。

各版本教材均设置学生熟悉的情境激发其学习兴趣,让学生在已有知识和经验基础上,经历简单数据的收集和整理过程,体会统计在实际生活中的意义和作用。教材通过众多贴近学生生活和统计活动,培养学生发现问题、分析问题的能力,使其在描述数据的过程中逐步体会统计表的优势,能够根据实际需要选择单式或复式统计表,进而直观有效地表示数据。

(2) 统计图

统计图是指利用各种图形来表现统计资料的形式,它是以点、线、面积、体积和角度等说明、表现数据的统计手法。小学数学教材对此没有明确的定义,主要是通过情境图,在学生解决问题的过程中,激发统计需求,然后出示并让学生制作。统计图可以使复杂的统计数字简单化、通俗化、形象化,使人一目了然,便于理解和比较。②

在统计学中把利用统计图形表现统计资料的方法叫作统计图示法。根据不同标准,统计图有不同分类。统计图对于数据整理非常重要,在现实中得到广泛应用。常用的统计图有条形统计图、折线统计图、扇形统计图(圆形统计图)三种形式。对于统计图的学习,可以鼓励学生先用自己的方式对数据进行描述,然后再用标准的方式制作统计图,不断体会统计图的特点,培养学生从统计图中获取有用信息的能力。

① 条形统计图

条形图也称柱状图,是用宽度相同的条形的高度或长度来表示统计数据的大小或多少的一种图形。当类别放在纵轴时,称为条形图;当类别放在横轴时,称为柱状图。小学数学教材一般直接出现条形统计图的概念,但并不具体定义。③

条形统计图有单式条形统计图和复式条形统计图两种。单式条形统计图用来对比或表示一组数据或某一个数据的变化情况;复式条形统计图则用来对比几组数据或表示几个数据的变化。条形统计图是用条形的长短来代表数量的多少,便于直观比较。各版本教材在编写相关内容时,均通过学生熟悉的现实问题导入,在统计表的基础上说明数据可以利用条形统计图来表示,以使收集到的数据更加直观、形象地呈现出来,让学生体会不同的条形统计图在不同问题中的作用。

---

① 吴正宪,刘劲苓,刘克臣. 小学数学教学基本概念解读[M]. 北京:教育科学出版社,2014:364.

② 吴正宪,刘劲苓,刘克臣. 小学数学教学基本概念解读[M]. 北京:教育科学出版社,2014:367 - 368.

③ 吴正宪,刘劲苓,刘克臣. 小学数学教学基本概念解读[M]. 北京:教育科学出版社,2014:370.

② 折线统计图

折线图又称曲线图，是利用曲线的升降变化来表示统计指标数值变化的一种图形。小学数学各版本教材均为未定义折线图，而是采用直观识图的方式让学生认识用一个单位长度表示一定的数量，根据数量的多少描出各点，然后把各点用线段顺次连接起来，就成为一幅折线统计图。①

折线统计图不仅可以表示数量的多少，还可以反映同一事物在不同时间里的变化，有单式折线图和复式折线图两种。单式折线图是对一个项目进行的连续统计，以折线的上升或下降来表示统计数量的增减变化，清楚地反映数量变化的趋势，有利于预测未来的趋势。复式折线图是用不同颜色或线型区别表示两个或多个项目的数量及变化趋势。复式折线图用于对同类数量或相关数量进行比较，有利于对事物的发展变化趋势进行更准确的把握。

各版本教材均通过创设相应的问题情境导入内容，帮助学生体会折线统计图引入的必要性及其特点，通过与条形统计图的直观比较，感受折线统计图的独特价值。在单式折线图的基础上解决更复杂的问题，引导学生认识并使用复式折线图。

③ 扇形统计图

扇形图(圆形图)又称饼图，是用圆形和圆内扇形的面积大小来表示统计指标数值大小的一种图形。它用于表示总体中各组成部分所占的比例，揭示现象的内部结构及其变化。②

通过扇形统计图，可以看出每一部分的百分比。扇形统计图主要有两个特点：其一，能够看出各个部分在总体中所占的百分比；其二，能够看出每组数据相对于总体的大小。《新课标》只要求认识扇形统计图，并不要求制作。

扇形统计图的学习要以条形统计图、折线统计图及圆的相关知识为基础。扇形统计图的重点在于把握扇形统计图的特点及其与条形统计图、折线统计图的区别，即选择具有总体和部分关系的数据并用扇形统计图表示。

各版本教材在展示扇形统计图时，大多选用的是与百分比有关的数据，以便更好地反映扇形统计图的特点。条形统计图、折线统计图和扇形统计图在表示数据上有所不同，需要根据问题的性质和特征选择合适的统计分析方法。

3. 平均数

平均数分为算术平均数、加权平均数、几何平均数、调和平均数、指数平均数和平方平均数等。在小学数学中常用的平均数主要是算术平均数和加权平均数，它们都是统计学的基本概念，因常用于计算样本的集中趋势，所以也分别叫作样本算术平均数(值)和样本加权算术平均数(值)。小学数学教材中没有明确给出平均数的定义，主要通过“总数除以总份数所得的结果就是平均数”进行过程性定义，重点在于让学生掌握计算平均数的方法，并能结合实际问题进行分析，感受平均数的价值。

平均数作为统计量，各版本教材均以具体情境中的数据为背景，使学生在具体的问题

---

① 吴正宪，刘劲苓，刘克臣. 小学数学教学基本概念解读[M]. 北京：教育科学出版社，2014：373.

② 吴正宪，刘劲苓，刘克臣. 小学数学教学基本概念解读[M]. 北京：教育科学出版社，2014：376.

情境中、在数据中感受平均数的含义。只有学生亲身经历数学化的过程，才能实现数据分析观念的自我建构和发展，并在日后主动寻找生活中的平均数。运用平均数来解决实际问题，感受数学与生活的密切联系，从而获得对统计思维本质的认识和理解。

三、概率的内容

（一）概述

小学阶段概率概念的学习是直观的、非形式的。通过对摸球、转盘、投掷等实物的操作、试验，感受随机现象，能列出所有可能发生的结果，体验事件发生的可能性的大小，并能用肯定发生、可能发生和不可能发生等，讨论事件发生的可能程度。当前中国小学数学课程中没有涉及频数概念以及频数分布直方图。

概率是随机事件发生的可能性大小的度量。虽然概率和长度、面积一样都是一种度量，但事件的概率要抽象的多。概率论是研究随机现象数量规律的数学，它的思想和概念是收集、描述和解释数据的基础。随机现象中的各个结果具有不确定性，但经过大量的重复试验，结果又呈现出规则的模式，即随机现象以短期内不可预测性与长期的稳定性为特征。

随机现象是概率论的基本概念之一，是指在一次实验或观测中，其结果有多种可能，事先无法精确判断究竟发生哪一种结果的现象。随机现象的本质特点是通过大量的实验和多次观测后，就其整体来看，将出现严格的非偶然的规律性。概率论的目的是从数量方面去研究这些规律性。

所谓了解简单随机现象，就是使学生了解在现实世界中有一些现象是确定的，有一些是不确定的，而不确定的现象的发生是随机的。对于不确定现象，可以通过列出可能的结果以及判定可能结果的大小来认识其规律。学生能列出可能的结果，就可以进一步判定可能结果的大小。《新课标》只要求用定性的方式描述大小，是因为小学所涉及的都是所谓的古典概型，而古典概型的随机现象可以用一个分数来表示，这样就可以用数量的方式描述随机事件的概率。在小学阶段所做的试验次数都是有限的，在实际操作的时候往往得到的是频率而不是概率，当学生得不到理论的数值时，会对结果产生怀疑。对于学生的这种怀疑，教师很难用概率论解释，因此，采用定性的描述是合理的。

（二）教材分析

各版本教材在编排“随机现象发生的可能性”内容时，均选取了较为典型的可能性情境，如抛硬币、摸球、掷骰子、抽卡片等；均依据《新课标》精神，设计了具体的、可操作的情境，让学生通过实际活动体验随机现象，理解事件发生可能性的大小。从教材组织结构来看，各版本教材采用了两种不同方式：一种是螺旋式组织形式，如北师大版、西师版；一种是直线式组织形式，如人教版、苏教版等。北师大版教材分两个层次、通过两个阶段来呈现相关内容，以便给学生更多的感受和体验可能性的机会。第一阶段（四年级上册）的重点是感受简单的随机现象，能够列出可能发生的所有结果，通过感受随机现象来体会可能性的大小区别；第二阶段（五年级上册）则对可能性大小进行定性描述。人教版教材则一次全部呈现，让学生从整体上感受可能性及其大小。

各版本教材提供了思维和设计的线索，在实际教学中，要重点从六个方面考虑：其一，要体现《新课标》两个层次的要求；其二，要选择和运用学生熟悉并有助于学生感受的情境；其三，要通过具体事物的操作、试验，让学生体验随机现象，感受随机现象的不确定性；其四，注重与统计结合，让学生在统计活动中体会随机；其五，鼓励学生用数字的、口头的意义表达概率，给予其书写思维和理解的机会，把握随机现象发生可能性大小的定性描述；其六，积极利用技术工具探索概率的教与学。

第四节 “综合与实践”的内容与教材分析

“综合与实践”是数学课程中一个较新领域，是提供一种实践性、探索性和研究性学习的课程。沟通了生活中与课堂上数学的联系，强调数学知识的整体性、现实性和应用性。

一、“综合与实践”的基本内容

设置“综合与实践”内容的目的在于培养学生综合运用有关知识与方法解决实际问题，培养学生的问题意识、应用意识和创新意识，积累学生的活动经验，提高学生解决现实问题的能力。尽管该部分内容所占的比例较小，但最能够培养学生的问题意识、综合运用知识的能力和问题解决的能力。

第一学段，学生学习的基础知识较少，“综合与实践”主要是通过实践活动，让学生体会数学知识的应用性；获得初步的数学活动体验；了解要解决的问题和解决问题的办法，帮助学生进一步理解所学的知识。第二学段“综合与实践”强调综合运用所学的知识解决现实生活中的问题，让学生体验解决问题的完整过程，并通过实践活动过程，进一步理解所用的知识与方法、建立知识之间的联系，获得较为丰富的数学活动经验。

二、“综合与实践”的教育价值

（一）有助于培养学生的应用意识

一方面，有意识利用数学的概念、原理和方法解释现实世界中的现象，解决现实世界中的问题；另一方面，认识到现实生活中蕴涵着大量与数量和图形有关的问题，这些问题可以抽象成数学问题，用数学方法予以解决。

（二）有助于培养学生的创新意识

学生自己发现和提出问题是创新的基础；问题意识、独立思考、学会思考是创新的核心；通过归纳、概括得到猜想和规律，并加以验证，是创新的重要方法。“综合与实践”为学生自己发现和提出问题、独立思考、归纳与猜想等提供了更大的空间。

（三）有助于培养学生的模型思想

模型思想的建立是学生体会和理解数学与外部世界联系的基本途径，建立和求解模型的过程包括：从现实生活或具体情境中抽象出数学问题，用数学符号建立方程、不等式、函数等表示数量关系和变化规律，求出结果并讨论结果的意义。

（四）有助于学生对数学的全面理解

当代数学分为很多学科，且越分越细，会影响小学生对数学的整体认识。“综合与实践”通过问题让学生把已有的数学知识整合起来，在解决问题的过程中体会数学，从而比较完整地理解数学。了解数学的应用是全面了解数学的另一个重要方面。“综合与实践”可以帮助学生通过感悟、操作、体验数学应用来了解数学的这些特点，积累这方面的经验。

三、“综合与实践”内容与学习形式

（一）内容领域

小学数学“综合与实践”要与“数与代数”“图形与几何”“统计与概率”相结合，适合小学生的年龄特征。“综合与实践”活动的内容来自学生的生活世界，但又不能是泛化的综合实践，必须与数学学科相联系，体现数学的本质，起到加深理解和合理应用数学知识与方法的目的。

来自个人成长的问题。主要是指学生在日常生活中，常常碰到的真实的、与自身紧密相关的问题，如身高问题、睡眠时间等。研究过程中可以通过观察、测量、记录、查找资料等方法进行分析。

来自家庭生活的问题。主要是从学生的家庭生活中寻找数学问题，如家庭生活用品的开支、家庭水电的用量、家庭旅游计划等。学生是家庭的重要成员，多观察、多思考、多与父母交流。设计有关家庭用电、用水的活动，学生要记录用电量或用水量的数据，要从资料中查找到水、电的单价，要计算出水费、电费，还可以分析人均用水、用电情况，帮助学生树立节约资源的意识。

来自学校生活的问题。学校生活丰富多彩，细心观察就能感受到数学在学校生活中的应用。如上学时间——体会数据的随机性和规律性；学校的平面图——方向与位置的巩固运用；班级旅游计划——数学知识的综合运用；图案的设计——平移、旋转、对称等知识的运用，数学美的体现等。

来自社会生活的问题。社会生活的各个领域都离不开数学，许多问题都需要综合运用数学知识和方法来解决。如交通问题——如何根据十字路口各方向通行的车辆数，设计各路口红绿灯时间长短；环保问题等。

活动内容的选择要符合学生的年龄特点，基于学生的现实生活和直接经验。一般说来，由于小学低年级学生掌握的数学知识较少，接触的社会范围较窄，宜采用模拟现实活动与数学游戏相结合的内容与形式；中年级应适当注重探索解决简单的实际问题；高年级应加强知识的综合应用，让学生通过合作、综合运用所学知识解决实际问题。“综合与实践”活动的内容具有较大的弹性和开放性，除教材相关安排外，教师还可以根据学生实际、学校实际和区域实际进行设计，创造性地使用教材。

（二）常见的学习形式

“综合与实践”的学习方法与形式灵活多样。不同于传统的数学课堂教学，它以学生的生活和现实问题为载体和背景，突出自主性、开放性、实践性、过程性和创造性。因此，

它的组织形式要灵活，如年级活动、班级活动、小组活动、个人活动、课内活动、课外活动、竞赛、游戏等。“综合与实践”具体活动形式包括：数学小调查、数学小实验、动手体验课、数学小游戏、数学知识拓展课等。

数学小调查是指从生活中选择和确定问题，主动获取信息，分析信息，并进行决策的数学学习活动。如调查学生的睡眠时间，调查小区的人口结构等。数学小实验是指学生在教师的指导下，以认识和解决某一问题为目的，经历实验设计、数据收集与分析，得出结论等过程的学习活动。如北师大版的“滴水实验”“反弹高度”等。动手体验课是指学生通过动手操作等活动，体验数学知识的产生过程，积累数学活动经验，培养学生的动手能力，如“摆七巧板”等。数学小游戏是寓数学问题于游戏之中，让学生在做游戏的过程中学习数学知识，理解数学的思想和方法，符合儿童的心理特点。学生参加数学游戏的过程实际上是学数学、用数学的实践过程。如猜数、数学接力赛、扑克游戏等。数学知识拓展课是指通过活动的方式来拓展对数学知识的理解，建立数学知识之间的联系。如用列表法解决鸡兔同笼问题、发现三角形数和正方形数的规律等。

四、“综合与实践”的教材分析

（一）“综合与实践”内容在教材中的分布情况

表 2-4 “综合与实践”内容在教材中的分布情况

年级	题目	涉及知识点（人教版）
一年级上册	数学乐园	20 以内数的认识和计算、认识图形与方位、认识时间单位
一年级下册	摆一摆，想一想	位值制
	找规律	重复的规律、数字规律
二年级上册	量一量，比一比	测量
	数学广角：搭配（一）	列表法解决组合问题
二年级下册	小小设计师	轴对称图形、平移
	数学广角：推理	推理问题
三年级上册	数学编码	数字编码
	数学广角：集合	集合问题
三年级下册	制作活动日历	利用“年月日星期以及正方体的面”的知识来制作日历
	数学广角：搭配	用罗列法、连线法解决搭配问题
	我们的校园	计算面积、比赛场次
四年级上册	1 亿有多大	对大数的认识
	数学广角：优化	运用运筹思想解决生活中的简单问题，选择最优方案
四年级下册	营养午餐	统计、计算、组合
	数学广角：鸡兔同笼	用列表法解决鸡兔同笼的问题

（续表）

年级	题目	涉及知识点(人教版)
五年级上册	掷一掷	可能性的大小
	数学广角:植树问题	用画图的方法解决植树问题
五年级下册	探索图形	探索组合立体图形的面和位置的关系
	打电话	用画示意图的方法寻找最优方案
	数学广角:找次品	运用优化的方法解决问题
六年级上册	确定起跑线	综合运用“数与代数”和“图形与几何”的知识来解决跑道起点的问题
	节约用水	统计、计算
	数学广角:数与形	在数与形之间建立联系发现规律,运用规律进行计算
六年级下册	生活与百分数	综合运用“数与代数”以及利率等知识解决理财问题
	自行车里的数学	比例、圆、计算
	数学广角:鸽巢问题	抽屉原理

（二）第一学段“综合与实践”教材案例分析

以人教版为例。第一学段的“综合与实践”包括四类内容:第一类是“操作体验”,强调动手操作和实践,如“摆一摆,想一想”“量一量,比一比”“小小设计师”“制作活动日历”等;第二类是“应用活动”,让学生应用所学的数学知识解决生活中简单的数学问题,如“数字编码”“我们的校园”;第三类是“问题解决”,主要是让学生掌握解决问题的不同策略,并在解决问题的过程中,体会数学的基本思想,在本阶段就是“数学广角”;第四类是“游戏”,如“数学乐园”。

案例

二年级上册的“量一量,比一比”,主要包括两个活动,一部分是在教室里测量,可以测量不同的物体,也可以测量身体的各个部位的长度;第二个部分是用身体上的尺子或合作来表示一些动物的身高或长度。

[目标分析]

- 培养学生发现问题的意识
- 能较为熟练地运用多种测量工具,并进行估算
- 通过参与测量等活动体验物体的长度
- 让学生感受测量结果与所选的测量标准有关系

[活动分析]

- 这两个活动之间的联系不太紧密,怎么有效过渡?
- 先对测量标准进行测量,然后才能选择合适的测量标准进行测量

[内容检测]

❖ 所需的知识:米、厘米,测量的方法

❖ 内容之间的联系:与测量有关

❖ 方法的综合:观察、发现、操作

❖ 情境:学校、个人

❖ 活动的主要形式:测量、体验

❖ 内容的安排顺序:测量教室——用合适的方式表示动物的身高或身长

❖ 做的过程设计:发现、测量、长度体验、感受标准与结果之间的关系

❖ 认知要求:操作、应用

分析

人教版二年级上册的“量一量,比一比”主要有两个目标,一个是让学生应用测量工具对生活中的物体长度进行测量,一个是让学生了解身体上有哪些“尺子”,并选择合适的测量标准进行测量,帮助学生建立“量感”。该活动的操作性较强,尤其是“用身体上的尺子”把动物的身高或长度表示出来,能够激发学生的兴趣。

(三) 第二学段“综合与实践”案例分析

以人教版为例。第二学段的“综合与实践”包括三类:第一类是“操作体验”,强调动手操作或在实践中加深对数学的理解,如“1 亿有多大”“掷一掷”;第二类是“应用活动”,强调综合运用所学的数学知识解决生活中的数学问题,如“营养午餐”“确定起跑线”;第三类是“问题解决”,包括“数学广角”中的所有内容,以及“探索图形”和“打电话”,该部分主要是让学生掌握解决问题的策略,用恰当的方式解决典型的数学问题,如鸡兔同笼问题、植树问题等,体会数学的基本思想。

案例

六年级上册的“确定起跑线”,重点关注环节的设置。

[目标分析]

❖ 确定起跑线相差的距离

❖ 综合运用测量、小数、圆等知识

❖ 培养善于发现问题、提出问题、解决问题、发现规律的数学能力

[活动分析]

❖ 需要实地观察和测量

❖ 引导学生合作设计解决问题的方案

❖ 可以根据体育比赛的实际情况来提出不同的问题

[内容检测]

❖ 所需的知识:测量、圆、小数运算

❖ 内容之间的联系:围绕起跑线的确定,综合运用上述知识

❖ 方法的综合:观察、发现、表达、测量、计算

- 情境：学校
- 活动的主要形式：测量、操作、合作
- 内容的安排顺序：提出问题→分析问题→测量→计算→解决问题→拓展
- 做的过程设计：观察、设疑、分析、操作、计算、总结、追问
- 认知要求：应用、推理、评价

分析

教材围绕"如何确定起跑线"这个真实的数学问题，让学生通过观察、测量、计算等来确定不同距离的径赛项目的起点应该相差多少，能较好地激发学生的学习兴趣，要求参与学生的认识水平也较高。

本章小结

"数与代数"领域是义务教育阶段数学课程的重要内容，涉及概念多，需要教师能准确解读每个相关概念的内容及数学实质，并能建立起概念之间的联系，能整体把握与衔接。"图形与几何"领域中"图形的认识"内容多且零散，学习时间较长，有必要构建"内容结构图"了解知识"是什么、从哪里来、到哪里去"。对数据进行收集、整理、描述、分析，旨在培养学生利用数据进行表达和交流，体会数据的产生，参与数据的收集，了解数据背后的意义是教学的重点所在。"综合与实践"活动内容来源丰富，通过案例分析厘清活动设计目标、活动过程、需要的基本知识、重难点，以及如何在活动中促进学生数学思想和问题解决能力的发展十分重要。

总之，教材是教师教学的重要资源，能为教师提供教与学的范例。教师对教材编写意图的理解与把握至关重要，只有准确研读教材，才能进行有针对性地设计，选择合适的教学方式，准确定位"教什么"和学生"学什么"。本章旨在帮助学习者把握小学数学知识的本质和整体结构，熟悉小学数学教材的编写特点，能够在正确的思想观念指引下准确地分析并解读教材。

思考与训练

1. 至少选择三个版本的小学数学教材，结合具体内容，举例说明每个版本编写有别于其他版本教材的突出特点是什么。

2. 尝试分析不同版本小学数学教材相关单元的编写意图。

3. 根据小学数学教材(如人民教育出版社的义务教育教科书)，尝试梳理出"数与代数"部分的编排主线。并以其中的"分数的意义"为例，说明教材提供了哪些素材与例题，分析这些素材与例题的设计意图是什么？

下　编

小学数学教学设计

第三章
小学数学教学设计的基本规范

扫码查看
本章资源

> 不以规矩，不能成方圆。
>
> ——孟子

内容提要

本章以《新课标》为依据，从小学数学教学模式、教学原则、教学策略与方法等方面给出教学设计的基本规范，并给出一些参考课例。

关键词

新课程标准；教学模式；教学原则；教学策略与方法

学习目标

1. 能结合数学和数学教育的特点，掌握小学数学几种教学模式的特点及使用要点；
2. 按照教育学对教学原则的要求，结合数学自身特点，掌握小学数学课堂教学原则；
3. 按照教学模式与教学原则的要求，实施小学课堂教学策略，特别是应用能力培养策略；
4. 针对每一部分内容，能够独立完成至少一篇对应课例。

学习策略

本章是课程理论与实践相结合的部分。对数学教学模式、教学原则、教学策略概念的理解，需要结合教学案例，联系自身教学或者学习经历和经验，多类比、多归纳、多质疑，学以致用。

评价一份教学设计

这是一名师范生编写的教学设计。你知道他在教学设计中采用了什么教学模式和教学策略吗？他的教学设计有什么优点和不足？对于这个内容，你会如何进行教学设计？

小学三年级数学下册《长方形和正方形的面积计算》教学设计

教学目标：

1. 引导学生发现长方形面积计算的公式，使学生初步理解长方形面积的计算方法，会运用公式正确计算。

2. 通过长方形的面积计算引导学生推导出正方形的面积计算公式。

3. 初步培养学生提出问题、分析问题、解决问题的能力。

4. 教给学生学习方法，发挥其主动性。

教学过程：

一、创设情景，导入新课

同学们，上节课我们学习了有关面积的知识，常用的面积单位有哪些？

二、自主探索，领悟方法

1. 巧设问题，激发兴趣

我们教室地面的面积大约是多少呢？学生可能进行猜测，用面积单位来测量，教师指出：这么大的地面用面积单位来测量太麻烦，所以，我们就要研究长方形的面积怎样计算。(板书课题)

2. 动手操作，研究方法

(教师准备三种不同的长方形，每组只选择一种进行研究。)

第一种：一个长 3 厘米、宽 4 厘米的长方形

第二种：一个长 4 厘米、宽 2 厘米的长方形

第三种：一个长 5 厘米、宽 3 厘米的长方形

(1) 学生以组为单位进行研究，想办法求各自图形的面积。

(2) 学生以组为单位汇报交流，说出自己的方法。(可能出现的情况：用 1 平方厘米来测量或只测量长和宽，相乘即是面积。在这个过程中教师适时点拨、指导，后一种方法比较简单。)

(3) 师生交流，提炼方法。长方形的面积与它的什么有关系呢？独立思考后交流。(教师指导：长方形的长摆了 5 排，说明是 5 厘米；宽摆了 3 排，说明是 3 厘米，那么，面积 15 平方厘米等于什么？长方形的面积＝长×宽。)

(4) 学生思考：求长方形的面积事实上是求什么呢？

3. 那么同学们想一想我们教室地面的面积怎样计算呢？(例题)

学生独立完成，校对。

三、知识的迁移

1. 教师借此机会教学正方形的面积计算。我们知道正方形是一个特殊的长方形，有长方形的特点，所以正方形的面积计算也可以和长方形的面积计算方法相同。

2. 出示例题

学生试做，汇报答案。

四、联系生活，解决问题

我们用的数学书面积大约是多少？先请你估计一下，再算一算。

学生独立完成，汇报。

五、小结。

本章预备知识

1. 什么是教学模式？教学模式的意义和作用。
2. 什么是教学原则？教学原则的演变。
3. 什么是教学策略？教学策略和教学模式、教学原则的区别和联系。

第一节　小学数学教学模式

一、教学模式的内涵

俗话说“教学有法，贵在得法”，教学模式的理论指导意义重大。教学模式是在反复的教学实践中提炼和总结出来符合教育思想的一套理论体系，最大特点是理论与实践的相互统一性。

国内外有关教学模式的说法有很多，国外主要以乔伊斯和韦尔为代表，他们把教学模式定义为：构成课业和课程、选择教材，指导教师教学活动的一种计划或范型。并解释为："教学模式就是学习模式"。我国学者结合国外理论，从不同角度进行了定义：有的从教学方法的角度定义；有的从教学结构范畴来定义；有的从设计和组织教学的角度定义。北京师范大学的何克抗教授给“教学模式”提出了一个更广泛的定义：“教学模式是指在一定的教育思想、教学理论和学习理论的指导下，在某种环境中展开的教学活动进程的稳定结构形式。”将教学活动过程中的教师、学生、教学内容、环境以及媒体这五个要素之间关系，紧密形成一个整体，从而形成了稳定的结构——教学模式。总之，教学模式是以教育思想为指导，以教学实践为基础而诞生的产物，是联系教育思想和教学实践的纽带，是教育理论应用于教育实践的媒介。

二、教学模式对教学的指导意义

数学教学模式是对数学教学过程中的教学目标、教学内容与教学方法等因素综合分析、详细研究、合理运用得到的成果，是把教与学过程具体化、概括化的实践成果。也就是说，把数学教学模式应用于教学实践中，不仅能够指导我们的教学工作，而且教师还可以在教学工作中发现问题、分析问题、解决问题，进而形成更加完善且适合的教学理论。

（一）数学教学模式对数学教学理论的研究和改革有指导作用

任何教育与教学活动都是在国家的教育方针、教育目标的指导下进行的，而教学模式就是将国家的教育方针、教育目标贯彻到具体教育、教学活动的一种形式，是教学活动的概括化。所以，探究良好的教学模式是培养德智体美劳全面发展的学生的最佳途径。教学改革和数学教学模式有着非常密切的关系，教学改革直接影响着数学教学模式的改进。教学改革（尤其是课堂教学改革）的真谛就在于对传统教学模式的改造和对新教学模式的探索，教学改革的一个鲜明特点就是：任何局部的改革和调整，必然带来整个模式的变化。因此，数学教学模式的构建对教学改革有非常重要的作用。

（二）数学教学模式对数学教师有指导作用

在学校教学活动中，教研组可以把一般的、不太成熟的教学过程、教学设计进行归纳整理，把它变得更加具有概括性和规范性，这样教学方式方法就会变得更加成熟和完善。从而就建立了一个“数学教学模式集”，能为教师提供各种成套的、行之有效的、有一定科学理论依据的数学教学方式体系。教师就可以直接从这个“教学模式集”中选择所需，不必再凭经验、凭感觉进行教学，也不必每次进行教学实践都要从头开始摸索。尤其是刚刚参加工作的教师，初登讲台时非常缺乏教学实践经验，那么如何能够尽快地熟悉教学规律，掌握教学套路就变成十分必要的事情了。而此时“数学教学模式集”就成了新手的“拐杖”，有了它的辅助，就大大缩短了其熟悉教学过程、教学规律的时间，可以直接模仿、借鉴前人的成功经验。

（三）数学教学模式能够促进教学理论的完善

数学教学模式是从数学教学实践中归纳总结出来的，它是对教学方式方法整理、提炼、加工而形成的，随着思想认识的深入，数学教学模式的不断完善，逐步升华成数学教学方式与方法理论，从而促进数学教学理论的研究。数学课堂的教学结构也在发生着巨大的变化，促进着教学模式的改革。从辩证的角度来看，没有最好的教学模式，只有最适合的教学模式，任何教学模式都有它自身的局限性和不足，世界上没有十全十美的事情。所以好的数学课堂教学模式就是把它用得恰到好处，才能得到最好的教学效果。课堂教学模式也是随着课程标准的改革不断发展的，只有这样才能适应社会的发展。也只有构建合适的小学数学课堂教学模式，才能促进我国的基础教育更快更好地发展。

下面我们按照课堂上教师所起作用的强弱、学生参与程度的大小，结合小学数学课堂教学案例，对三种基本小学数学教学模式展开讨论。

三、讲授式教学模式

（一）概念及其特征

该模式也被称为“讲解—传授”模式或“讲解—接受”模式，自20世纪50年代以来，一直在我国小学数学课堂教学中占有重要的地位。在这种教学模式下，教师的教学活动主要表现为对数学知识的系统讲解和数学基本技能的传授，学生则通过听讲理解新知识，掌握数学的基础知识和基本技能，发展数学能力。

（二）讲授式教学模式的优点

1. 有利于提高课堂教学效率

讲授式教学模式是一种以教师为中心的“传授知识”型的教学模式，教师以符合学生的认知的方式，将新知识转变为通俗化和直接性的、利于接受的知识，具有时间短和收效大的优点。夸美纽斯曾在《大教学论》中指出“课堂教学每天只有四个小时，一个先生可以同时教几百个学生”。事实也是如此，教师通过备教材，抽象和概括教材里的知识，使知识从抽象变得具体，使学生更易接受。讲授式教学结合学生的直接经验，以向学生传授间接经验为主，对他们的独立自主学习也有更大的帮助。讲授式教学解决了学生在学习过程中出现的困难，使学生尽可能的少走弯路，这是讲授式教学便捷和高效的体现。所以，讲授式无法用其他教学方式替代。

2. 有利于促进学生综合能力的发展

教材是教学活动最主要的参考，汇集科学而系统的知识。学科所赋有的价值观、思维及情感等因素都是教师在教学中必须着重考虑的。对学生的预设，端正对学生身心发展的认识，将对教师有着更大的挑战。对学生来说，每个知识点都是新的且有难度，如若只是浅显地学习，知识就停留在学生浅层记忆里，不能被学生吸收消化，也就不能内化成自己的认知。由于教师更早地掌握知识，便使讲授能够最大限度地提升学生综合能力的发展，术业专攻的优势便能够在此时深刻地体现。这就要求教师不仅要懂教材的编写意图，也要吃透教材，内化成具有思想性和科学性、易于学生接受的知识。正是教师在教学中扮演先行者的角色，深入分析知识才保证学生深刻、全面的学习教材、掌握知识，循序渐进的讲授成为学生综合学习能力全面提高的有效方式。

3. 有利于发挥教师的主导作用

新课改倡导教学着重发挥学生主体，教师是主导，讲授式教学正体现了这一点。在讲授知识时，教师不仅讲授知识本身含有的价值，也融合了教师的人生观、价值观。所以说讲授式全方位地展示教师的内心世界。学生以教师为榜样和模范，结合教师的讲授认识自我、认识世界，使讲授的知识和教师的观念成为自身发展的宝贵财富。因此，讲授式教学成了学生成长的重要力量。在其他各类型的教学方法中，教师的主导作用的发挥程度都比不上讲授式教学。

4. 有利于教师控制教学进程

教师的教学是传授学生知识与技能、培养学生智力与体能的过程。讲授式教学教师有教学的主动权，使学生在有限时间内掌握必备的科学知识，更容易地掌握难易知识、学习的节奏。教师根据教学内容和学生身心发展的特点随机应变，从而达到较好的教学效果。

5. 讲授式是其他教学方法运用的基础

从教育教学的角度来看，教师的“讲”是一切知识掌握必不可少的途径；另外一切教学方法的实施都基于教师的“讲”，于此可见，要想发挥其他教学方法的价值，就应该正确看待教师的“讲”，明白讲授式教学方法是其他教学方法实施的充要条件工具。

（三）讲授式教学模式的缺点

1. 不利于发挥学生的主动性

讲授式教学突出了教师在教学过程中的主导地位，但此举容易让学生被动接受知识，产生知识和能力的脱节。同时，学生会对教师更加依赖，对知识的掌握只是一知半解，并逐渐失去对学习的兴趣。使用讲授法容易使课堂气氛压抑低沉，教学效果不好。叶圣陶曾说：“教是为了不教。”在讲授法教学中，教师把知识的来龙去脉讲解得清清楚楚，学生以听讲为主，即便有自己思维参与，也是被教师步步引导而呈现出的，因为要和教师的讲解同步，学生在独立思考中必然会碰到在教师讲解时遗留下的困惑。听讲时学生感觉好像什么都明白，可是一旦遇新问题时就会不知所措。这种不靠思维加工获得知识，不单知识本身掌握不牢，更谈不上让学生闻一知十地迁移应用，不能促进学生能力的全面发展。

2. 不利于教师在教学上因材施教

由于学生的个体差异性，兴趣爱好的偏向等，讲授式教学以同样的步调开展教学，不能很好地兼顾到学生的差异，使学生对教学内容有不同层次的偏差。讲授式教学的集中授课方式不能兼顾每一位学生的差异，这也是后进生学习困难的原因之一。

3. 不利于学生实践能力的培养

讲授式容易使学生产生对教师的依赖心理，抑制学生的独立性和学习主体性的发挥，抹杀学生的创造性。我国各级各类学校的学生中普遍存在学生动手能力差的问题，这与当下教育问题中的重理论、轻实践的教学理念有关。一节课的时间有限，教师讲授的时间多了，学生自主探究合作交流的时间就少了，长此以往，学生习惯于只听教师讲课而忽视动手实践。讲授式教学模式源于赫尔巴特的传统的“旧三中心”论，学生的知识来源于教师。因此，这一过程中，教师的侧重点是怎样“讲”让学生接受得更多，长此以往，就会造成注入式、满堂灌的教学现象，这是目前讲授式教学模式在运用过程中存在的一种相当普遍的病症，也是一种危害性最大的病症。

（四）讲授式教学模式的应用

讲授模式的具体操作过程有五个教学环节：组织教学，引入新课，讲授新课，巩固练习，布置作业[①]。讲授式教学模式是教师对学生进行教育和评判的基础和依据，应结合学生身心发展的规律、科学地选择。下面结合几个课堂实录例子，讨论讲授式教学模式的恰当运用问题。

1. 选择合适的讲授内容

讲授式教学的内容可以偏重于概念的理解，或者是当前适宜学生动手操作的内容，也可以是稍超出学生学习最近发展区的内容。

案例

1～10以内的数

小学一年级教师在讲授1～10这些数字的时候，常用比较形象的物体作为学习的对象，1像铅笔，3像耳朵，4像红旗……

评析

以实物、模像、模型并通过有声有色地讲解，在低年级学生头脑中留下清晰的表象。教师利用学生的感官让学生形成感知，为形成概念、掌握规律奠定坚实的基础。其中，讲授式教学运用语言对教育内容进行生动描述，帮助学生理解和记忆，发展学生丰富的想象力，激发学习兴趣。

---

① 张奠宙，宋乃庆. 数学教育概论[M]. 北京：高等教育出版社，2016：96.

2. 讲授内容要富于启发性

讲授内容要富有启发性的含义包含两个方面。一方面，在讲授式教学中，教师要特别注意启发和引导学生思考；一方面，教师重视选择讲授内容，使学生能够迁移应用到相关问题。充分考虑学生已有的知识经验，将新知识转化成已学习的知识，调动学生学习知识的动力，从而达到举一反三的目的。

案 例

长方体的体积

小学五年级学生在学习体积单位换算时，学生已经学习了体积的计算方式。学生知道了物体的体积公式=长×宽×高，对体积的单位换算应建立在此基础之上。

如：一个长方体水池，它的长宽高分别是 15 m，10 m，5 m，那么这个水池的体积是多少立方分米呢？

解：由体积公式=长×宽×高

得 $V=15\times10\times5=750\ m^3$

再由 $1\ m^3=1000\ dm^3$

得 $750\ m^3=750\ 000\ dm^3$

此时教师的讲授就变成了类比的讲授方法。首先教师带领学生复习已有的知识，长度单位为米、分米、厘米，与之相对应的面积的单位为平方米、平方分米、平方厘米。那么由面积的计算公式=长×宽，知道 1 平方米=100 平方分米=10 000 平方厘米。类比面积和体积公式可知 1 立方米=1000 立方分米=1 000 000 立方厘米。

评析

类比长度和面积的单位换算，使学生认识学习迁移的重要性。把未知的问题转化成已知问题，开拓学生的认知领域。

3. 注重讲授内容的趣味性

趣味性应以设置生活中的常见问题作为教学情境，以实际问题作为教学切入点，是新课程理念下教学的一个显著特点。在讲授过程中，教学内容应尽可能地贴近学生实际生活的问题，教师通常引导学生积极思考，将原有问题抽象出来，在不知不觉中建立解决问题的模型。作为一名小学数学教师，一方面要培养学生对生活的感性认知，建立起相应的数学模型；另一方面，又要引导学生从现实模型中总结一般性的规律，将感性认知上升到理性认识，这也正是讲授式教学模式应发挥的实际作用。

案 例

鸡兔同笼问题

鸡兔同笼问题是我国古代著名趣题之一。书中的意思是这样说的：今有鸡兔同笼，上有 35 头，下有 94 足，问鸡兔各几何？

这个问题，解法较多，为了体会消元思想，可以如下讲解，假设喊一声它们都会抬一只脚，那么喊两声之后，它们共抬起 35×2=70 只脚，这时鸡只能一屁股坐在地上，而兔子就用两只脚站着，剩下的 94−70=24 只脚都是兔子的，那么兔子有 24÷2=12 只，则鸡有 35−12=23 只。

评析

该案例呈现的内容带有一定的幽默性，加上老师的解释，学生能够轻松地接受知识，培养了学生学习的兴趣。

这里特别关注讲授知识内容的实际运用，尽量避免情感意识占主导地位，导致知识的实用性在学生的头脑中相对弱化。理论与实际相结合，教师就要使直接经验与间接经验相结合、注重讲与练相结合。

讲授式教学模式是一种基础模式，不可或缺但不能一概而论全盘照搬，需要和其他教学模式结合运用。

四、讨论式教学模式

“独学而无友，则孤陋而寡闻。”该模式自古有之。孔子与弟子之间的讨论成就了经典——《论语》；苏格拉底“产婆术”的方式讥讽门徒，留下了诸多思辨性文字和著作，讨论不仅仅是言语的交流更是思想的碰撞。

新课程改革实施以来，以生为本提倡讨论与对话，这样的模式也被大范围运用。所谓讨论式教学模式是指在课堂这一特定的环境中，经过预先的设计与组织，在教师的启发指导下，在学生独立思考的基础上，让小组成员围绕某一中心问题，各抒己见、发表自己的看法，并通过师生间、生生间的讨论、交流，互相探讨，让学生主动获取知识，全面提高学生素质的教学方法。它主要是通过师生之间的问答式谈话来完成教学任务，其中主要步骤有：

(1) 提出要谈的问题；

(2) 将未数学化的问题数学化，并在讨论的时候加以解释；

(3) 组织谈话，鼓励学生讨论与争辩，及时认可学生有突破性的建议；

(4) 考察全班学生初步意见的可行性，解决问题后，请学生自己总结、评价。

(一) 讨论式教学模式的优点

1. 有助于培养学生互助合作的能力

并非所有的数学内容都可以用讨论的方式教学，我们一般选择离学生最近发展区较近的题目或者必须借助多人合作才能顺利完成的题目。在讨论选择问题之前，每个学生都对这个问题有了各自的“现实”想法，根据这个问题相关的资料和数据，随时准备着与别人进行资料交换和思想交流。在讨论的过程中，无论是全班讨论，还是小组讨论，班集体的每位成员都应积极参与进来、省时高效地解决问题。

2. 有助于培养学生有效组织语言的能力

语言是人类交流和沟通的工具，人类借助语言这个媒介传递着各种信息，是一个民族文化的核心符号。语言可以较准确地反映一个人的逻辑思维能力和随机应变能力。数学有自己独特的学科语言，教师在讨论过程中要注意培养学生准确、规范、流利地使用数学语言表述数学问题的能力；要提醒讨论者注意数学语言的精确表达。差之毫厘，谬以千里，否则就会出现“内部语言”和“外在语言”的差异，不能准确表达自己的想法。所以，在数学课堂讨论的过程中，学生不仅能够通过讨论掌握知识，也能通过讨论过程发展语言表达等方面的能力。

（二）讨论式教学模式的缺点

和讲授模式相比，讨论式教学模式下的教师和学生角色发生了很大的转变。教师变成了知识学习、技能训练的组织者和引导者，学生变成了知识的建构者。这种情况下会出现两种偏差：一方面，容易出现失去数学味道的无目标讨论，教师的思维被学生天马行空的回答左右，从而失去了一节数学课应该挖掘的本质，教学目标偏离或者未达成；另一方面，教师的导向太明确直白，学生缺少内部语言的“愤悱”过程和讨论热情，讨论过程变成了老师问、判断句，学生机械回答，呈现出“满堂问”现象。

由此可见，讨论式教学模式对教师的要求非常高，首先要掌握学科知识内容和逻辑关系，还要掌握学生的非智力因素在讨论过程的作用与处理技巧。此谓，讨论有法，贵在得法。

1. 应突出学生的课堂主体地位

在讨论式教学的课堂中，教师不再是课堂的主体，学生也不是被动的接受者。但是教师的作用并没有减小，相反，讨论式教学需要教师具有更加明确的观察力和运筹帷幄的能力，真正做到“道而弗牵，强而弗抑，开而弗达”。教师需要在讨论之前做好充分准备，给每个学生布置任务，做好预设。在讨论过程中，教师要不断调节现场气氛，努力营造一种民主平等的课堂情境。在讨论陷入沉默的尴尬境地时，教师要善于引导；在讨论的氛围超出教师的控制时，教师善于压制；在讨论的走向偏离讨论主题时，教师要善于引导学生回归正题。即使教师的引导作用如此重要，但学生依然是课堂主体，数学课堂讨论是一种能够充分体现学生的主体地位和教师的主导地位的开放性教学方式。

案例

“老师，您的鼻子就是一个角”

（在《角的认识》这节课上，当学生认识了“角”的概念之后，教师让学生找一找生活中自己遇见过的角。）

生1：课本封面上有角。

生2：红领巾上有角。

生3：老师，您的鼻子就是一个角！

（课堂上先是爆发出一阵哄堂大笑，立刻又变得鸦雀无声，学生们的眼睛都紧张地看着老师，等待她的下一步举动。）

师（微笑着用手指轻轻捏着自己鼻尖）：是吗？我的鼻子有个“角”，那么，它的顶点应该在哪里？如果鼻梁就是其中的一条边，那么另一条边又在哪里？

评析

这个讨论过程中，教师充分发挥学生的想象力，通过形象直观的例子，因势利导、加深对角的理解和认识。

2. **精心选定讨论问题，激发学生积极性**

讨论问题过难、过简都会挫伤学生讨论的积极性，面对一个十分简单而没有任何挑战性的问题，学生会很快给出答案；面对一个远离他们的世界、完全没有兴趣的话题，他们没有任何热情参与讨论。所以，课堂讨论中要注意选题的生活化、趣味化。数学问题来源于生活又高于生活，要注意题目的梯度，能够引发不同层次的学生参与，为问题解决做出贡献，在讨论过程中收获知识和能力。

案例

估一估生活中物体的数①

师：谁能说出自己身边的物体或事物的数目？

（很多小手就举了起来）

生1：我们班大约有43个小朋友。

师：我们班有43个小朋友，这个43是一个准确的数，不是估计出来的。

生2：校园里大约停了10辆车。

生3：花坛里大约开了20朵花。

生4：校园里大约有50棵树。

生5：老师大约40岁。

师：40岁？老师有这么老吗？你妈妈多大？

生5：50岁。

师：你爸爸今年多少岁？

生5：70岁！

（小朋友们都笑了起来。老师又让另一小朋友说，回答更令人吃惊）

生6：我妈妈今年20岁，爸爸30岁。

这显然是不可能的事。课后，老师了解了两位学生的情况，原来其父母都是30多岁。

评析

此例通过对生活中的年龄估计与讨论，在层出不穷、意想不到的生成中，学生意识到估计不是随口一说，需要满足一定的精确性，控制在一定误差范围之中，于无形中增强了“数感”这一基本的数学核心素养。

3. **讨论应融会竞争与合作**

课堂教学是发生在教师与学生之间的交互活动，课堂之间的人际关系主要包括师生关系和生生关系，而生生关系是课堂讨论教学的重点，生生关系的好坏决定了讨论能否顺

① 杨庆余.小学数学课程与教学[M].北京：高等教育出版社，2013：20－40.

利进行。在数学课堂讨论中，组内成员既有竞争也有合作，组间成员则往往是竞争关系。总的说来，竞争合作模式是课堂讨论的主要人际互动模式，这样既能发挥人际关系的正能量，又能削弱其负面效应。既要大力培养学生间的合作意识，也要适当培养学生间的竞争意识。

案例

"分数的初步认识"片段

老师：把一张圆形纸片分成两份，其中一份可以用$\frac{1}{2}$表示。如果认为正确的站我左边，错误的站我右边，有不同的意见可以辩论。

（给要辩论的同学一张圆纸片）

生1：（正方，把圆纸片中间对折，撕开）：这其中一份难道不占$\frac{1}{2}$吗？

生2：（反方，把圆纸片撕成大小不等的两片）：这一片难道是$\frac{1}{2}$吗？

生3：（正方，出示自己的分法）：我们是把圆平均分成两份难道不占$\frac{1}{2}$吗？

生4：（反方，也出示自己的分法）：可是题目并没有说平均分啊，你们说，这一小片可能是$\frac{1}{2}$吗？

师：正方还有话要说吗？好！刚才辩论中，反方抓住题目是否"平均分"这个关键点，一举攻破了正方的观点，使问题得到了解决。因此，老师感谢你们！

生4：（反方）：不用谢！

师：（握住正方最后两位同学的手）：老师也得感谢你们，正因为你们提供了错误的判断，才使大家对出错的原因有了分析，对分数的意义有了更深的理解啊，谢谢你们！

评析

本案例中，教师没有选择讲解方法来突出"平均分"这一分数含义的关键点，而是将问题抛给学生，让学生通过辩论解决。这一设计，是教师在与文本—教材和学生对话的基础上形成的。通过与教材和学生的对话，教师准确把握了教学的重点和难点，并且没有回避重、难点，而是将"皮球"踢给学生，让他们在相互辩论、相互学习的过程中，强化认识，建构知识。教师表面上的"隐身"，实则强化了作为"指导者、合作者、参与者"的角色。

4. 讨论是揭示数学本质的过程

同样一个数学问题，不同的人会选择不同的方法。从不同的角度入手，即使过程不一样，都应以教学目标为指引，揭示数学本质。大部分数学问题都需要思维和运算得到结论，逻辑思维过程具有灵活性、外力不可控性和多向性，在学生多角度、多途径、发散思维的讨论中，教师的主导作用非常关键。

案例

“平行四边形的面积”教学片段①

(在同学们通过数方格和剪切的方法初步得出平行四边形的面积以后)

生4:我用四支铅笔组成了一个平行四边形,通过推动四边变成一个长方形,根据长方形的面积,可以得出,平行四边形的面积就是相邻两边的乘积。

师:非常感谢这位同学!他大胆地猜想平行四边形的面积是相邻的这两条边的乘积。(发言的同学满脸自豪)现在,同意的请举手,不同意的请举手。(同意的只有五位,绝大多数不同意)哪位来说说为什么不同意?

生5:(指着图)斜过来以后,这条边短了。(看得出同学们没有认可)

师:现在我来解决这个问题,可以吗?(拿出一个可以活动的平行四边形框架)这四条边的长度没法改变。它的面积是相邻的这两条边的乘积吗?(说“是”的比原先多了)平行四边形容易变形,(拉动后)面积变了吗?能用相邻的两条边长度相乘吗?(学生在思考)

生4:老师,我能借用一下您的平行四边形吗?

师:可以!

生4:(快步上前,将平行四边形框架反方向拉成一个长方形)这样就能用相邻的两条边相乘!(同学们和听课的老师都笑了)

师:赞成用相邻两条边的长度相乘的,请举手。(绝大多数学生举手了)非常好!他找了个“行”的例子。那你再看呢?(顺着他的方向,教师继续拉动平行四边形框架,直到几乎重合)

生6:我发现问题了!两条边长度没变,乘积也就不变,可是面积变了。(认为“行”的学生也不说话了)

教师看时机已到,于是总结:前三种方法,是通过剪,将平行四边形转化成了长方形,面积有没有变?(生齐:没有)这种方法是将平行四边形拉成了长方形,面积有没有变?(生齐:变了)两者都是转化成了长方形,但我们是要计算原平行四边形的面积,转化以后的面积能不能变?(生齐:不能)

评析

这一教学过程中,教师的“误导”始终围绕“化归面积不能发生变化”这一数学本质展开,正是教师把握了学生“边长不变,面积不变”的固有观念,通过学具展示的极端情况(拉成几乎完全重合的一条线),使学生的认知产生了冲突,完成新知识的建构。

五、学生活动式教学模式

活动式教学模式是指在教师的指导下,通过实验,游戏,参观,看电影和幻灯片等活动形式,包括感官和肢体操作,使学生全身心地投入教学活动。

① 可参见,华应龙教育教学艺术系列报道之三——“导误”导出真探究,http://blog.66wz.com。

活动单位既可以是一个班的学生，也可以是部分学生。场所既可以是课堂，也可以是课外。活动主要方式有：量长度、数数目、称体重、画图、做模型、估计、听录音、看教学电影、比较、分类、处理数据、发现规律等，还包括操作几何画板等数学应用软件，参加竞争性的游戏等。

活动式教学模式的一个显著优点是注重直观性，但由于所花时间比较多，不宜频繁使用，可以作为讲授式或讨论式的补充。小学数学除了以上五种常见并且相对成熟的教学模式外，认可度较高的教学模式还有：发现式教学模式、尝试教学模式、再创造教学模式、范例教学模式等(参见章首二维码资料)。

六、教学模式的发展趋势与运用建议

一方面，加强心理学和教育心理学内容的学习与理解，认识建构主义理论对数学方法论、教师教学观、学生学习观等方面的要求和建议。贯彻以生为本的教育理念，运用现代教育技术手段，推进课堂要素之间的互动协作。

另一方面，认识到没有一种教学模式比其他模式优越或者可以替代。在具体教学过程中，提倡多种教学模式互补融合，达成新课程体系下的课程目标。“教学有法，教无定法，贵在得法”，随着认识的发展、课程的改革、理论的更新与提升，探索发现更符合学生认知的教学模式。

第二节　小学数学教学原则

教学原则是根据一定的教学目的和教学任务，遵循教学过程的基本规律而制定的对教学的基本要求，是学科教学规律的理论反映，是教学实践活动必须遵循的基本要求，是指导教学活动的一般原理。明确合理的教学原则具有重大的理论价值和实践指导意义。

数学教育界对数学教学原则概念的看法基本一致，即数学教学原则是依据数学教学目的和数学教学规律制定的数学教学指导原理，是人们长期进行数学教学积累起来的经验总结，源自实践又反过来指导人们的数学教学实践活动。数学教学原则应该包括一般原则和特殊原则①。

一般教学原则，适用于各学科的教学，包括直观性原则、启发性原则、巩固性原则、循序渐进原则、因材施教原则、理论联系实际原则、量力性原则等。

一、一般性教学原则

(一) 直观性原则

捷克教育家夸美纽斯说，凡是需要知道的事物，都要通过事物本身来学习，应该尽可

① 周文. 中学数学教学原则的学科性特征分析[D]. 温州大学，2013：2－13.

能把事物本身或代替它的图像呈现给学生。直观性原则是在教学中引导学生直接感知事物、模型或教师用形象语言描绘教学对象，使学生获得丰富的感性认识。包括言语直观、模像直观、实物直观，其基本要求是：正确选择直观教具和现代化教学手段；直观要与讲解相结合；重视训练运用语言直观。

（二）启发性原则

子曰，不愤不启，不悱不发；《学记》有云，道而弗牵，强而弗抑，开而弗达，无不提醒我们，要注重启发教学。启发性原则是在教学中承认学生是学习的主体，注意调动他们的学习主动性，引导他们独立思考、积极探索，生动活泼地学习，自觉地建构并掌握科学知识，提高分析问题和解决问题的能力。

（三）巩固性原则

学而时习之、温故而知新，都强调对知识的及时复习与巩固具有非常重要的作用。巩固性原则是指教师要引导学生在理解的基础上牢固地掌握知识和技能，长久地保持在记忆中，能根据需要迅速再现与回忆出来，要求在理解的基础上巩固，重视组织各种形式的复习。

（四）循序渐进原则

《学记》有云，学不躐等，不陵节而施。万事万物都有发展成长的规律，教育教学更是如此。循序渐进原则是指教学要遵循所在学科的逻辑系统和学生认识发展的规律，使学生系统地掌握基础知识、基本技能，形成严密的逻辑思维能力，按教材的系统性进行教学，注意主要矛盾，解决好重点与难点，由浅入深，由易到难，由简到繁。

（五）因材施教原则

新课程改革下的学生观认为，学生是具有独立意义的人，因材施教原则是指教师要从学生的实际情况、个别差异出发，有的放矢地进行有差别的教学，使每个学生都能扬长避短，获得最佳的发展和全面的发展。

（六）理论联系实际原则

任何知识的最终目标是为我所用，为社会进步所用，为人类发展所用，就要求能够做到理论联系实际。理论联系实际原则是指教学要以学习基础知识为主导，从理论与实际的联系上去理解知识，做到书本知识的教学要注重联系实际，重视培养学生运用知识的能力，正确处理知识教学与技能训练的关系，注意运用知识去分析问题和解决问题，达到学懂会用、学以致用。

（七）量力性原则

量力性原则又称可接受性原则，是指教学的内容、方法、分量和进度要适合学生的身心发展，使他们能够接受但又要有一定的难度，探索学生的“最近发展区”以促进学生的身心全面发展。

（八）思想性与科学性统一原则

思想性与科学性统一原则是指，教学要以马克思主义为指导，引导学生掌握正确的知识，同时结合知识对学生进行思想教育。

以上教学原则适应于所有学科，具有一般指导意义，但鉴于数学本身的独特性，除了这些一般性原则，还应有属于数学学科本身的教学原则。

二、数学学科特有的教学原则

数学教育有独特的研究对象和特定的研究课题，数学的教学原则必然具有鲜明的特点。结合弗赖登塔尔教育理论，数学学科的教学原则概括为：学习数学化原则、适度形式化原则、理论联系实际原则和渗透数学思想原则①。

（一）学习数学化原则

义务教育数学课程标准（修订稿）指出："义务教育阶段的数学课程具有公共基础的地位，要着眼于学生的整体素质的提高，促进学生全面、持续、和谐发展……要符合数学科学本身的特点、体现数学科学的精神实质；要符合学生的认知规律和心理特征、有利于激发学生的学习兴趣；要在呈现作为知识与技能的数学结果的同时，重视学生已有的经验，让学生体验从实际背景中抽象出数学问题、构建数学模型、得到结果、解决问题的过程。"从标准中，我们解读出"学生经验""学生体验""实际背景""数学模型""解决问题"等过去较少提及的关键词。一方面体现了以人为本、尊重学生作为教与学的主体地位的教育理念；另一方面重视数学的应用价值，说明数学教学实际上是活动过程，这个过程就是数学化。

数学化最初是著名荷兰数学家、数学教育家弗赖登塔尔提出的。在他看来，所谓的"数学化"，是指人们在观察、认识和改造客观世界的过程中，运用数学思想和方法来分析和研究客观世界的种种现象，并加以整理和组织的过程。简单地说，就是数学地组织现实世界的过程。他还留下一句名言："与其说学习数学，还不如说学习数学化。"学生学习数学化就是帮助学生应用数学的观点考察现实，运用数学的方法解决问题。这与纯粹知识点记忆、题型背诵、搞题海战术的教学是不同的。数学化的学习，使学生面对一个情境时，能分辨是"加法"还是"减法"问题；能看得出是函数问题，还是方程问题；或许还能归结到概率问题或者几何问题上；还要能思考有没有解、如何解、是否符合实际等问题，是学生不断主动调整反思的过程。

Adrian 和 Treffers 将数学化分为水平和垂直两种成分（图 3－1）：

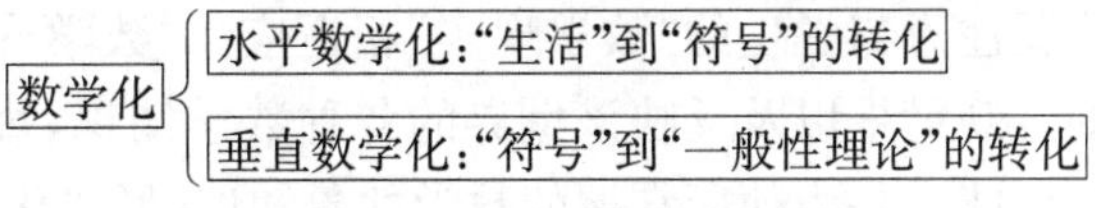

图 3－1　数学化的两种成分

水平数学化是指发现情境问题中的数学成分，对这些成分作符号化处理，实现由"生活现实"到"符号形式"的转化（图 3－2）：

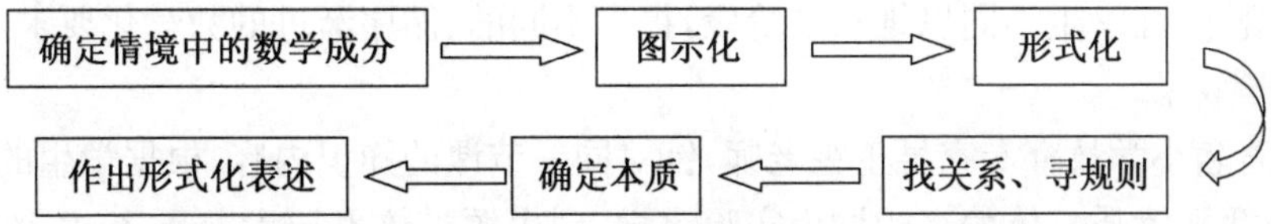

图 3－2　水平数学化

① 张奠宙，宋乃庆. 数学教育概论[M]. 北京：高等教育出版社，2016：112.

“数学化”原则中的水平数学化正好与“抽象与具体相结合原则”中的“由具体到抽象”阶段相对应,而垂直数学化则对应着“从抽象到具体”的上升阶段。两者的不同之处在于,“抽象与具体相结合”原则侧重于数学“内容的抽象性”,基于静态的数学观,将数学等同于数学知识的汇集,同时把这些数学知识看成是无可置疑的真理,数学教学就是理论知识的讲授与训练,重点在教师的教。而“数学化”原则基于辩证的、动态的现代数学观,将学生的数学学习视为数学理论知识的再发现和再创造,属于创造性活动的一种。在这里,情境问题居于重要地位,数学的结论是由学生学习数学化的过程中自己发现的。所以,“数学化”原则是“抽象与具体相结合”原则在数学学科中的深化,体现出更加鲜明的学科特征,可以视为数学特有的教学原则。那么,在数学教学中如何贯彻“学习数学化原则”呢。

第一,在数学课堂教学中,要正确设定教学目标,突出所教内容的数学本质,显示课程具有的数学价值。比如,对于自然数的认识。我国从1993年之前,规定最小的自然数是1,1993年之后,规定最小的自然数是0,这和通常表示物体个数朴素的自然数定义有冲突,特别对刚学习数数的幼儿来说,直接让从0开始数会产生很大的认知困难。但作为教师,应认识自然数是表征一切等价有限集合共同特征的标记,这里的集合当然包括所有空集的共同特征,元素的个数为0。在教学过程中,设计针对性活动操作,比如,用一个空袋子,往里面边一个一个放乒乓球再引导同学数数,然后再一个一个取出来,自然而然认识到0作为最小自然数的合理性。

第二,体验数学建模是学习数学化的一个重要方面。以往的教学中,我们一直强调对数学概念的理解,对运算能力的训练,忽视如何从实际问题出发,通过抽象概括、建立数学模型来认识和解决实际问题。而根据“数学化”原则,在教学中应强调创设数学情境,自主采集相关数据并进行选择和转换操作,分析数学方法的合理性,建立数学模型,最终检验数学解答的正确性。比如,“乘法分配律”是乘法运算律中的一个重点。为使学生灵活运用乘法分配律解决实际问题,可以采用求操场扩建后的面积作为原型,让学生观察思考,通过面积相等建构模型,联系生活实际探求知识的本源。教学过程中,摒弃“照本宣科”的传统教学方法,通过学生自主动探索来建构乘法分配律模型,从这个模型出发、联系实际解释一些简便计算,让学生初步感知很多简便运算都可以用图形面积来解释。

第三,学习数学化要注意与学生的“数学现实”相适应。“数学现实”是指每个学生都有自己生活、思考着的客观世界以及反映该世界的各种数学知识,每个人都有自己的“数学现实”。学生的数学化能力是由他所掌握的数学抽象知识、形式化的语言特征决定的一种特殊能力。要求学生用数学解决实际问题,首先能用数学语言或数学模式重述实际问题。不同年龄阶段、不同思维发展水平的学生掌握的数学形式化语言或数学模式不同,其“数学现实”存在层次差异,从而其数学化水平程度也不同。因而,数学教学要遵循思维发展和认识规律,在学生不同思维水平阶段,提出不同的、循序渐进的数学化要求,才能取得预期的教学效果。

当代著名小学教育专家吴正宪老师,针对同一节课的知识内容,根据学生的学情和数学现实,从生源素质整体偏高的城市实验小学,到生源整体素质参差不齐、以留守儿童为主的农村小学,获得了非常好的效果。做小生意家庭的幼儿对数字运算认识得早,小数的读法写法能够从现实中获得;从事工程设计的家长对幼儿在平面图形的感知方面有很大的影响;农村学生和城市学生的数学现实大有不同,要做到尊重学生的数学现实,需要教师深入了解学生的成长环境、家庭背景等,需要长期的实践和探索过程。

(二) 适度形式化原则

形式化是数学的一个重要特征。20世纪初大数学家希尔伯特提出形式主义数学哲学观以来,数学的形式化特征更加明显。形式化有助于数学理论体系的简单化、严格化和系统化,最终推动数学的理论发展和科学应用。

形式化一般包括符号化、逻辑化和公理化三个方面①。数学是符号化的形式化语言。用一套表意的数学符号,表达数学对象的结构和规律,把对具体数学对象的研究转化为对符号的研究,并生成演绎的体系,这就是数学的形式化。如果说,乐曲是五线谱组成的篇章,美术是线条的世界,那么数学就是用数字、字母和运算符号,依照逻辑联结,描述数量关系和空间形式的知识体系。可以说,数学的世界是一个符号化的世界。小学数学中加减乘除运算符号、等号的使用、交换率、分配率的表达、应用题列等式,都是符号教学的重要内容。小学阶段将数学对象和数学符号用逻辑的方法形成了数学语言、构成了数学命题,并将其中最基本的部分形成了数学的公理化体系,从而形成了数学学科。小学阶段学习的面积公式,运算定律,甚至最基本的自然数表示都存在符号化的数学特征。

但是,数学不仅仅是形式,还蕴含着大量的、生动活泼的思想内涵,创造数学的思考过程是火热的。对数学的形式化表述,弗赖登塔尔曾经这样描述:“没有一种数学思想,以它被发现时的那个样子公开发表出来,一个问题被解决之后,相应地发展为一种形式化技巧,结果把求解过程丢到一边,使得火热的发明变成了冰冷的美丽。”如果过度强调数学的抽象语言而忽视了数学的思想内容,无疑会使得数学枯燥无味。小学生抽象逻辑思维没有完全发展,注意力不够集中,不能一味强调形式化。否则会让学生在干巴巴冷冰冰的符号、命题、推导、演练面前失去了学习兴趣。把握这个“度”需要教师的教学智慧。即需要理解把握学科知识,运用课堂教学技能,客观具体分析学情。好的教师,不只讲推理,更要讲道理,把印在书上的数学知识,转化为学生容易接受的教育形态。因此,数学教学的目标之一,就是“再创造”,再现火热的思考过程,把作为科学的数学,转变为学生易于接受的教育形态。这就是我们所提倡的适度形式化原则,并根据实际情况给出适度形式化的教学建议:

第一,注重对数学内容本质的理解。教师要精心设计教学环节,合理安排学生自主探索,促进学生建立数学内容与形式之间的有机联系。现行的小学教材对某些数学概念采取了“淡化”措施,如乘法概念淡化了乘数和被乘数,还有一些概念则采用描述性说明取代形式化定义。因为,小学阶段过分强调严谨与形式化是不可能,也是不必要的,淡化处理有利于突出数学内容的本质,减轻学生不必要的学习负担。

第二,学生学习的不同阶段应该有不同的数学形式化要求。学习数学形式化,要与学生的身心发展水平相适应,充分考虑学生已有的认知发展水平与知识经验,建立内容本质与表达形式化之间的有机联系。比如,小学数学中位置的学习,从最初的具体问题情境中

① 张奠宙,宋乃庆.数学教育概论[M].北京:高等教育出版社,2016:85.

的描述“前、后、上、下”到“左、右”到高年级用数对表述二维平面的位置，是一个逐步递进的过程，也是逐步形式化的过程。建立初步的图式与表象，为后来学习平面解析几何打下基础。

第三，适度形式化不是放弃形式化。如果数学离开了形式化，只注重实用本身，数学就无法发展创新。小学阶段适度形式的教学是培养学生数学思维、提升数学语言、掌握数学方法的过程。这样才能培养更多的数学专门人才，甚至成为未来的数学家，从而推动科学的发展与人类的进步。

（三）理论联系实际原则

理论联系实际是辩证唯物主义认识论和方法论的基本原理，是马克思主义思想的一项重要原则。学数学、用数学也是数学教育的目的意义之一，能够做到理论联系实际是小学师生共同追求的目标之一。小学数学学习中，学生掌握科学理论知识，学习思考、解决问题，要联系实际才能做好。对于这一点，小学课本编排和实际教学中都是从反映抽象的数学理论知识的某些情境问题出发，结合对实际问题的观察、分析，进行数学教学。这个原则要求我们：

第一，加强数学与实际的联系。做到这一点，要尽量寻求数学理论的实际背景，让学生感受到数学是与生活有着密切联系的，学习数学有着重要的现实意义。例如，小数的学习中，人民币在生活中的应用就是非常好的实际模型，小数的认识、读写、基本性质、基本运算，都可以围绕解决生活中和人民币购物有关的实际问题。如此设计可在一定程度上改善学生学习的动机，提高他们学习的积极性。

第二，加强数学与其他学科教学的联系。数学教学与其他学科教学是相互影响的，数学不仅广泛应用在自然科学，而且在人文社科领域，数学的作用也得到普遍承认。小学数学与现实生活、科学、社会和自然等密切联系。比如，小学阶段图形的旋转与平移，对以后学习物理运动的影响；小学低年级对位置的准确语言描述，到小学高年级对可能性的语言准确描述，都离不开语文课程所要培养的语言表达能力。

第三，引入数学建模教学是落实理论联系实际的重要途径。利用数学理论知识解决各类实际问题首要的是寻求合适的数学模型。随着数学新课标的全面实施，逐步落实素质教育理念，小学阶段培养数学建模意识和思想的呼声日渐高涨。已有实践经验表明，小学阶段的数学建模与高校有明显差异，小学生思维发展与知识储备水平的局限，使他们对一些与生活或其他学科密切联系的问题出现理解障碍。需要教师在设计数学建模问题时，合理设置实际信息，不能太复杂，也不能太简单，失去建模的意义。尽管由于我国的应试现状，不可能将整个数学建模的问题作为考试题，但是，数学建模教学过程培养起来的能力和意识，无论对学生参加考试或今后的生产实践都极为重要。因此，在数学教学中要注意对学生数学建模能力的渗透式培养。

第四，要真正在课堂教学中有效落实理论和实际相结合，还要求数学教师提高自身的理论水平。对于一位优秀的小学数学教师而言，不局限于有扎实的小学数学理论功底，还应该注意提高自身的近现代数学素养。目前，一些数学教师对近现代数学存在一些认识误区，认为高等数学与小学数学差距较大，过于抽象理论化，从而对其敬而远之。长此以往，对于小学数学教学的影响是很不利的。近现代数学不仅能为数学教学提供思想方法上的指导，还能为小学教师在数学教育研究方面开阔思路，提高理论研究水平。此外，数学教师还要注意提高自身数学教育理论修养，这些理论素养除了经常提及的教育学、心理学修养外，数学教师还要了解哲学、社会学、系统论、信息论等一般的、普适性的学科相关知识。

没有实践支撑，任何理论都是空洞和无用的；任何学科如果不能够升华为理论，就意味着这个学科还有待发展，甚至还不能称之为一门学科。理论联系实际原则是各个学科应该遵循的教学原则。数学学科的理论与实际相结合原则与其他学科所提的理论与实际相结合的原则有什么不同呢？这条数学教学原则如何体现数学学科特征呢？渗透数学思想方法原则是值得研究的提法。

（四）渗透数学思想方法原则

数学内容的整体结构有两大支柱，其一是数学具体知识，其二就是数学思想方法，学生学习数学两者缺一不可。就人的终身发展而言，数学思想方法无疑比数学理论知识更重要。因为学生对数学理论知识的记忆是暂时的，学生时代学习的数学知识，在进入社会一两年就忘掉了，而对数学思想方法的掌握则是永久的。日本数学教育家米山国藏曾说："不管学生以后从事什么工作，那种铭刻于头脑中的数学精神和数学思想方法，将长期在他们的生活和工作中发挥重要作用。"也正所谓"授人以鱼，不如授人以渔"这些至理名言道出了思想方法对学生全面发展的重要性。小学数学教学的目的是培养现代公民必备的数学素养，"人人获得良好的数学"。因而选择的数学内容丰富多样，涵盖现代数学的大部分分支。这些具体的数学知识点之间看似毫无关联，孤立而零散。实际上，彼此之间存在着内在联系，呈现出很强的系统性和层次性，这是因为数学思想方法将"游离"的具体知识点整合为优化的数学知识体系。如果把数学比作一条美丽的项链，数学的具体知识点就是一颗颗珍珠，数学思想方法则能将"珍珠"完美穿起来。可见，数学思想方法是数学的内在形式，是学生获得数学知识，发展思维能力的动力和工具。在数学教学中，渗透数学思想方法是值得重视的。

重视数学思想方法研究是我国数学教育的特色之一。20世纪80年代，徐利治先生首次在大学开设"数学方法论"课程并大力倡导开展数学思想方法研究以来，我国数学教育界对该问题的研究不断深入，与数学思想方法相关的论文与著作大量涌现，已成为数学教育研究的一个成熟分支①。目前，提出的数学思想方法主要包括：宏观层面的数学思想方法，如数学哲学化、数学审美思想、数学建模思想、函数与方程思想、随机化思想、微积分方法等关于数学本质层面的；逻辑层面的数学思想方法，如归纳、演绎、联想、分类、类比等一般科学方法，但它们在数学应用中已经"数学化"了；技巧层面的数学思想方法，如换元、配方、待定系数等方法。这类方法是解题过程中具体策略的运用，有一定的操作步骤。

数学思想方法的内在性，表现为隐性的数学知识。只有经过反复的经历与实践，才能被学生逐步认识、理解，最终内化为学生的个体认知结构。数学教学阐述的理论核心是数学思想方法，渗透数学思想方法原则是：不仅将数学思想方法运用于实际数学问题，还要能在大量的数学解题实践经验中提炼出火热的数学思想，它是理论与实际相结合一般原

① 张钦. 基于建模思想的小学数学教学设计[D]. 淮北师范大学，2015：17.

则在数学学科教学上的深化。

三、化归思想方法的教学原则

小学数学最常用的是化归思想方法。化归是转化与归结的简称，其基本思想是：解决数学问题时，将要解决的问题 A，通过某种特定的转化方式，归结为另一个问题 B。问题 B 可以是解题者熟悉的简单问题，也可以是已有解决模板和策略的问题。通过对问题 B 的解决，可得到原问题 A 的答案。化归中，最重要的是确定转化的目标，其次就是选择化归的途径，假如这两步解决了，问题 A 也就解决了。化归思想方法的核心是：面对新问题，仔细审查，归结大类，联系头脑中熟悉的模型，通过已有知识、经验，去解决当前问题。其关键点是，通过新问题与旧问题的相似性，抓住两者的内在联系，使复杂问题简单化，完成化归。其本质是，将问题进行规范和划分模式归属。化归思想方法的教学，要根据小学数学知识的难易度和学生思维水平，选取适合小学生学习的化归方法。

1. 化归为熟悉知识方法

其本质就是将陌生的、较难的问题转化为认知结构中熟悉的、已知的问题，迁移已有的知识和经验来解决新问题。

案例

分别求出以下两个图形的内角和。

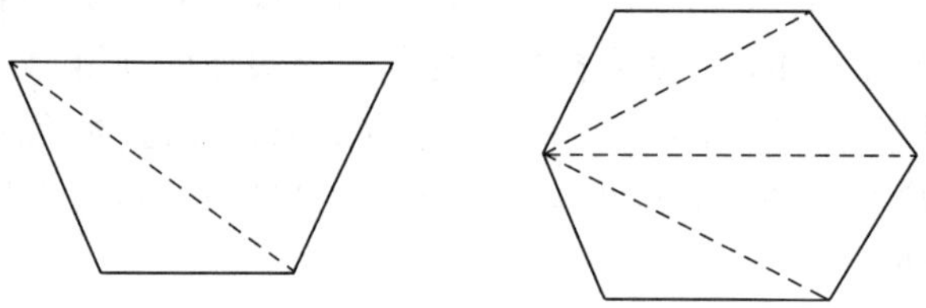

图 3-3 求多边形的内角和

评析

解决此题所运用的基本知识是三角形的内角和，采用的思想方法是化归思想方法。其本质是三角形内角和的变式练习。实际教学中，教师可以引导学生思考多边形内角和与三角形内角和之间的联系，利用辅助线将多边形切割成几个三角形，也就是将多边形的内角和的未知问题，转化为几个三角形的内角和的已知问题。熟悉化原则将未知的新问题，转化为熟悉的问题，问题解决起来非常轻松。

2. 趋于简单化方法

该方法是将复杂问题简单化。在解决复杂问题时，将复杂的、难以快速解决的问题，转化为能快速理解的简单问题，或者根据题目形式得出解决此类题目的启发等，进而达到对复杂问题的解决，并提高解题效率。

案例

计算 $3.25\times1.36\times0.625\div\left(3\frac{1}{4}\times1\frac{9}{25}\times\frac{5}{8}\right)$

解：$3.25\times1.36\times0.625\div\left(3\frac{1}{4}\times1\frac{9}{25}\times\frac{5}{8}\right)$

$=3\frac{1}{4}\times1\frac{9}{25}\times\frac{5}{8}\div\left(3\frac{1}{4}\times1\frac{9}{25}\times\frac{5}{8}\right)$

$=\left(3\frac{1}{4}\times1\frac{9}{25}\times\frac{5}{8}\right)\div\left(3\frac{1}{4}\times1\frac{9}{25}\times\frac{5}{8}\right)$

$=1$

评析

题目中有复杂的小数和分数，倘若按着运算顺序直接计算，较为麻烦，不仅花费时间而且正确率不高，简单化原则让问题解决高效简便。经思考、观察和分析，前半部分的小数化成分数后，正好和括号里的分数是一模一样的。可将小数转化成分数的形式来计算，再利用结合律，将前半部分看成一个整体，前后两部分完全相同，将原本复杂的计算过程简单化，直接得出计算结果为1。

3. 统一化方法

该方法是转化问题条件或结论，使问题表征形式、数量关系更加统一明了；或转化命题形式，使学生能够形成符合自己思维模式，或是有助于解决问题的思维方法和解题习惯。

案例

在子涵家中举行了一场包饺子竞赛，子涵包的饺子数量比爸爸少2个，而爸爸包的饺子数量比妈妈要多5个，最后全家人一共包的饺子数量为68个，求妈妈包了多少个饺子？

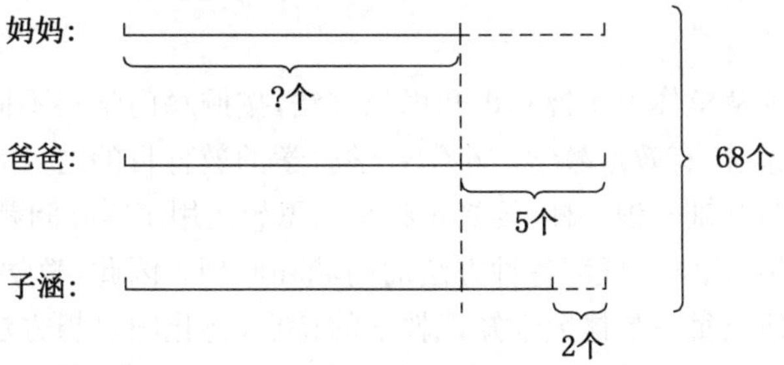

图3-4　线段图

评析

题目中呈现出来的数学关系比较复杂，对于小学生而言，最重要的是整理它们三者之间的数量关系，形成统一标准的认识。借助线段图（图3-4），以妈妈为标准，三者之间的数量关系就清晰多了，从而能轻松解决问题。

化归思想方法是灵魂,但必须以一定的数学知识为载体,否则就如无水之源,学生学习理解起来也非常困难,化归思想方法教学应该注意:

(1) 知识与思维的同步性

化归思想方法的渗透与数学知识的教学,是一种既相互包含又相对独立的特殊关系。知识教学的目的是增加学生的知识储备,对后续学习起到铺垫作用。但化归思想方法的学习,却能够强化学生分析和解决问题的能力。基础知识和数学思想方法是数学教学的内涵,化归思想始终贯穿基础知识教学的始终,基础知识是思想方法的载体。比如,学生在课堂上听教师讲解除数是小数的除法时,学生不仅学会了方法步骤,更懂得这是在商不变性质基础上的化归。融会贯通前后知识,在变式练习题中进行转化,真正做到理解与应用。因此,教学过程中,教师要融化归思想方法于基础知识教学的全过程。

(2) 螺旋上升要求

螺旋上升就是在一个阶段,相同、类似的知识重复出现,但在知识深度上由易到难、由浅入深。学生对数学思想方法的认识,都是由简单到复杂,由认识到理解,由理论到实践,不断往复的过程中形成的。需要注意的是,往复不代表毫无目的的重复,而是跟人类认识绝大多数事物过程相吻合:由简单到复杂,由低级到高级,从个别到一般的螺旋上升过程。

小学数学知识点较多:一方面,不同的知识点和解题方法,可能使用的是同一种化归策略;另一方面,同一种化归思想方法,在教学中会阶段性地重复出现,呈渐渐加深的趋势。随着化归思想方法不断深入,教师不仅需要复习原来的知识,还要在此基础上不断深入。只有这样,才能提高学生化归思想方法的运用水平、熟练程度和应用能力。比如,在“数与代数”中,除法和乘法之间,除法和分数之间,分数和小数之间,商不变的性质和小数除法之间,都存在着转化,并且是层层递进的。前面的知识是后面的基础,是十分有意义的转化,是高级的化归。再比如,在“几何与图形”知识的学习过程中,立体图形与平面图形、三角形内角和与多边形内角和的推导过程、三角形、平行四边形和梯形面积的推导,更直接地体现了相互转化,层层递进的关系。化归方法成为学生学习数学知识,掌握和运用数学知识的一大法宝。

(3) 系统性要求

系统性是教学要从整体上掌握知识和思想方法,按照每门学科不同的逻辑和学生认知发展顺序,持续、系统、有效地教学。小学数学教学的教育目的之一是持续、有效、系统地渗透化归思想。与基础知识一样,要真正将化归思想运用于实际问题解决,首先要形成一个完整的知识构架,让学生理解各种方法的内涵和原理。因此,教学实践中,应该做到统筹兼顾:一方面,研究每一具体数学知识教学的特点,将化归思想方法融入每一节的数学课堂教学。具体来说,就是要让思想方法贯穿基础知识教学始终,不能偏重一方。基础知识是显性的,而思想方法则是隐蔽的,就要求在基础知识教学过程中,发掘隐蔽的思想方法,让学生直观、具体地切身体会。另一方面,要系统的研究分析化归思想方法,选择基础知识的交叉与融会点。培养学生了解化归思想方法的兴趣,提高学生运用化归思想方法的实际能力。

小学阶段,化归思想方法的教学由低到高、自上而下归纳为以下几个阶段:一、二年级学生认知能力有限,只能通过温故知新的方法来解决数学问题;三、四年级学生形成了模糊的化归思想方法意识，能够运用学过的知识顺利解决新数学问题；五、六年级学生明确了化归思想方法，在解决数学问题中，能快速、高效且广泛地运用转化方法。另一方面，化归思想方法不仅包含在数与代数的问题解决中，也蕴含在平面与立体图形面积体积以及其他图形的表面积与体积的计算中。教师要从纵横两个方向，构建数学思想方法的教学系统，促使学生全面深刻地理解并掌握知识①。

（4）直观性要求

教学过程中，利用人本身的直观感知，借助学生已有的生活经验，提高学生的感性认知，为形成正确而深刻的理性认知打下坚实的基础。皮亚杰的研究表示，个体学习和把握运算知识的最佳年龄段为7～12岁，处于这一年龄段的个体能够以具体事物为参照进行思维运算，其抽象问题的解决能力还有所欠缺。总的来说，7～12岁的儿童已具备了一定程度的逻辑思维能力，包括分类、顺序排列及对应能力；思维的可逆性能力；自我中心性减弱能力等。但儿童这一阶段具有的逻辑思维能力需要建立在具体事物的感知和表象之上，也就是具体逻辑思维能力。因此，小学阶段的化归思想方法教学应当时刻遵循直观性原则。具体地，教学中化归思想方法的呈现形式应直观可见、简明清晰。同时，运用生动有趣的生活实例为载体，运用一些辅助工具，如声音、图像，以起到简化化归思想，并在大脑中初步建立独特的认知。比如，植树问题的教学。单纯用语言讲解植树问题，很难说清楚，但是结合学生的实际生活，运用实物或图片来帮助学生理解问题。在直观中，建立两者的关系，从而降低思维难度。

（5）活动性要求

活动性是以学生为主体，重视学生在活动中获得的经验，并在此基础上展开教学。化归思想方法的运用始终贯穿整个教学活动，且与实践操作紧密相连，重点在于思辨。但是小学生的思维能力没有完全发展，假如让他们跟高年级的学生一样纯粹利用思辨进行学习，定会适得其反。因此，在日常的教学中，教师要善于变换教学方式，以各种方式呈现数学思想方法，使学生体验数学学习的奥秘。比如，烙饼问题的教学，可以借助肢体动作和音效，使学生真实感受烙饼的情景，将烙饼转化成数学问题，帮助学生深入理解问题；在推导三角形内角和的教学中，让学生制作教具，剪一剪、拼一拼，在动手中动脑中，体会三个角能拼成一个平角，感受转化、经历探索过程；负数认识的教学中，利用蹲起模仿正负数。将抽象转化为具体，在游戏中学习数学知识，符合儿童的接受习惯和水平。

以上是对渗透数学思想教学原则的介绍，重点介绍了小学数学中最常用的化归思想。数学思想的内容是相当丰富的，方法也有难有易。因此，在教学过程中必须分层次地渗透和教学。解题教学中，将蕴含其中的数学思想方法明确化，有利于学生掌握其中规律，使学生的认识能力产生飞跃。数学教学中加强各种数学语言的化归可以加深对数学概念和命题的理解，帮助学生审题和探求解题思路。同时，鼓励学生应用数学知识分析和解决生活中的实际问题，引导学生抽象、概括、建立数学模型，探求问题解决的方法，使学生进一步体验数学思想方法。课堂小结时，适时概括和强化数学思想方法，使学生从数学思想方法的高度把握知识的本质和内在规律，逐步体会数学思想方法的精神实质。

---

①　孟敏.小学数学化归思想方法的教学研究[D].聊城大学，2017：23.

最后，简单回顾小学数学教学原则。数学教学原则的提法众多，理论依据丰富，传统数学教学原则的提法各有其合理性和可鉴性。本节重点提出的四条小学数学教学原则：数学化原则、适度形式化原则、理论联系实际原则、渗透数学思想方法原则。实际教学过程中，需要根据知识类型，学情特征，多做预设，科学灵活使用多种数学教学原则，将取得非常丰厚的教学成果。

第三节 小学数学教学的策略与方法

教学策略是教师在实施教学过程中遵守一定的指导思想、教学原则、教学目标、实施程序的方案和方法集合，是教学思维对这四方面动因进行思维策略加工而形成的方法模式。教学策略是为实现某一特定教学目标而制定的、付诸教学过程实施的整体方案。它包括合理组织教学过程，选择具体的教学方法和材料，制定教师与学生所遵守的教学行为程序。教学策略具有变通性，是在教学环节中采取的一系列具体措施，是教学方法、教学设计或教学模式的具体操作和体现。

一、教学策略的独特性表现

（一）教学策略和教学模式的关系

部分国外学者倾向于把教学策略与教学模式等同起来。两者之间有相似的地方，如都是教师为完成教学目标而采取的手段，但在具体组织和执行方面存在较大差异。首先，教学模式是相对固定和封闭的体系，通常由若干个教学环节组成，有较为明确的内在逻辑系统和先后顺序，每个教学环节有自己的教学目标和教学策略，这些环节共同构成一个教学模式。因此，可以认为教学模式是一连串有逻辑关系的子目标的集合，每个教学目标都有对应的教学策略。

（二）教学策略和教学方法

教学方法是为完成教学目标，教学活动和学习活动综合作用所采取的措施和途径。相较而言，教学方法更加具体化，具备可操作性，是教学策略中较为外显的成分。教师比较常用的教学方法有讲授法、演示法、练习法等。教学方法的另一特点是学科交叉性和丰富性，新的教学方法不断出现，极大丰富了教师教学的手段，为教学策略制定提供了更多空间。

（三）教学策略和教学设计

教学设计是教师对教材、教学内容、学习目标、教学重难点、学情分析、媒体技术支持、教学环境要求、教学过程等做的全方位分析、定位和设计，是教师在课前做的系统性准备工作。从这个角度说，教学策略和教学设计的交叉部分最多。在制定教学设计时，教师通常要深入解读教材、教学目标、学生情况及现有技术支撑，在此基础上设计具体的教学过程。比如，将教学目标拆分为若干个子目标，把课堂划分为若干个环节，每个环节服务于相应子目标，每个子目标下有基于技术和学生认知水平的策略，并且对学生可能出现的偏离制定应对方案。

宽泛地说，教学策略与教学过程设计最为接近。但教学过程设计总体上是针对一堂课的总体教学蓝图，而教学策略是针对某个具体知识点或教学环节而开发的设计与调控方案。那么，如何将教学策略运用于学科课堂的教学中，提高教学效果，以尽可能减少对时间、精力、教学设施的投入，取得更好的教学效果，实现预期的教学目标呢？下面，将以教学理念和教学目标为指导，基于学生知识水平和认知规律，在教学物理环境和媒体技术支持下，以培养小学生的数学能力为讨论范畴，就运算能力、空间想象能力、逻辑思维能力培养，给出具体的教学策略建议。

二、小学数学教学策略实施建议

（一）小学数学运算能力培养策略

1. 激发学生的运算兴趣

兴趣是最好的老师。激发学生的运算兴趣，使学生乐于计算，全身心投入计算中并获得成功的体验，是提高学生计算正确率的首要条件。教育心理学的研究表明，学习兴趣是学生学习动机中最现实、最活跃的成分，只有当学生对它产生了浓厚的兴趣，真正喜爱所要学习的东西时，才能够真正地学好它。经验是引起学习的基础，学习常常是与一些特定的社会背景相互联系的。只有在真实的情境中学习，才能有利于学生的意义建构。通过创设情境，开展情境学习，学生才能把计算当作一种工具，利用自己的所学，通过计算解决一些实际生活中的问题，体会计算在现实生活中的价值。

（1）实现问题情境与数学化有机融合

一般来说，由于计算的抽象性，数学计算教学内容大多相对枯燥。教材上呈现计算题的方式都是比较单调的，一些学生不喜欢，甚至感到害怕。这就要求教师在备课过程中，尤其是在钻研教材的过程中，深刻理解并能够创造性地使用教材，甚至可以根据本班学生的实际情况，适度改编教材，丰富计算题的呈现方式，使学生能够在学习期待中开始计算学习。

实现问题情境与数学化有机融合，提出数学问题，并能解决这些数学问题，才会引发并激励学生的思考。让学生体会计算在实际生活中的意义与价值，课堂教学才会有活力，学生也才会有更浓厚的兴趣学习。比如，教师不能一味、按部就班地“执行”教材，对于教材中不符合学生生活实际的主题图，要学会有选择地灵活运用。

案 例

小数乘以整数这一教学片段，可以调整教材中的内容，从学生的实际生活中选取素材。先让学生出示课前调查的蔬菜价格：茄子每千克 3.8 元，黄瓜每千克 2.9 元，西红柿每千克 4.5 元等，根据学生的调查结果，让学生各买 5 千克，问需要多少元？①

---

① 张洪霞. 小学数学计算教学策略研究[D]. 东北师范大学，2012：8.

评析

如此设计，能使学生感到生活中处处有数学，并切实体验到身边处处有数学，用数学可以解决生活中的实际问题，还可以培养学生适应社会的能力。

(2) 创设情境，让学生体验数学和日常生活的联系

动是儿童的天性，在教学过程中，只有让学生自己亲手做一做，才会让他们懂得的更多，理解得更透彻。教师完全可以抓住学生的这一特点，教学时适当引导学生主动操作。比如，数一数、摆一摆、分一分、拼一拼、画一画等，使一些很抽象的数学概念更加形象化和具体化。让学生可以在动手操作中去理解新知识的来源和发展，使他们感觉到思维之趣、参与之乐、成功之快。

在实践中让学生体验学习与日常生活的密切联系是当前数学课程改革的重点之一，儿童获取知识、发展能力的最有效的途径之一是积极主动地参与教师的教学活动。低年级学生掌握的数学知识相对较少，接触的社会面也较窄。在数学的教学实践活动中，教师就应该多采取一些模拟现实与数学游戏相结合的教学模式，选择学生日常生活中经常遇到的活动内容，比如，跳绳、踢球、赛跑等，提出相关的数学问题。这样就可以给学生亲切感，让学生感受身边处处有数学，体会数学独有的魅力。

2. 引导学生领悟算理

学生学习方法是否科学与正确，直接影响着学生学习效率的高低。因此，学习方法比知识更重要。教学过程中，要使学生“学会”而且能“会学”。小学数学计算学习中，学习方法是计算的算理。即为什么要这样计算？我们是怎样得到计算方法的？应该刨根究底，借助生活中的模型结合直观演示学生也就能慢慢地掌握了。准确的计算必须构建在透彻理解算理的基础上。学生头脑中只有算理清楚，法则记牢固，在做计算题时，才可以有条不紊地计算。

(1) 明确算理，事半功倍

学生只有在充分理解计算的道理，才会理解并掌握计算的方法，准确、快速地计算，才能“创造”出有效、简捷的计算方法。所以，教师要启发学生深入探究计算原理，帮助学生运用已有知识领悟计算的原理。

案例

整百数乘一位数的口算中，在学生得出可以口算的基础上，教师必须追问一句：“为什么可以直接口算得出结论?”让学生的思维进入深层次的理性思考：算式里面有几个百，把每个百都可以当成了一个整体，以方便计算。

评析

在算法和算理之间架起一座逻辑思维的桥梁。对于学生来说，不再是人云亦云、囫囵吞枣。这样，不仅对口算整百数乘一位数的计算方法有了理性认识，也为以后更多的计算学习打下扎实基础。在计算教学时，教师要用心设计、想尽办法，让学生清晰理解并掌握计算的算理，这样才能真正地掌握计算的算法。

(2) 寻找实际问题中蕴含的算理

正如荷兰著名数学教育家弗赖登塔尔说的那样,“数学是现实的,学生从现实生活中学数学,最终还要把学到的数学应用到现实中去”。同理,只有在计算和学生的实际生活融合了,计算才会是活的、具有生命力的,才会更有效地让学生的数学素养得到提高。既然如此,教师应该为学生创设一定的计算空间,引导学生把计算最终应用到实际生活中去。

案例

乘加、乘减两步计算应用题教学时,先要引导学生解决一个实际的问题。可以把教材中的主题图改为:六一儿童节到了,幼儿园的老师给 30 名小朋友们发小玩具。老师两个、两个地数,在数了 5 次后,发现还剩 3 个。请同学们帮老师算一算,玩具的数量够不够?如何列式呢?结合平时的生活经验,学生会很快列出算式:5×2+3=,并自然地按照从左到右即先乘后加的顺序计算。

评析

我们发现,算法、算理同样有其现实的含义,要从应用中得出算理算法,再让算理算法融入应用中去,不失为化枯燥为有趣、化抽象为具体的一个良好方法。通过把数学知识和实际生活相联系的活动来增加学生的兴趣,让学生在解决实际问题的过程中培养计算能力,达到让计算回到现实生活中的目的。

(3) 直观演示强化算理

由于小学生的思维特点以直观形象思维为主,抽象及想象能力比较差。特别是低年级学生,他们好奇心强、求知欲望高,综合分析问题的能力较弱。教师合理使用教具、学具等实物直观;多媒体,图片等模像直观、辅以言语直观;鼓励学生在课堂中参与动脑想一想,动手做一做,动眼看一看,动耳听一听,动口说一说,多感官参与。丰富学生的感性认识,从而促进逻辑能力的发展和对算理理解能力的提高。这里需要注意的是教师示范的各种直观物要足够大、足够清晰、分辨度对比性要强,教师的直观演示一定要符合学生的观察思考规律,不能过快或者过慢,使学生高效地去观察、思考。

案例

加法的初步认识

师:小朋友们,如果我们用小棒摆出 3+2,该怎么摆呢?先摆左边,左边摆几个?

生:左边摆 3 个。

师:(在左边摆好小棒后)提问;那右边摆几个呢?

生:右边摆 2 个。

师:(在右边摆好小棒后)提问:左边 3 个小棒,右边 2 个小棒,一共几个小棒?

生:一共有 5 个小棒。

师:你是怎么知道的?

生1:我是数出来的。

生2:因为3个和2个合起来是5个。

评析

由于孩子第一次接触加法,加之低年级学生的动手能力比较差,模仿能力比较好。所以,对于难度大的操作,教师的示范操作给孩子的动手操作提供了模板。通过教师的示范操作、同伴的引领操作,使全班同学有序思考不同的方法,促进学生思维发展,有利于理解算理。如果没有教师的示范操作,学生可能不明白怎么摆放小棒形成3个加2个的情形。低年级的学生自控能力差,学生操作的过程中如果缺乏示范和引导,很可能会把数学课变成一堂脱离教学目标摆弄学具的活动课。

(4) 多重方式展示算理

领悟算理,导出算法,建构良好的认知体系,从而使学生形成计算技能至关重要。否则,即使能准确地计算出结果,也只是机械的接受式学习,导致算理学习的思维混乱、效果不佳。所以,教学时应引导学生说出算理。学生既要对计算法“知其然”,也要做到“知其所以然”,在理解算理的基础上掌握计算方法,最后形成计算技能。

案 例

两位数减一位数的退位减法教学中,鼓励学生用自己的方法计算35－7＝,充分调动学生的创造性思维,鼓励学生从不同角度思考解决问题。在学生小组合作学习的基础上,总结出以下几种方法。通过板书集中展示,鼓励小组代表说一说自己的想法。

方法一:35分成30和5,30－7＝23,23＋5＝28

方法二:35分成20和15,15－7＝8,20＋8＝28

方法三:35分成25和10……

以上方法都是利用数的组成,顺向思维,化归为不退位减法进行计算。

方法四:各位5减7不够减,差2,就从30里面再减去2,30－2＝28。

此法是一种逆向思维法对理解算理有很大的帮助作用。

方法五:竖式计算:(略)

充分展示和交流之后,鼓励全班同学们想一想,比一比,哪一种方法又快又正确,并能够从中得出计算的算理。

评析

该教学过程不仅给学生展示的空间,使学生的思维得到发展,也帮助其更好地理解退位减法的算理。

由此可见,真正培养学生创新精神和创新能力的实践活动,必须是学生的自主活动,必须有观察、想象、假设、推理、探究等高层次思维活动的参与,学生的活动应该由指令性向自主性转变。因此,在计算的教学中,教师要精心设计,大胆放手,引导学生自主探索、同伴交流,多重方式展示,多角度思考,主动获取知识。

3. 加强运算训练

(1) 重视口算,激活心算

口算是一种比笔算更为复杂和内隐的心智活动,有利于发展学生的注意力、记忆力(瞬时记忆)和创造性思维能力。所以,我们在计算教学中,需要特别注重对学生口算能力的培养。

① “视听”算式训练策略

正确读算式是计算过程的第一步,它的作用相当于解决问题过程中的审题,读算式时学生会对数字及算式意义有一个初步的感知和理解。因此,学生能够正确地读出算式就是口算的起步阶段。“说”阶段要求学生能正确读出算式中的数字、符号,能读明白算式的意义、能根据读的情况得出算式对应生活中的数学模型。比如,1+3 读作一加三,在生活中可以表示把 1 个苹果和 3 个苹果合起来一共有几个苹果。

想清楚和说明白是两个层面的问题,所以可以设计同学们针对读算式进行“说算理”环节,说的过程涉及言语组织,思维加工处理,可以加深对算理理解、计算步骤的熟练以及计算形式的巩固。

② 提升口算速度策略

运算速度是运算熟练程度的重要标志,也是运算理解程度的重要体现,可以设计趣味游戏实现速度训练。比如,扑克牌速算训练。小组三人,两人各抽出一张扑克牌,小组第三人快速说出扑克牌点数之和(差、积、商)。轮流进行,比赛计时,注重提升注意力水平。口算训练的方法是多样的,目的是为了训练运算能力。可以参考相关书籍,或者教师结合自己经验有针对性地整理归类。

(2) 强化笔算训练

人们往往把竖式计算称为笔算,这一说法是相对横式计算而言的。笔算高效准确地展示计算过程,体现算理,讲究规范性,可以培养学生一丝不苟、认真负责的良好学习态度,还可以养成书写工整、格式规范等书写习惯,培养学生的有意注意,提升计算准确率和速度。

培养检验和验算习惯也是笔算学习的重要任务,把检查、验算当作计算中不可缺少的重要步骤,有利于学生总结经验,提高计算准确率。检验一定要做到逐步检查,耐心细致:一是检查是否抄错题目中数字;二是检查是否书写马虎,计算过程和结果有无错误,发现错误及时纠正;三是指导学生掌握验算的方法,注重培养学生良好的检查及验算习惯。同时,教师也要结合教学内容和特点,教给学生不同的验算方法,比如,逆算法、重算法,笔算、口算相结合的验算方法等。

(3) 重视估算

随着生活繁复程度的增加,现实生活中有大量事实是不可以、也没必要进行精确计算的。比如,点菜时事先估算餐费、外出游览时估算花费、估计完成一件工作所需时间、铺地面需要多少块地砖等。估算就是对运算过程与结果进行近似或是粗略估计的技能,是理解算理,化归计算方法、提高计算能力的重要手段,也是保证计算准确的重要环节。估算有着重要的作用,不但可以估计出计算结果的取值范围,而且为计算准确性创造了条件。养成估算习惯,可以主动、迅速地运用直觉思维做出判断,指导问题解决的方向,增强学生行为的计划性,使学生思维更灵活、更敏捷。

估算不但可以作为检验手段对结果进行检验,还有利于发展学生的思维能力。因为,估算需要对问题进行观察、分析和思考,估算过程就是逻辑思维过程,从而有利于学生思维能力的发展。

案 例

吴正宪老师估算一课的教学片段①

青青和妈妈一起到超市购物。(屏幕出示五种商品的价格:48 元、16 元、23 元、69 元、31 元)

妈妈的问题是:带 200 元够不够?

讨论的问题是:在下列哪种情况下,使用估算比精确计算更有意义? 请大家独立思考,做出判断。

① 当青青想确认 200 元钱是不是够用时。

② 当收银员将每种商品的价格输入收银机时。

③ 当青青被告知应付多少钱时。

学生经过激烈的讨论,体验在什么情况下需用估算,在什么情况下要用准确计算。

评析

让学生在非常自然的问题情境下,感受估算与精确计算的价值,体验“具体问题具体分析”的深刻道理。

“人人都能获得良好的数学教育,不同的人在数学上获得不同的发展。”是新课程标准赋予我们的理念。运算能力是小学数学的三大能力之一,分析学生在计算学习中出现的问题,制订合理高效的教学策略,组织学生积极探索算理、算法,让学生在实践探索的过程中实现个性、情感等多方面的发展,实现计算学习由知识、技能性学习向探究性、创新性学习的转变,从而提高计算教学的有效性。

(二) 小学数学空间想象能力培养策略

小学数学空间想象能力培养主要通过“图形与几何”板块的学习完成。“图形与几何”在小学数学中可以分图形的认识、图形的测量、图形的运动和图形与位置四部分,这四部分相互渗透,逐步递进。

1. 图形的认识教学策略

(1) 多感官参与,表征图形本质特征

注意学生运用多种方式表征几何图形的本质特征,让他们在感官参与下认识图形。

① 可参见,吴正宪,执教的“估算”实录片段与思考,http://blog.sina.com。

案例

北师大五年级下册的折叠课[1]

剪一剪：发给每位同学一个折好的正方体，试着剪一剪，验证同学们的想象对不对，让剪得快的同学根据剪开的展开图，从前面教具(展开图)中找到与自己剪的一样的贴在黑板上。

找一找：让学生仔细观察黑板上的展开图有没有重复？(学生剪出来的)分析为什么同一个立体图形剪出来的不一样，这些展开图有什么相同之处等。

折一折：相同的正方体可以得到多种不同的展开图，让学生再次将他们展开的图折回原样。

说一说：说出给定的展开图是由哪个立体图形展开的、剪来的。

画一画：画出给定立体图形的展开图。

评析

教师设计多种活动方式让学生认识平面与立体的关系。通过剪一剪、找一找、折一折、说一说、画一画来表征图形，反复熟悉这些几何体与平面图形之间关系的本质特征。教师教得容易，学生学得轻松。

(2) 回归应用，加深认识

学数学、用数学是小学数学的重要培养目标，也是课堂教学的重要抓手。教学中不能缺少学生体会数学的实际应用价值，将学到的知识再应用于生活。目前，教师普遍重视从生活中的实物抽象出图形的过程，“将图形及其特征应用于生活中去”的思想意识还不够。但将知识带入生活才是学习的本质，才会让数学学习富有意义，这就需要教师的尝试和思考。比如，学习初步认识长方体、正方体、圆柱和球等立体图形时，让学生在家中找一些立体图形来辨认；在学生会辨认图形的基础上，再去生活中寻找立体图形，归类并谈谈自己的感想。

2. 图形的测量教学策略

(1) 紧扣认知能力，设计测量策略

教师给学生提供现实素材后，让学生经历探究过程，不仅有利于学生解决实际问题，还对学生认识图形特征和图形间的相互关系尤为重要，有利于发展学生的数学思维和空间观念。比如，“圆的面积”的学习。课本给出的解决策略是“开普勒圆”的解决办法，即像切西瓜一样将圆切割成若干个扇形，然后将扇形拼成近似的平行四边形，引导学生发现平行四边形与圆的半径周长之间的关系，进而得出圆的面积公式。充分调动学生的创造性思维，结合前面所学的图形面积，鼓励学生自由尝试和解决圆的面积问题，留给学生足够的探究空间：

① 孙倚然. 小学数学“图形与几何”教学策略研究[D]. 渤海大学，2014：21.

① 用圆的内接正方形代替(图 3－5)

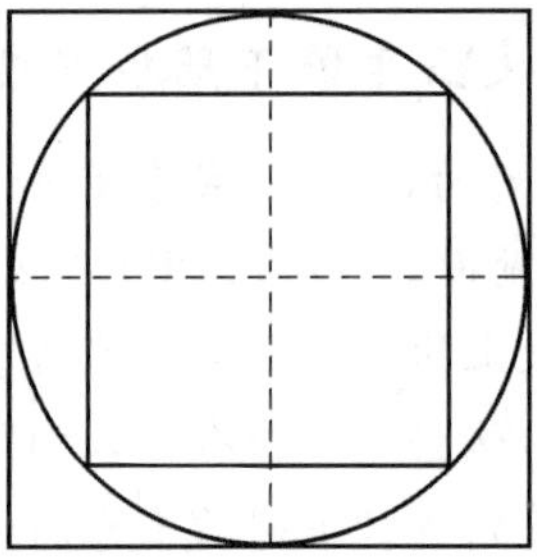

图 3－5　圆的内接正方形代替法

学生把一个大的正方形放在圆里面,然后求出正方形的面积,但是其余的四个小块还不知道怎么求解。求解正方形的面积时,不能得出正方形边长和圆的关系。

② 用圆的内接多边形代替

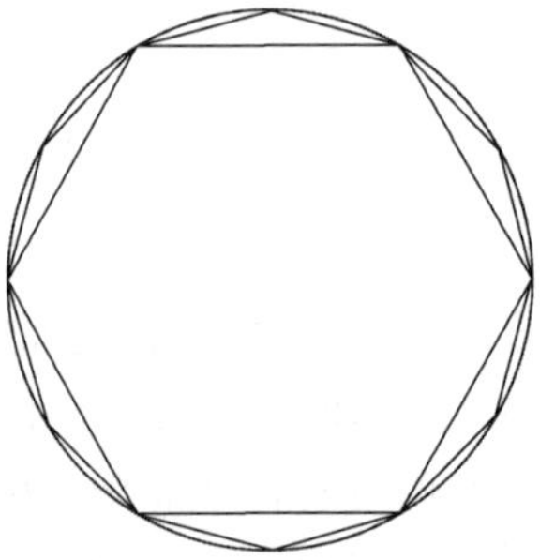

图 3－6　圆的内接多边形代替法

这是我国古代割圆术的再现,极大地开发了学生的思维能力和空间想象力,但由于学生知识储备所限,仍无法完成正多边形面积的计算,进而无法完成圆面积的计算。在学生困惑之际,教师引导出符合小学认知能力的“以曲代直”的办法,再按照课本上的办法,共同解决圆的面积的计算问题,拓展学生的空间想象能力。

(2) 多种方式测量,体会测量意义

教学应提供大量实际测量的机会,鼓励学生运用不同方法测量,提倡小组合作与交流,体会统一测量单位的重要性。比如,测量长度的学习。教师可以鼓励学生结合生活经验,尝试用不同“单位”测量某一物体的长度。有的学生可能选择用铅笔的长度、橡皮的长度测量讲台的长度,这些铅笔的长度、橡皮的长度就相当于一个“单位”。在测量过程中,有的学生得到 3 支铅笔长,有的学生得到 15 块橡皮长,不同的同学给出了不同的测量工具,初步感知测量工具的重要性。教师鼓励学生在长度测量、面积、体积、角度的测量活动中,逐渐体会测量的意义。最后在教师的引导下讨论、比较,体会要使计算的表达更方便,必须统一测量单位。

此外,还应加强不规则图形测量的尝试。测量过程中,理解被测(长度、面积、体积)的意义,感知蕴含的数学思想,增强空间想象能力。估测是大致把握测量结果的范围,避免出现身高 13 米，房间面积 300 平方厘米等不合理的结果。先估测后实测，做到实测与估测有机结合。有利于学生理解测量单位的实际意义，发展估测能力。比如，测量头发的长度、鞋底的面积、水果的体积等。鼓励学生认真观察生活中的物体，分析某一物体的多种测量属性(如体积、高度、某一面的面积)，分别将它们与标准测量单位进行比较。

3. 图形的运动教学策略

图形的运动通常可以理解为是由一个图形按照某种规则(平移、旋转、对称及简单的图形相似)变成另一个图形的过程，它既是结果(得到另一个图形)，又是过程(按照规则实施操作)，是从动态角度探索和认识空间图形性质，发展学生空间观念和思维能力。教师要采用灵活多变的教学策略。操作活动对学生感知图形运动尤为重要，它能让学生亲身体验图形的变换过程。教师要为学生提供一些操作素材、鼓励学生的操作活动，使学生理解和体会图形运动过程的内涵。

案 例

三年级平移与旋转

在黑板中央贴一张卡通人物图片，请一位同学按照口令移动。第一个同学发出口令："向上平移""向左平移""向下平移"等。在平移过程中，有意识地引导同学们关注图片的方向。学生会惊讶地发现原来图片在平移时，自身方向一直没变。

再通过屏幕展现一道有趣的题目：你是一名出租汽车公司的调度员，你的任务是应客户要求，调度车辆到达客户指定的地点。你能做到吗？试一试吧！老师同时提出活动要求：先独立思考小汽车做的是什么运动，平移还是旋转？再观察它移动的方向，移动了几个格子，并记录下移动的过程。借助移动着的小汽车学具，进一步感受平移方向的变化。

评析

通过操作活动直观感受平移和旋转，有趣的操作活动激发了学生的兴趣。教师启发和鼓励学生打开思路，设计多种接车方案。体会平移运动中的变和不变，提升平移运动的空间想象和理解能力。

4. 图形与位置教学策略

这部分内容对于小学生而言并非难事，有丰富的数学现实和数学经验，学起来便会相对容易。但对教师而言，这部分的教学要谨慎，要有逻辑性、条理性和系统性，要在引导他们识别位置的同时，培养他们的语言表达能力。

一年级"方向与位置"教学中，会看懂生活中的线路图，既是一种生存能力，也是学生从熟悉的环境中积累活动经验的一条有效途径。在此基础上，教师应把重点转移到如何刻画和描述图形位置。比如，鼓励学生讨论在电影院中是如何确定座位的。确定位置一般需要几个数据，鼓励学生观察在不同地图中刻画地点的不同方法。有条件的话，还可以向学生介绍生活中确定位置的方法。比如，海上确定航行船只位置的方法是利用船只相对于两个观测点的方位角确定的。

针对现实问题的讨论，学生将感受确定位置在生活中的重要性，体会数学对确定位置的重要作用，抽象出图形位置确定的共同特征。教师可以鼓励学生适当抽象具体情景，比如，在讨论教室中如何确定位置时，将学生抽象成点，那么横行和竖列就组成了方格纸，这样就变成了在方格纸上确定点的位置。在此基础上，自然地引入用数对来描述位置。用数对确定位置的教学中，需要用不同手段引导学生，描述一个平面上用两个不同方向(维度)的量来描述。注意量的先后性，用准确的语言描述后，再体会这样描述的好处和严谨性。

(三) 小学数学逻辑思维能力培养策略

人类思维活动是多种多样的，基于皮亚杰的认识发展理论根据凭借物和解决问题的方式，心理学认为人类思维发展分为以下几个阶段：直观动作思维。主要是婴儿期(1 岁以后)的思维特点，该阶段婴儿只能概括事物的一些外部特征，思维在对物体的感知、动作中进行。比如，用双手伸开比画自己对妈妈的爱有多少。具体形象思维。主要是幼儿期的思维特点，一般从 3 岁延续到小学低年级。儿童思维时可以摆脱对动作的直接依赖，凭借事物的具体形象或在头脑中形成的表象。该阶段儿童能进行一些初步概括，但概括出的特征很多是外部的、形式的。抽象逻辑思维。它是以抽象概念为基础的思维，又分为两个阶段。形式逻辑思维(简称逻辑思维)，是抽象逻辑思维发展的初级阶段，也称为普通思维。辩证逻辑思维(简称辩证思维)，是以对立统一为核心规律的思维。它是抽象逻辑思维发展的高级阶段，必须在形式逻辑思维的基础上才能形成。

小学阶段儿童思维的发展阶段是从具体形象思维向抽象逻辑思维为主要形式的过渡期，存在着一个飞跃或质变的转折期，这个转折期也是小学生思维发展的“关键年龄”。经实验研究，我国儿童思维发展的关键年龄一般出现在小学四年级(约 10～11 岁)。如教育条件适当，这个关键年龄可以提前到三年级。但如果教学不得法，这个年龄期也可能延伸至五年级。

基于此，数学教学的核心之一是发展学生的数学思维能力。在课堂教学中，应围绕数学思维能力的内涵，坚持发展性、整体性和持续性相结合原则，促进学生数学思维深刻性、广阔性、灵活性、独创性、敏捷性和批判性六个方面品质的发展，推动学生思维水平的提高，加快思维形式由直观形象思维向抽象逻辑思维的转变。

(1) 坚持能力发展引领下的知识教学

哈佛大学有句名言：“成功者和失败者的差异，不是知识也不是经验，是思维能力。”人一生的思维发展过程中，需要经历几个不同的“关键期”。小学数学教学中，应树立正确的教学观念，把培养学生良好的思维习惯、发展思维能力，作为数学教学的核心内容。

华罗庚教授曾说过，不要只给学生吃做好了的饭，更要让学生看做饭的过程。课堂教学引导学生探究问题时，一定要更多关注实验过程的真实性和采集数据的可靠性，从小培养学生科学客观的实验精神。不能一味追求得出结论的课堂效果，葬送了学生理性研究和思考的能力。

案例

六年级上册圆的周长这节内容，课本上给出了测量数据。在教师的引导下，可以顺利完成周长比直径得出圆周率的过程。但这节课具有特殊性，是在长方形、三角形等“直边”图形周长学习的基础上，让同学经历探索周长公式的形成过程是必要的，应该放手让学生操作（滚动、绕绳等），得出数据，进行计算。虽然所得数据和 3.14 相差较大，也不能否定探究的过程。

评析

如果教师不是更多地关注实验过程的真实可靠性，而是关注实验结果是否接近我们期望的结论。这样的学习过程得出的结论，恐怕只能是书本给出的结论、老师想要的结论，并非科学实验的结论。进而会浇灭学生对知识再生产、再创造的思考热情。

（2）凸显数学本质，启发数学思维

新加坡数学教育家李秉彝先生认为，数学教育要“上通数学、下达课堂”。对数学本质的刻画是打开学生思维的关键，不能一味地强调形式的形象性和多样性。比如，部分教师在创设好的情境导入、趣味性强的形式设计上花费大量心思，给人的感觉却是“为了情境而情境”，形式大于内容。

案例

一年级下认识人民币这节课，教师通过猜谜导入新课，通过课件逐条出示谜底信息并让学生猜：

1. 它是一种食品（生……）
2. 它原产于国外（生……）
3. 它是一种糖（生……）
4. 它的颜色为黑色（生：“巧克力！”）

师：“正确（拿出一块巧克力）！”

师：“猜猜老师这块巧克力多少元钱买到的？”

……

评析

这样刻意的导入激发了兴趣，但是分散了学生的注意力，和本节所要学习的内容几乎没有关联，更无从谈起对“感知不同人民币直接换算关系”的数学本质揭示了。

再如，负数认识的教学设计，基本是沿用温度计来引入的，这似乎已经成了一种惯性做法。但从教材中我们能够了解到，不仅温度有正负，生活中方方面面都存在正负，关键是我们如何利用这些素材帮助学生更好的理解这一内容。

从数学本质的角度，负数的根本属性是表示意义相反的量。一个负数总是某个正数的相反数，而“0”则是正数和负数的分界点。所以在引入负数概念的初期，就必须对“0”这个分界点给予特别关注，没有“0”，正负的概念就无从谈起。因此，弄清楚什么是“意义相反的量”、确定哪一点是分界点就是负数教学的关键。对此，一些教材也有涉及，但是到底什么样的素材更便于学生理解这个分界点、理解“意义相反”的本质呢？

张奠宙先生在文章中明确指出，所谓意义相反的量就是两类：一类是自然意义上的相反。比如，家庭的收入与支出、企业的盈利与亏损、游戏的赢与输，0 点就是平衡点；另一类则是人为规定的相反。比如，水的结冰点为 0，海平面的高度为 0 米。显然，从便于理解、易于解释、学生能够接受的角度来看，还是第一类“自然意义上的相反”更好把握，这也基本符合人类认识负数的历史规律。

张奠宙先生给出了三条建议：首先，引入负数，一开始就要明确提出“意义相反的量”的概念；其次，要先给出“0”点，然后才能谈正数与负数；最后，引入负数不能只用温度计模型，更重要的是用收入支出、赢与输等自然意义下的动态模型。根据以上三条建议，我们可以尝试先从自然意义上的相反出发引入负数；其次，介绍人为规定的相反意义的量要追问“0”在哪里；最后，通过多种变式练习，加深学生对负数意义的理解，渗透人文教育。揭示素材变化背后不变的数学本质，其意义一定要从减法封闭的理性思考中才能显示出来。

(3) 重视思维发展规律，注重持续培养

小学阶段学生的注意力不稳定、不持久，且常与兴趣密切相关，一般有意注意只有 20～30 分钟。记忆仍以无意识记、具体形象识记和机械识记为主。同时，学生对事物的感知处于笼统、不精确的阶段，能通过观察等手段发现事物的主要特征，但对事物各部分的相互关系缺乏深入理解。

案例

在一年级学习 9 加几时，学生根据计算按顺序写出算式找规律：

9＋1＝10　9＋2＝11　9＋3＝12　9＋4＝13　9＋5＝14　9＋6＝15　9＋7＝16　9＋8＝17　9＋9＝18 通过观察，学生能够发现：9 加几，其和的个位就等于几减 1。

评析

小学中低年段学生的思维在很大程度上是直接与感性经验相联系的，具有很大成分的具体形象性。但他们处在从具体形象思维为主要形式，逐步向以抽象逻辑思维为主要形式过渡的思维发展时期。不一定能发现这个规律的内在原理，所以教师的引导和启发是非常必要的。

又如，一年级上册学习《10 以内数的认识》时，学生要借助大量实物或图片数一数，数小木棒、数豆子、数水果图片、数动物图片等。通过这个过程，逐渐从实物直观中抽象出数概念，初步了解数所表示的意义。二年级学习 100 以内数的认识时，逐渐脱离实物，使用小棒和拨珠计数器来学习，表示数的结果。学习万以内数的认识时，学生根据十进制的计数规则对知识迁移，明确数位和计算法则，轻松地掌握“十个千是一万”，再在拨珠计数器和数位顺序表中分别表示出用万作单位的数，进一步掌握大数的读写和组成。

教学设计要符合小学生心理和思维发展特点，不能超前或拔高，追求甚至强化不符合学生心理和思维发展特点的过程；不能在学生难以消化理解的情况下，靠强化记忆、机械学习。当然，学生的思维发展也具有不平衡性和阶段性，并非一成不变。因此，在教学中要采取恰当的方法和手段，更多地关注思维培养的整体性和全面性，使各种能力均衡、协调统一发展。因材施教、遵循学生心理和思维发展，促进学生由具体形象思维向抽象逻辑思维发展，更好地开发学生的思维潜能，为学生未来数学发展打好基础。

本章小结

数学教学模式是通过对教学目标、教学内容及教学方法等因素，综合分析、详细研究、合理运用得到的成果，是将教与学的过程具体化、概括化。教学模式指导教学行为，教学实践又反作用于教学模式，促进教学模式的完善和更新。教学原则规范课堂教学行为，对突出教学重点，凸显数学本质，提升学生学习兴趣起重要作用。教学策略是教学模式和教学原则的程序化、系统化体现，表征为一系列的教学方法和手段，是高效、新颖、有趣、丰富课堂的保障。本章旨在提升学习者课堂教学设计的理念，规范课堂教学行为，丰富课堂教学手段，而如何有效实施需要在实践中思考总结。

思考与训练

1. 搜集整理小学数学中图形与位置的知识结构图。
2. 叙述强化笔算训练策略，并举例说明。
3. 结合实例，说明教学中注重思维发展规律的重要性。
4. 适度形式化教学原则应该注意什么？
5. 渗透思想方法教学原则主要途径有哪些？
6. 列举以理论联系实际原则为基础的一个教学片段，并简要分析。

第四章
小学数学教学的整体与局部设计

扫码查看
本章资源

> 艮其背，不获其身；行其庭，不见其人，无咎。
>
> ——《艮卦》

内容提要

本章在学习小学数学教学设计的基本理论的基础上，涉及教学设计的前期准备、目标设计与数学方案的局部设计，并结合案例辅助学习者理解。

关键词

小学数学教学设计；前期准备；目标设计；整体设计；局部设计

学习目标

1. 理解小学数学教学设计的概念与基本理论；
2. 掌握小学数学教学设计的准备工作程序及内容；
3. 掌握小学数学教学目标设计理论，会进行小学数学教学的整体与局部设计；
4. 经历小学数学教学整体设计与局部设计的过程，认识小学数学教学设计整体与部分的关系，树立教学设计的系统论思想。

学习策略

本章是教学设计的理论依据。进行小学数学教学设计之前，关于教学设计的概念、基本理论、准备工作、整体与局部设计含义有一定的理论准备。因此，本章学习需要充分阅读理论部分，结合案例加深理解，最后形成小学数学教学设计的技能。

与众不同的教学设计

"分数加减法"单元教学设计①

	内容安排	结构设计	递进目标
第一课时	分数加减法	分数加法教结构； 分数减法用结构。	① 了解分数加减法的各种类型，感受从特殊到一般的思想方法，会用枚举法提炼抽象分数加减法的计算方法；② 根据同分母加法的算理迁移类比学习，探索并掌握异分母分数加法的计算方法；能运用分数加法的学习结构，自主探究分数减法，提高类比学习能力；③ 通过沟通整数、小数、分数加减法的算理，形成加减法的整体认知结构。
第二课时	练习	探索合适、简便的计算方法。	① 能熟练地运用方法正确计算分数加、减法；② 能寻找并运用规律计算特殊的分数加减法；③ 在运用分数加减法解决问题的过程中，经历计算和估算融合渗透的沟通过程，进一步增强数感。

评析

整数加减法、小数加减法、分数加减法教学的方法结构、教学模式、思维结构是相互融通的。该设计抓住了单元教学主线，依据单元知识间的关联、递进关系进行条块融通，培养学生迁移和类比推理的思维能力。

你能看出以上单元教学设计的特点吗？为什么要这样设计，它有什么优点？如何形成教学的系统论思想？小学数学教学应如何进行整体和局部设计？

本章预备知识

1. 什么是教学设计？
2. 教学设计涉及哪些因素？教学设计的准备有哪些？
3. 什么是教学目标？教学目标设计理论有哪些？
4. 教学设计分几个部分？各部分如何设计和呈现？

第一节　小学数学教学设计的基本概念

小学数学教学设计是教师遵循数学教学过程规律，设计教学目标，对达到目标的过程

① 王灵勇．小学数学单元整体教学的实践与思考[J]．教育科学论坛，2021(6)：52.

进行科学谋划，并在教学活动结束后进行系统科学评价，以解决“教什么”“怎样教”和“教得如何”等若干问题，是小学数学教师开展教学活动的主要依据。

一、小学数学教学设计的内涵

（一）设计

“设计”一词在现代汉语词典中的释义有三种：第一“设下计谋”；第二“根据一定要求，对某项工作预先制定图样、方案”；第三“指搞设计工作的人”。[①] 在这里我们取第二种释义，指教师为教学工作预先制定的方案。

（二）教学设计

目前，学术界对于教学设计的定义，说法并不统一。加涅、帕顿、赖格卢特、梅瑞尔、肯普、鲍嵘、乌美娜等人都给出过自己的定义，大致可以分为三类：技术说、系统方法说及过程规划说。[②] 技术说认为，教学设计的本质是为了更好地教学，教学设计是建立在教学这一学科体系之上的，人们对教学的基础理论及内部规律的探究程度直接影响教学设计的呈现。系统方法说认为，教学设计本身就是一门学科，是一系列系统方法的构成。强调教学设计是为教学过程提出最优途径的学科，能够使学生按预期计划学到应掌握的知识和技能。[③] 过程规划说认为，教学设计是用系统论的方法分析教学资料和活动，确定教学目标和教学策略，在动态实施过程中实施方案并进行反思和评价的过程[④]。

上述三种学说共同反映了教学设计的几个特点：首先，教学设计的目的都是为了解决教学中的问题，为了使教学方案得到更好的实施；其次，教学设计本身也是一个技术过程，不全是理论的阐述，更多的是服务于教学实践，又具有较强的实践性；最后，教学设计不仅仅是静态的文字，而是一个动态的、不断调整着的过程。

（三）小学数学教学设计

小学数学教学过程主要涉及的因素有教师、学生、教学内容和教学目标。所以，小学数学教学设计可以解释为“教师根据学生的认知发展水平和课程培养目标，来制定具体教学目标，选择适当教学内容，设计教学过程各个环节的过程”[⑤]。

二、小学数学教学设计的特征

（一）指导性

小学数学教学设计是教师为教学工作顺利开展而预先设计好的工作蓝图，是教师进行课堂教学的重要参考。教学设计方案形成之后，就成为教师开展教学工作的依据。学年教学设计对于教师统筹安排整个学年教学进度，学时、内容分配有决定性影响。学期教

---

① 中国社会科学院语言研究所词典编辑室. 现代汉语词典[M]. 北京：商务印书馆，1996：1115.

② 陈晓慧. 教学设计[M]. 北京：电子工业出版社，2009：2，69.

③ 王光明，康玥媛. 小学数学教学设计[M]. 北京：教育科学出版社，2014：5 - 6.

④ 乌美娜. 教学设计[M]. 北京：高等教育出版社，1994：10，42.

⑤ 何小亚，姚静. 中学数学教学设计[M]. 北京：科学出版社，2008：4 - 5.

学设计则决定了整册教材各部分所需时间比重，对教师分配各单元学时，各种教学、实践活动规划具有指导意义。而单元、课时教学设计则对教师在课堂上如何导入、内容讲解、提问作答、练习与作业、时间分配等各个环节，都具有极强的指导性。

（二）整体性

教学活动是由教师、学生、教学内容、教学手段、教学媒体等因素参与的，一个较为复杂的系统。小学数学教师需要对其中各种要素进行统筹安排与整合，需要将教师的知识与能力、教学风格，学生的年龄特点、已有知识储备与生活经验、学习能力情况，教学内容特点、教学媒体与资源等因素做最佳组合，以使各因素资源达到最大限度的开发利用，实现教学效果最优化。

（三）创造性

教师劳动的复杂性决定了教师教学设计需要具有创造性。首先，教师需要对教材进行创造性处理。新课程改革之后，教师开展教学工作的最直接依据是课程标准，而教材也不再是固定不变的文字材料，而是一个较为宏观的教学工作蓝本，对教师的“教”和学生的“学”都留有较大的发挥空间。教师需要依据小学数学课程标准创造性地处理教学参考书、教学资源等。其次，在教学过程的各个环节，也因教师个人的不同教学风格而具有各自特点。

三、小学数学教学设计的理论依据

思想是行动的指南，教学思想是指导教师开展教学工作所依据的理念与观点等。小学数学教学设计的理论基础主要有数学观、数学教学观、素质教育观和系统观。

1. 数学观与数学教学观

数学观是人们对数学本质、规律和活动各种认识的总和。[①] 数学观反映特定时期人们对数学性质和特征的见解，包括对数学是什么和数学特点的认识。义务教育阶段的数学大多数是 17 世纪以前的数学，也称常量数学或初等数学，以古希腊数学为代表。17 世纪，解析几何与微积分的创立与发现，使数学研究从常量数学时期进入了变量数学时期。之后的数学研究中，数学分支越来越多、越来越细，且每个分支都建立了自己的数学系统。随着数学研究的不断深入，数学家对于数学基本观念、数学本质和数学知识性质的认识发生了许多转变。现代数学的发展在各分支领域出现了前所未有的内在统一。当下数学观呈现以下变化：一是公理化、形式演绎仍是数学的特征之一；二是在计算机技术支持下，数学注重应用；三是数学不等于逻辑，要做“好数学”。[②] 因此，在小学数学教学设计时以什么样的数学观为指导是极为重要的。

基础教育课程改革明确提出数学教育对提高公民科学文化素养、培养理性精神、形成完整人格具有重要的作用。从数学本身看，数学具有工具性、实用性等显性价值与文化性等隐性价值，这是构建当代小学数学教育价值体系的必要前提；从教育的视角看，数学教

① 曹一鸣，张春生. 数学教学论[M]. 北京：北京师范大学出版社，2010：10.

② 张奠宙，宋乃庆. 数学教育概论[M]. 北京：高等教育出版社，2004：141.

育成为联结科学和人文教育的桥梁；从数学教育改革发展的走势看，数学教育价值的多元化、综合化成为追求的目标。① 为此，小学数学教学设计的着力点应在培养人上，充分实现小学数学教育中的科学价值和人文价值。人文主义教育观将会更多地从人文角度选择教学方法，如讨论法、直观演示法等；科学主义教育观将会更多地从经验、实用的角度选择教学方法，如讲授法、练习法等。

2. 素质教育观

全面实施素质教育，贯彻党的教育方针是21世纪我国教育改革发展的战略。坚持以人为本，以立德树人为根本任务，重点是面向全体学生，促进学生全面发展。这一观念是国家教育方针的落实，也是小学数学教学设计必备的基本观点。

(1) 学生全面发展

全面发展要求小学数学教学设计，注重学生学习数学基础知识与基本技能、发展基本数学思想、形成数学基本活动经验，培养学生发现问题、提出问题、分析问题、解决问题的能力。坚持立德树人，渗透思想品德教育，注重学生健全人格的形成与发展，在全面发展的基础上实现个性发展、主动发展。确保学生在小学数学课程目标要求的各个方面都有所发展，并为实现整体教育目的"添砖加瓦"。

(2) 面向全体学生

小学数学教学设计要体现尊重每个学生，不放弃、歧视任何一个学生，不讽刺、挖苦、体罚学生。为每个学生创造发展的条件，最大限度地开发学生的潜能，用综合体系、全方位、多尺度评价学生数学学习的发展水平，让优秀学生不断涌现，达到个人发展的较高水平。进行教育资源分配时，要做到让每个学生有均等享受教育资源的机会，如课堂互动、教具使用、教师辅导、作业布置与批改等。

(3) 坚持学生主体

小学数学教学设计强调学生是学习的主人，让学生主动参与、积极思考，激发学生强烈的求知欲，变被动接受为主动进取，鼓励学生敢于发表不同见解，塑造学生独立人格，发展学生分析解决问题、语言文字表达、动手实践、获得新知识、自我调控、创造性思维和适应社会的能力。这要求教师在小学数学教学设计时，要时刻坚持学生主体思想，明确自己是学生学习指导者与辅助者的角色。保证学生有参与课堂的机会，确保学生有一定量的课堂时间与空间支配权利。

3. 系统论

按照系统论观点，教学系统是教师、学生、教学内容和教学资源四个最基本要素相互作用有机组成的系统，要素之间相互联系形成一个结构。从系统论观点来看，小学数学教学设计具有整体性、层次性、动态性。系统论作为小学数学课程与教学论的指导思想，要求小学数学教学设计坚持系统化、整体化思想，综合考虑教师、学生、内容、资源等目标设计影响因素。确保教学设计在系统论的指导下更好地协调配合各方面因素，使教学达到最佳效果。

---

① 孙雪梅. 数学教学设计团[M]. 哈尔滨：哈尔滨工业大学出版社，2014：6.

四、小学数学教学设计的原则

小学数学教学设计必须以学生的发展为本，以学生的学为主，而不是以学科为中心的教程设计。小学数学教学设计应遵循以下原则：

（一）目的性原则

小学数学教学目标既确定了学生学习的起点，又指明了学生的学习方向，还明确了小学生学习的具体要求，并规定着数学学习评价。理论上，小学数学教学设计是在教师对课标、教材、学情分析的基础上，精准确定教学目标，并以多种方式向学生传递教学目标的具体要求，为数学学习评价做准备的过程。实践上，教师在小学数学教学设计时，不仅要制定出明确的教学目标，还要选择教学策略来落实教学目标。

（二）系统性原则

小学数学教学设计是一项系统工程，由教学目标和教任务分析、教学内容和方法的选择以及教学评估等子系统所组成，各子系统既相对独立，又相互依存、相互制约，组成一个有机的整体。只有当这些子系统达到和谐完整的统一时，教学才能取得最佳的整体效益。因此，小学数学教学设计要从整体出发，用系统的思想和方法对各子系统及其相互关系做出分析、判断和调控，做到整体与部分的辩证统一。即从“学什么”入手到“怎么学”，确定教学目标，选择教学策略，确定评价方案，从而实现教学系统的整体优化。

（三）可行性原则

小学数学教学设计可行必须具备下列条件：一是教学设计的起点立足于学生已有知识基础、最近发展区，利于学生潜能的挖掘，利于学生学习；二是教学媒体选择简便易行；三是教学设计能指导教学实践，能在课堂教学中实施，具有可操作性。

（四）发展性原则

学生全面发展既包括全体学生的发展，又包括每个学生在知识、技能、情感等方面的全面发展以及个性的充分发展。小学数学教学设计以促进学生全面发展为落脚点，不仅关注学生作为“一个完整的人”的智力与人格的自由、全面、协调发展，而且关注人与自然、社会以及人与人之间的和谐发展；既注重学生数学学习主体性的发挥，利于培养学生个体首创精神，又注重发展学生的智慧和能力，也利于学生形成积极的情感态度以及正确的价值观。

（五）过程性原则

数学教学活动的过程性要求还原知识的发现过程，思考数学知识产生的背景原型，数学知识结构形成、推广与发展的过程，数学概念产生、归纳、概括的过程，问题解决的思考探索过程，问题解决的数学建模过程，数学活动经验形成的过程等。还原学生数学学习的思维过程，包括“再创造”的过程。小学数学教学设计中，教师要按照过程性原则创设教学情境，为学生构建“从具体到抽象、从特殊到一般、从片面到全面”的思维通道，引导学生比较、分析、归纳概括，在抽象中建立新的知识结构。强调小学数学教学设计的过程性，让学生获得数学基础知识、基本技能的同时，形成基本的数学活动经验、基本数学思想和思维能力。

五、小学数学教学设计的呈现形式

(一) 叙述式教学设计

叙述式教学设计是指按照先后顺序叙述各个教学环节,尽可能呈现各个环节教学内容和教学方法,从而使教学活动顺利进行,完成既定目标。在重点环节附上教师关键性的提问,并对某些环节的设计意图进行简要说明。

此种设计形式能够比较清晰地表现出设计者的整体教学思想、教学目标和教学流程。同时,叙述式教学设计比较简洁,为教师课堂教学留下了很大的发展空间。因此,叙述式教学设计比较适合有一定教学经验、课堂调控和驾驭能力较好的教师使用。

(二) 表格式教学设计

表格式教学设计是指采用表格的形式来呈现各个教学环节。表格里一一对应呈现教师和学生的相应活动以及设计意图,从而使教学活动顺利进行,完成既定目标。

表格式教学设计能够模块化地展现出教师教学设计意图、教师活动和学生活动。同时还有助于评价这三者的对应关系,即判断相应师生活动是否符合教学设计意图。

表格式教学设计的缺点是结构比较宏观、语言比较平淡,不容易应对教学中的即时生成情境,一般比较适合成熟教师使用。

(三) 对话式教学设计

对话式教学设计是指采用师生对话的形式来呈现各个教学环节,对教师的语言、学生的回答做出充分的预设,从而促使教学活动顺利进行,完成既定目标。一个对话式教学设计好像一个剧本,生动描绘一节课的细节。

对话式教学设计生动细致地展示了课堂教学的过程。教师的教育理念、教学方法、学科教学素养和教育实施能力都可以生动地刻画出来。当然,对话式教学设计仅仅是一个教学设计,不可能真正预料课堂上将会发生的每个细节。因此切不可将此教学设计原封不动地搬到数学教学的真实课堂上,希望课堂如同设计中的一样。更为重要的是,对于新教师和准教师来说经常开展对话式教学设计,有利于精炼自己的教学语言,对教学技能的提高有较大帮助。

六、小学数学教学设计的意义

(一) 保证课堂教学顺利进行

小学数学教学设计是为数学教学活动制定蓝图的过程。通过小学数学教学设计,教师可以整体把握数学教学活动的基本过程,根据数学教学内容和教育对象的特点,确定合理的教学目标、适当的教学方法,采用有效的教学手段,创设良好的教学环境,实施可行的评价方案,从而保证教学活动顺利进行。教师还可以有效掌握学生学习的初始状态和学习后的状态,及时调整教学策略、方法,采取必要的教学措施,为下一阶段的数学教学奠定良好基础。从这个意义上说,小学数学教学设计是数学教学活动得以顺利进行的基本保证。

（二）确保课程目标的实现

小学数学教学设计的根本意图是实现教学过程的优化，提高教学效率和教学质量。它将数学教学活动的设计建立在学习理论、教学理论、系统论与传播理论基础上，以学习结果所达到的目标为线索，以前端分析教材知识结构及学生逻辑起点、现实起点和课标为基础，确定教学目标、重难点。以教学目标为依据，设计解决数学问题的方案，选择相应的教学策略和适当的教学媒体，拟定数学教与学的效果评价，为数学教学活动提供行动纲领。显而易见，小学数学教学设计是课程目标整体实现的必要条件。

（三）实现小学数学课堂教与学的统一

小学数学教学设计的目的是在数学教育理论的指导下，运用系统方法分析、评价教学任务、教学对象、教学目标、教学内容、教学方法、教学形式以及教学手段，构建最优化的教学过程和教学结构，使教与学达到最优化的状态。一个好的小学数学教学设计，是以教学任务为基础，以学生认知基础为前提，选择适合教师的教学方法和有利于学生知识建构的学习方法，是一个优化的教学结构，有利于课堂教学教与学的统一；一个差的小学数学教学设计，要么教师独霸讲台，要么任由学生信马由缰，成效低下甚至毫无效果。因此，小学数学教学设计是实现数学课堂教与学相统一的前提。

第二节　小学数学教学设计的前期准备

小学数学教学设计是一项涉及多个因素的复杂性工作，需要教师在活动开始前周密考虑教学设计所牵涉的各个因素，如教师、学生、教学内容、教学媒体及教具等，依据分析结果对教学方法、课时安排等做出决定。

一、备教材

教材一词含义较广，在辞海中的解释为"有关讲授内容的材料，如书籍、讲义、图片、讲授提纲等"，其中以教科书为最具代表性。所以，这里以教科书指传统意义上教材，它是在数学教学过程中，协助学生达到教学目的的各种数学知识信息材料，是按照一定的教学目标，遵循相应的教学规律组织起来的数学理论知识系统。① 教科书具有目标功能、教学功能与评价功能，所以分析教科书是教师教学设计的前提。首先，教师要深入钻研小学数学课程标准，通过分析课程标准理解教科书该部分内容的编写意图、目的要求，把握好书中知识的广度与深度。其次，还要分析该部分内容的重点、难点以及关键点，以利于做到重点突出、难点突破，关键点清楚。最后，还要分析小学数学知识背景，以便结合实际进行讲解。作为教师教学重要依据的教材，有其特定的功能、要素及结构，以下进行逐一分析。

① 奚定华.数学教学设计[M].上海：华东师范大学出版社，2001：22.

（一）功能分析

数学教科书的功能分析是从数学在培养和提高学生数学素养的功能方面分析，了解这部分内容在整本书中所处的地位和作用，了解它的学习价值，包括智力价值、思想价值和应用价值。[①] 这些价值并没有在教学内容中直接呈现出来，而是内涵在教材之中，需要教师去发现和挖掘。比如，图形与几何中“梯形”的功能，分析如下：

1. 智力价值

梯形属于生活中与几何中较为常见的几何图形之一，是进一步学习立体几何、解析几何等其他学科的基础。在梯形的学习中，学生可以通过与平行四边形比较，与三角形比较，折叠拼凑等方式研究梯形的性质，利用这些知识去解决相应问题。因此，梯形学习的智力价值在于培养学生观察、分析、综合等思维能力和运用数学知识解决问题的能力。

2. 思想教育价值

从梯形的学习中可以让学生理解事物间的普遍联系。比如，安排这样的课堂探究活动：学生通过观察两个全等三角形拼凑成平行四边形，进而思考沿着这两个三角形的底边平行线剪开后得到的两个全等梯形依然可以拼成平行四边形。这样就得出了梯形面积计算公式(上底＋下底)×高/2，不仅渗透数学的化归思想，也能让学生体会到几何图形之间的普遍联系。

3. 应用价值

梯形的知识在日常生产生活中也有较广泛地应用。例如，学生学习梯形面积公式后略加迁移就可以解决如下问题：南水北调工程水渠横截面积是梯形，水面宽 20 米，水底宽 10 米，水深 5 米，水流速每秒钟 1.5 米，问 45 分钟流过的水量是多少？这类问题的解决可以让学生体会到数学在生活中的应用价值。

（二）结构分析

小学数学教材内容结构分析可以帮助教师更好地明确其整体性与层次性，理清各部分之间的关系。梯形面积计算内容安排在小学数学五年级上册，在内容上前接多边形的认识、多边形周长计算等，后连组合图形的认识与计算等，是小学生中低年级数学基础上的深化学习。教材中，梯形面积计算安排在《多边形的面积》单元的倒数第二部分，既是对此前所学平行四边形、三角形的深化扩展学习，也是对后续组合图形学习的准备，在本单元中起着承上启下的作用。

（三）要素分析

数学要素材料包括以下三种学习内容：概念、规则和命题。数学概念是客观世界中数量关系和空间形式的本质属性在人脑中的反映，是数学知识的细胞，也是思维的单元。概念学习有三种水平，分别是复述概念定义；利用概念进行判断和分类；运用概念解决问题或进行推理。[②]《梯形的面积》中，“梯形”“面积”是本课的核心概念，其中“梯形”是全新概念，对这一概念的学习，学生需要达到第三层次也就是能够用概念去解决问题。

---

① 奚定华. 数学教学设计[M]. 上海：华东师范大学出版社，2001：29.

② 陈雪梅，高志红，刘月艳. 小学数学课程与教学论[M]. 北京：北京师范大学出版社，2016：08.

规则反映的是若干个概念之间的关系，也可以分为三个层次：一是理解数学规则的推导过程，懂得数学规则的合理性与必要性；二是能将数学规则灵活运用到具体情境中解决相应的问题，基本数学规则的运用水平要达到比较熟练的程度；三是掌握数学规则之间的关系，清楚它们的区别和联系。① 在《梯形的面积》教学内容中，梯形面积的计算公式属于本课的规则，它反映了梯形的上底、下底、高与面积之间的关系。其掌握程度也要达到第三层次。

（四）小学数学教材知识背景分析

分析数学知识发生、发展过程与其在日常生产生活中的应用，可以帮助教师更全面系统地了解对数学知识，有利于教师教学中更好地联系实际，调动学生学习的积极性。梯形面积在日常生活中应用较为广泛，在建筑设计、装饰设计、工程建设等中都有相应的知识背景。

（五）重、难、关键点分析

教学内容的重点是所有学生都应该掌握的知识内容，属于基础性、底线性要求，所以一般而言，重点难度都不是很大。教材分析要注意教材重点与教学重点的区别。小学数学教材中，“数与代数”为重点；而整数的认识和四则混合运算是“数与代数”教学的重点；整数认识与四则混合运算又以“20 以内的进位加法、退位减法、表内乘除法”为重点。因为任何复杂的数运算运用化归思想，最终的计算基础都是 20 以内进位加法、退位减法与表内乘除法。比如，平面图形面积计算中，面积概念、长方形面积计算为重点，后续各平面图形面积计算公式均由长方形计算公式推导而来。所以，《梯形的面积》中梯形面积计算公式为本课的重点。

难点是较为抽象、学生易混淆或者容易理解有误的部分。梯形的面积学习中，难点是梯形面积公式的推导过程，学生需要将梯形与平行四边形联系起来理解才能够掌握。需要注意的是，教学难点具有相对性、因人而异的特点。学生之间可能由于智力特征、能力基础、学习风格等差异，导致出现同一内容对一部分学生来说较难，而对另外一部分学生来讲则不难的情况。另外，教师的教学能力与风格，方法的选用也对教学难点有一定影响。作为教师要刻苦钻研教材，了解班级学生、熟悉各种方法，尽量避免因个人原因而使学生出现学习困难。

教材中一些内容对学习其他内容或者一类问题的解决有着决定性作用，这些内容就是关键点。例如，“20 以内的进位加法、退位减法”的关键点是“凑十法”。梯形的面积学习中起着关键作用的是梯形与平行四边形的转化。如何延伸梯形的底，利用两个全等的梯形拼凑出一个平行四边形为学习的关键点。教学的关键点不仅以知识来呈现，有时还包括解决难点的途径和方法，比如，异分母加减计算中的通分。

二、备学生

小学数学教学活动的对象是学生，实现教学目标，需要分析学生情况，了解学生已有

① 陈雪梅，高志红，刘月艳. 小学数学课程与教学论[M]. 北京：北京师范大学出版社，2016：08.

的知识储备、学习能力、学习风格,为选择教学内容、确定教学目标,设计教学方法和教学活动提供依据。学习准备分为两类:一类是对于特定内容和任务的学习,学生已经具备的知识和技能基础,有关学习内容的认识水平和态度,即学生的起点能力;另一类是对学生学习产生影响的心理、生理和社会特点。①

(一) 学习者起点分析

学习者起点分析主要以加涅的学习层次理论、布鲁姆的掌握学习理论与奥苏伯尔的认知同化学习理论为基础。加涅的学习层次理论认为,学习是积累性的,高级的学习是建立在低级的学习之上的,任何一种新知识、技能的学习都是建立在已有的相关知识与技能基础之上的。布鲁姆的掌握学习理论认为,教学目标是有层次的结构,有连续性和积累性。② 学习者起点分析包括:

1. 预备性知识技能分析

预备性知识技能指学生学习新内容所必须掌握的知识与技能。对其进行分析,就是了解学生是否已经具备了相应的知识与能力。如果学生已经有了相应的预备性知识和技能,则可以直接进行新内容学习以节省教学时间、提高效率。反之,若不具备相应知识能力,则需要调整教学活动起点,补充所需内容。

2. 学生学习态度分析

了解学生学习态度对于教师选择教学内容与教学方法有重要的参考价值。学生对新学习内容有积极的学习态度与心向,在学习中就有较大可能灌注精力,学习也较容易获得成功。反之,则会敷衍应付,甚至抗拒该部分内容的学习。因此,分析学习者学习态度就是要发现学生对新内容是否存在错误认识,以便纠正、提高认识。

3. 分析学习者起点的方法

(1) 日常及课堂观察

学生在日常学习、生活中的表现,能够在一定程度上反映其学习起点。比如,是否有经常性迟到、早退甚至旷课现象,上课是否专心听讲,与老师互动、回答问题是否积极主动,课后是否有与老师的交流等,都可以判断学生的学习态度。

(2) 作品分析

分析学生作品,也能判断其学习起点。比如,平时作业是否干净整洁、能否按时上交、错误率如何、错题是否及时更正,平时考试卷面与成绩等,一定程度上能反映其学习能力和态度。

(3) 诊断性复习

诊断性复习是在教学活动开始前,教师就学生准备性知识与能力设计若干复习题目,通过学生对题目的解答情况,判断学生是否具备了基础性知识与学习能力。确定教学的起点,为下一步工作提供参考。

(4) 与其他老师交流

对于新接手的班级,教师可能缺乏了解,也不太容易得到其书面作品。这种情况下,

---

① 奚定华. 数学教学设计[M]. 上海:华东师范大学出版社,2001:52.

② 唐瑞芬,朱成杰. 数学教学理论选讲[M]. 上海:华东师范大学出版社,2001:97.

教师可以与曾经任教的教师交流，了解该班级的课堂表现、整体智力发展水平、班风学风等，判断学生学习能力与知识储备情况，确定该班级大部分学生的学习起点。

(5) 与家长沟通

家长与学生相处的时间更久，最了解学生的还是家长。教师可以通过家长会、家访、家校沟通平台、家校活动等方式与家长取得联系，了解每个学生的具体学习情况与知识基础，为针对地采取性措施提供参考。

(二) 学习者心理特点分析

1. 认知发展阶段分析

著名心理学家皮亚杰提出的认知发展阶段理论将儿童的认知发展分为四个阶段：

第一阶段是感知运动阶段，从 0～2 岁的儿童处于这一阶段。这一阶段的儿童能够以简单的动作尝试探测周围的环境，但他们并不懂得推理。

第二阶段是前运算阶段，2～7 岁的儿童处于这一阶段。他们开始了解简单的符号象征真实世界的实物。

第三阶段是具体运算阶段，7～12 岁的儿童处于这一阶段。他们在这一阶段的思维特点是一般还不能离开具体事物的支持。

第四阶段是形式运算阶段，这个阶段发生在儿童 11 岁或 12 岁以后，在这一阶段他们可以在一定程度上进行形式思维，根据假设进行逻辑推演的思维等。

根据该理论，小学生的思维主要处在具体运算阶段，数学学习时对具体表象有很大的依赖性。所以，小学阶段的数学都要求教师从学生身边的实际导入课题，贯彻直观性教学原则，这样才能取得良好的教学效果。

2. 小学生学习风格分析

由于学生之间存在着心理和生理发展的差异性，不同学生在感知、处理、储存和提取信息时的方式与速度也不同，由此形成不同的学习风格。从不同角度来看小学生的学习风格分为：场独立和场依存；同时加工和继时加工；发散型与聚合型等。依据学生在学习中是更倾向于独立学习还是集体学习；接收信息量是若干个同时进行还是逐一进行；思考问题是从不同角度思考还是朝一个方向思考，分析学生的认知风格所属类型，安排有针对性的教育教学方法。

三、备教师

(一) 心态准备

教师的心态是教师在走进课堂之后思想、感情的表现状态。[①] 教师心态对教师教学行为与学生学习效果的影响非常显著。教师积极乐观的心态能够帮助自己发挥出最佳水平，更能对学生的学习产生积极影响。反之，则不仅会影响自己发挥，也会给学生传递负面影响，无法激起学生的求知欲望。

教师在每次上课之前需要良好的心态。为此，首先要理清思路，对本次课所要讲授内

① 沈龙明. 中小学课堂教学艺术[M]. 北京：高等教育出版社，2006：21.

容有清楚的认识，这样就能够做到重点能突出，难点可突破，从而取得较好的教学效果。其次要认真对待每一节课，除了透彻研究教材内容，还需要充分了解学生。最后要虚心向同事请教，多借鉴间接经验，对课堂中可能出现的问题都有预备的解决方案。这样在走进课堂时就会多几分自信，少几分焦虑。

（二）教态准备

教态是教师上课时出现在学生面前的整体形象。[①] 教师良好的教态能够帮助学生集中注意力；提高学生的学习兴趣；营造良好的课堂教学氛围。教态主要包括教师的面部表情、手势和身体姿势三项。眼睛是心灵的窗户，教师的眼神是教态的一部分。在授课时，教师应当以自信而充满活力、和蔼可亲的眼神与全体学生互动，让学生感受到老师的关切和信任。教师手势有形无声，是教师的另一种语言，教师要用好自己的手势动作，帮助学生集中注意力、辅助讲解。身体姿势也是教师教态的一部分，教师挺拔笔直的身体会给学生以自信从容的感觉，也有利于提高课堂效果。

四、备方法

教学方法是教师与学生为实现教学目的和教学任务要求，在教学活动中所采取的行为方式的总称。具体来说，教学方法是指为达到教学目的，完成教学任务，在一定的教学理念和教学原则指导下，教师教的方法和学生学的方法的统一。教学方法是连接教师教与学生学的重要纽带；实现教学任务的必要条件；提高教学质量和教学效率的重要保证；影响师生关系的重要因素。

（一）小学数学常用的教学方法

1. 讲授法

是教师通过简明、生动的口头语言向学生传授知识、发展学生智力的方法。它通过叙述、描绘、解释、推论来传递信息、传授知识、阐明概念、论证定律和公式，引导学生分析和认识问题。

小学数学中运用讲授法教学需要注意以下问题：

（1）讲授既要重视内容的科学性和思想性，又要尽可能地与学生的认知基础发生联系。德育是学校教育的首要目标，教师在教学中要把德育放在首要位置，积极挖掘教学内容中的思政元素，使课堂讲授具有思想性。科学性是指讲授内容的正确性，但凡尚未成定论或者教师不确定的内容不要在课堂上出现。

（2）讲授应注意培养学生的学科思维。数学本身就是研究现实世界数量关系和空间形式的一门科学，学科教学的主要目的是提升学生的数学思维能力。

（3）讲授应具有启发性。

（4）讲授要讲究语言艺术。语言要生动形象、富有感染力、清晰、准确、简练、条理清楚、通俗易懂，音量、语速要适度，语调要抑扬顿挫，符合学生的心理节奏。

2. 讨论法

讨论法是在教师的指导下，学生以全班或小组为单位，围绕教材的中心问题各抒己

---

① 沈龙明. 中小学课堂教学艺术[M]. 北京：高等教育出版社，2006：23.

见，通过讨论或辩论活动获得知识或巩固知识的一种教学方法。其优点是全体学生都参加活动，可以培养合作精神、激发学生的学习兴趣，提高学生学习的独立性。

小学数学中运用讨论法的要求：

(1) 讨论的问题要具有吸引力。讨论前教师应提出讨论内容和讨论的具体要求。

(2) 讨论时要善于启发、引导学生自由发表意见。讨论要围绕中心、联系实际，指导学生收集、阅读有关资料或进行调查研究，认真写好发言提纲。

(3) 讨论结束时，教师应小结、概括讨论的情况，帮助学生获得正确的观点和系统的知识。

3. 谈话法

谈话法是教师根据学生已有认知结构，设疑、启发、提问学生，通过师生交谈、对话方式探讨新知识，得出新结论，帮助学生获得知识的教学方法。小学数学教学中运用谈话法的要求：

(1) 谈话前——精心准备

首先，教师应当在课前通过提问、作业、试卷、测验、观察等方式，了解并确定学生现有的认知水平，明确新旧知识之间的差距；其次，在明确新旧知识差距后，找到新旧知识的联系点，确定从何处开始提问；最后，精心设计提问，在知识的关键处设问，不同问题之间有层级性、逐步深入，最终通过谈话实现教学目标。

(2) 谈话中——细心对待

首先，教师要按预先设计好的问题提问，以调动学生思维；其次，学生回答过程中，教师要注意听取信息；再次，学生回答完毕，需要给出积极且合理的评价；最后，整个过程要注意师生的双向交流。

(3) 谈话后——做好总结

运用谈话法教学，教师要依据本课教学目标，总结谈话得到的结论，梳理内容体系，帮助学生获得整体性认识。

4. 演示法

演示法是教师课堂上展示各种实物、直观教具或进行示范性实验，让学生观察获得感性认识的教学方法。它是一种辅助性教学方法，要和讲授法、谈话法等教学方法结合使用。

小学数学中运用演示法的要求：

(1) 目的要明确。

(2) 现象要明显且容易观察。

(3) 尽量排除次要因素或减小次要因素的影响。

5. 练习法

练习法是学生在教师指导下巩固知识、运用知识，形成技能技巧的方法。

教学中，练习法被广泛采用。练习的内容一般可分为以下几种：

(1) 语言的练习。语言的练习包括口头语言和书面语言练习，涉及对数学概念的准确表达、数学推理的准确表述，以及对操作过程的描述等，旨在培养学生的语言表达能力，提高学生的数学思维能力。

(2) 解答问题的练习。解答问题的练习包括口头和书面解答问题的练习，旨在培养学生运用数学知识解决实际问题的能力。

(3) 实际操作的练习。旨在形成操作技能,比如,通过对折的方式,寻找轴对称图形的对称轴。

(二) 小学数学教学方法的选择依据

1. 教学内容特点

"教学有法,但无定法"被用来形容教学方法的多样性及使用灵活性。就同一内容而言,确有多种方法可以达到相同的教学目标,但其中必有最佳方法的存在。再者,概念、规则、问题解决等不同类型知识的学习也有最适合的方法,教师需要依据教学内容特点,选择最适合某一内容的教学方法。

2. 学生特点

学生的实际特点直接制约教师对教学方法的选择,这就要求教师能够科学、准确地研究分析学生的特点,有针对性地选择和运用相应的教学方法。小学低段的学生需要教师更多地选用生动有趣的教学方法,比如,故事、儿歌、猜谜、比赛等形式都是较好的选择。同时,教师的讲授和演示也是必不可少的。而小学高段更注重学生数学思维与能力的培养,可以放手让学生自主探究,发现问题、解决问题。

3. 教师教学风格

教学方法的最优化不排斥教师的创造性,而是以教师的创造性为先决条件。教师根据自己的个性特点选择教学方法,这是提高教学效果的重要措施。教师的技巧在于在教学过程中能够最大限度地发挥自己的能力。比如,有的教师擅长朗诵文艺作品,有的教师擅长唱歌。每个教师都应借助自己的长处,选择课堂教学的最优方法。

4. 教学设备条件

教师在选择教学方法时要在条件允许的情况下,最大限度地运用和发挥教学环境条件的功能与作用,这些条件包括时间、空间、设备等。探究法和发现法都要给学生大量的时间和空间,让学生充分思考、交流。如果时间不够充分,就不要选择这两种方法。否则探究不充分,也就失去了教学意义。

五、备教具

教具是教师课堂教学的重要辅助手段。教师在课堂教学之前,要根据教学内容和学生特点以及设施条件来选择、制作适当的教具。通过教具的呈现可以把抽象概念具体化,也可以调动学生的学习积极性。

(一) 教具的来源

1. 生活中的实物

实际生活中的实物可以用于辅助课堂教学。比如,数的认识教学中,可以让学生从自己的生活中收集各种实物比如小石子、小木棒、卡片等来理解数的意义。这些教具来源广泛,使用方便,是非常合适的选择。

2. 自制教具

教师可以带领学生根据教学内容特点,自制教具用于辅助教学。比如,预习"圆"的时候，教师安排学生用圆规画出大小不等的圆，并制作成卡片。

3. 配套开发的教具

一些教材在出版、发行的时候已经设计了与教材配套的教具供学生使用。这些教具设计合理、规范且使用方便，贴近学生的生活经验，能够引起他们的学习兴趣。比如，配套开发的各种数字、符号、卡通卡片，背面都有一块小磁铁，可以吸附在钢化玻璃黑板上，使用非常方便，可以进行各种加减乘除运算，也更能够引起学生学习的兴趣。借助于现代化手段开发的教具、学具还可以把抽象问题直观化，比如，圆面积的推导过程中，圆和长方形之间的转化直接动手操作是很难实现的。借助配套开发的教具，能够直观地呈现出来，同样的方法也可以运用到圆柱和长方体的转化中。教师可以根据需要使用教材配套的教具。

（二）教具选择的依据

1. 教学内容的特点

对于同样的教学内容有多种教具可以帮助达到教学目标。但是在这若干种教具中必然会有一种教具是最合适的，能达到事半功倍的效果。我们要把这样的教具找出来，辅助课堂教学。比如，讲授数位时使用计算架。教师要依据教学内容的特点选择最合适的教具。

2. 小学生的年龄特点

根据皮亚杰的认知发展阶段理论，小学生思维主要处在具体运算阶段，他们的思维方式还比较依赖具体形象的支持。所以，教师在教学用具的选择时，要考虑学生的这一特点，尽量贯彻直观性教学原则，使用最能调动学生感官参与、最能直观呈现教学内容的教具，以达到最佳教学效果。

第三节　小学数学教学目标设计

小学数学教学目标设计是教学设计的起点，是数学教学活动预期达到的结果，是学生通过学习以后预期产生的行为变化，是对学生学习结果及最终行为的具体表述，具有导学、导教、导测评的功能。① 教学目标是课程标准的细化和清晰化。我们不仅关注“学生要学什么数学”，而且关注“学生学完这些数学课能够做什么”。数学教学目标是设计者希望教学活动达到的理想状态，是数学教学活动的结果，也是数学教学设计的起点，还是评判教学效果的标准和尺度。

一、小学数学教学目标概述

（一）小学数学教学目标

1. 概念

教育学对教学目标的界定是：教学目标是教师和学生立足当下基础，以具体的教学活

① 皮连生，刘杰. 现代教学设计[M]. 北京：首都师范大学出版社，2005：65.

动为依托,指向未来时空的一种结果。① 因而,小学数学教学目标是小学师生立足当前基础,依托具体教学活动,指向未来时空的结果。按照教学目标的跨越时间长短划分,将教学目标分为:学段目标、学年目标、学期目标、单元目标和课时目标。

2. 小学数学教学目标的功能

(1) 导向功能

导向功能,即教学目标对整个教学活动的指引、定向功能。② 教学目标是教学活动的出发点和归宿,一旦确定,小学数学教师就可以从目标出发,组织教学内容,选择教学方法,开展教学活动,进行教学评价。在整个教学过程中,教学目标一直起着方向指引作用。

(2) 激励功能

激励功能,即教学目标能够激发教师和学生教和学的积极性、主动性。③ 人一旦有了追求的目标,这种目标便会成为一种巨大的力量激励人们奋发图强,从而实现预想的目标。小学数学教学目标树立起来之后会成为一种强大的推动力量,促使小学数学教师和学生一起去努力实现。

(3) 聚合功能

聚合功能,即教学目标能够优化、组合、协调教学系统内的其他要素,使整个教学系统能够发挥最佳的教学效果。④ 小学数学教学目标能够协调分配教学过程中涉及的要素,使其发挥最佳效果。

(4) 评价功能

评价功能,即教学目标能够成为衡量教学效果的尺度、标准。⑤ 小学数学教学活动是从目标出发选择内容、组织实施的,而教学目标有没有得到实现,在多大程度上得到了实现,则还是需要对照教学目标进行检验,所以教学目标又具有评价功能。

3. 小学数学教学目标的分类

教学目标按照跨越时间长短分为:远期目标与近期目标。远期目标可以是某一课程内容学习结束时要达到的目标,也可以是某一学习阶段结束后要达到的目标。它反映国家或地方教育部门对课程学习的要求,规定了课程学习的主要内容和标准,由国家或地方教育部门和课程专家制定。《新课标》规定的目标就属于这类目标,比如,"发展学生用数学的意识和能力"就是整个数学课程追求的远期目标之一。近期目标是某一课程内容学习过程中,或者某一学习环节(比如一节或几节课)结束时要达到的目标。主要陈述学生通过学习需要获得的知识、技能、数学思想方法、数学活动经验以及应该形成的情感态度。它是远期目标的具体体现,由任课教师制定。制定单元教学目标和课时教学目标,是教师教学目标设计的主要任务。

关于教学目标分类的理论较多,认可度较高的是美国教育家布鲁姆提出的分类系统,

---

① 裴娣娜. 教学论[M]. 北京:教育科学出版社,2007:96.

② 裴娣娜. 教学论[M]. 北京:教育科学出版社,2007:98.

③ 裴娣娜. 教学论[M]. 北京:教育科学出版社,2007:98.

④ 裴娣娜. 教学论[M]. 北京:教育科学出版社,2007:98.

⑤ 裴娣娜. 教学论[M]. 北京:教育科学出版社,2007:98.

将教学目标分为认知领域、情感领域和动作技能领域。

表 4－1　认知领域目标分类①

<table>
<tr><th>目标</th><th colspan="2">含义</th><th>要求</th><th>实例</th><th>水平层次</th></tr>
<tr><td>识记</td><td colspan="2">对知识点的记忆，能够识别和再现学过的知识和有关材料</td><td>要求学生做到确认、定义、指出名称、配对、选择、背诵、默写、描述、标明、列举、说明等</td><td>举例说明三角形的特征</td><td>最低层次</td></tr>
<tr><td rowspan="3">理解</td><td rowspan="3">知识记忆的基础上对知识的掌握，能抓住事物的实质，把握材料的主题和意义</td><td>转换</td><td>要求学生用不用的语言表达相同的意思</td><td>用自己的话来陈述一个数学原理的大概意思</td><td rowspan="3">第二层次</td></tr>
<tr><td>解释</td><td>对一项信息加以说明或概述</td><td>对统计数据进行说明描述</td></tr>
<tr><td>推断</td><td>要求学生了解事实与原理，解释文字资料，验证方法过程</td><td>用自己的语言来描述三角形的特征</td></tr>
<tr><td>应用</td><td colspan="2">把所学的知识应用于新情境</td><td>要求学生做到表现、列举、计算、设计、示范、操作、运用、解答实际问题等</td><td>应用几何知识测出一个塔楼的高度；根据三角形的面积公式，能够计算某一具体三角形的面积</td><td>第三层次</td></tr>
<tr><td>分析</td><td colspan="2">能将知识进行分解，找出组成的要素，并分析其相互关系及组成原理</td><td>要求学生做到表现、列举、计算、设计、示范、操作、运用、解答实际问题等</td><td>观察各种图形，能够分析三角形的特征等</td><td>第四层次</td></tr>
<tr><td>综合</td><td colspan="2">把各个元素或部分组成新的整体</td><td>要求学生做到联合、组成、创造、计划、归纳、重建、重新安排、总结等</td><td>在平行四边形等多种组合图形基础上，利用切割、组合等方式组成一个三角形</td><td>第五层次</td></tr>
<tr><td>评价</td><td colspan="2">根据一定的标准对事物给予价值判断</td><td>要求学生做到比较分析、评价效果、分辨好坏、指出价值</td><td>评述其他同学所用的求三角形面积的方法，指出优点与不足等</td><td>最高层次</td></tr>
</table>

表 4－2　情感领域的目标分类②

<table>
<tr><th>目标</th><th colspan="2">含义</th><th>实例</th><th>水平层次</th></tr>
<tr><td>接受</td><td colspan="2">学习者愿意注意特殊的现象或刺激</td><td>愿意才加班级活动，意识到某项活动的重要性等</td><td>最低层次</td></tr>
<tr><td rowspan="3">反应</td><td rowspan="3">学习者不仅注意到某种现象，而且主动参与，做出反应</td><td>默然的反应</td><td rowspan="3">完成老师布置的作业、参加小组讨论、以愉快的心情阅读等</td><td rowspan="3">第二层次</td></tr>
<tr><td>愿意的反应</td></tr>
<tr><td>满意的反应</td></tr>
</table>

① 裴娣娜. 教学论[M]. 北京：教育科学出版社，2007：102－103.

② 裴娣娜. 教学论[M]. 北京：教育科学出版社，2007：103－104.

（续表）

目标	含义	实例	水平层次
价值评价	学习者将个数的对象、现象或行为与一定的价值标准相联系。包括接受、偏好某种价值标准，为某种价值标准做出奉献	欣赏艺术作品，并且在欣赏的过程中有自己的喜好，并能够表达自己喜好的原因	第三层次
价值观组织	学习者面对学习过程中遇到的各种价值观念时，能够克服价值观之间的矛盾、冲突，对各种价值观加以比较，接受重要的价值观和价值标准，形成个人的价值观体系	如在个人利益与集体利益发生冲突后，学生选择了以集体利益为重的方案设计	第四层次
价值体系的性格化	学习者通过对价值观体系的组织，逐渐形成个人的品性	如学习一致勤奋、在学习团体中一贯表现出合作精神等	最高层次

表 4-3　动作技能领域的目标分类①

目标	含义	实例	水平层次
知觉	运用感官获得信息，了解与某动作技能有关的知识、性质、功用，以便指导动作	让学生通过看教室动作以及自己做动作等方式了解这方面的知识等	最低层次
准备	对稳定活动的准备，心理定向、生理定向和情绪准备是其主要内容，知觉是其先决条件	学生在多感官获得了有关滑冰的信息之后，对滑冰有了十足的信心，愿意进一步掌握滑冰的技能技巧等	第二层次
有指导的反应	能在教师的指导下表现有关的动作行为，包括模仿和尝试错误	如能模仿教师的动作进行学习，在教师引导下进行试误练习，指导形成正确的动作等	第三层次
机械动作	经过一定程度的练习，学习者的反应已形成习惯，能以某种熟练和自信的水平完成动作	如能正确、迅速地切片制作标本，能迅速准确地打字等	第四层次
复杂的反应	包含复杂动作模式的熟练动作操作。操作的熟练性以准确、迅速、连贯协调和轻松稳定为指标	在经历了一段时间的练习之后，某学生能够轻松自如地在冰上进行花样滑冰，并且整个动作都是连贯、迅速、准确的	第五层次
适应	此阶段练就的动作技能具有应变能力，学习者修正自己的动作模式以适应特殊的装置或满足具体情境的需要，这是高度发展水平	如在不同的冰场上，随着情境的变化，学习者能够轻松自如地进行花样滑冰	最高层次
创作	学习者在学习某动作技能的过程中形成了一种创造新的动作技能的能力，强调以高度发展的技能为基础进行创造	如在模仿了某位花样滑冰运动员的动作之后，学习者能够根据自身的特点进行一系列具有个性化的创作动作	最高层次

① 裴娣娜. 教学论[M]. 北京：教育科学出版社，2007：104－105.

4. 小学数学教学目标的特点

(1) 计划性

小学数学教学目标是教师在深入分析教学内容、学生、资源和自身的前提下，制定的一个时间段之后，学生在知识、能力与品德等方面的积极变化。所以，小学数学教学目标概念中内含计划性特征。这种计划性指导教师的教学活动，促使教师把控教学过程，在不断变化的情境和条件中追逐并实现教学目标。

(2) 生成性

小学数学教学目标是教师预先设计的，对教学活动具有指导性，但这种计划性并不是一成不变的。由于课堂是一个持续的过程，具有较多的不确定性，任何突发事件与外来因素都可能导致不能按计划执行。所以，小学数学教学目标又具有生成性特点，它要求老师在教学目标制定时留出一定的弹性空间，把小学数学教学目标的计划性与生成性统一于复杂多变的教学过程中。

(3) 整体性

教学目标分类理论中，多种观点都是以承认教学目标的整体性为前提的。布鲁姆、加涅的教学目标分类理论如此，我国学者的教学目标分类系统亦是如此。小学数学教学目标同样具有整体性，知识技能、数学思考、问题解决与情感态度的目标是作为一个整体而蕴含在教学过程之中的。比如，在平面图形的学习过程中，有概念学习、特征掌握的知识技能要求；有不同图形之间转化的数学思考目标；也有各平面图形计算在实际生活中应用的问题解决目标；还有让学生体会各图形之间的普遍联系，理解世界普遍联系性的情感态度目标。

(4) 具体性

小学数学教学目标要符合具体班级、学生和教师等实际情况，是可以通过具体教学活动得以实现的。依据布鲁姆的教学目标分类系统，教师要用具体明确、可操作、可测量的行为动词描述教学目标。教学目标的表述较易于评价，具有具体性特征。比如，学生能熟练、正确地进行整数四则混合运算、会计算梯形面积、能够用所学比例知识解决生活中测量问题等，都属于具体、可测量的小学数学教学目标。

二、小学数学教学目标设计的依据

(一) 学生情况

教育的终极目的指向学生的发展。虽然在教学过程中教师也能获得一定程度的发展，但是相比较而言，学生的发展才是最根本的教育目的所在。而要促进学生发展，不了解学生的实际情况显然是不可能的。因此，小学数学教学目标设计必须以学生的实际作为首要依据。学生的实际情况包括：学生的身体发展阶段特征、心理发展阶段特征、各种智力因素和非智力因素，比如，感知觉、记忆、注意、思维、想象、情感、意志、性格等。再者，学生的认知风格、知识基础、学习能力、生活经验、家庭背景等，都是教师教学目标设计之前必须了解的。学生的整体性情况，比如，班风、学风、班级群体等对教学效果也有一定影响，教师教学设计也要考虑这些因素。

（二）教学内容

教学内容是教师和学生开展教学活动的中介，没有教学内容，教学活动就缺少了客体承载。所以，教学内容是教学活动得以顺利进行的关键所在。教学内容是课程设计者从人类社会长期积累下来的文化成果中精挑细选出来的，对人类的发展有着永恒意义或者现实意义。教学内容的选择更深层次反映了教学设计的价值取向，不同价值取向的教学设计者在内容选择方面存在差别，但教学内容在一个最为根本的层面上解决了教学的知识问题。小学数学教学内容虽然被分为数与代数、图形几何、统计概率几个模块，其实质就是一个知识体系，只是这个知识体系所包含的具体内容差别很大。小学数学教学目标的设计者需要关注教学内容的复杂性、差异性，否则所设计的教学目标会不切合实际，不能被学生接受，影响教育目的实现。

（三）社会需要

历史已经充分证明，教育与社会发展有紧密联系，任何一个时期的教育都是社会政治、经济、文化、科技等因素发展的反映。随着社会的发展变化，教育也会出现与之相适应的改变。而教学是教育的一个组成部分，自然也不是孤立的系统，社会是教学安身立命的基础。教学不是真空中的活动，在广阔的社会中，教育总是和社会保持着千丝万缕的联系。有些联系是显性的，有些联系由于不易被察觉而隐性存在。从大的社会视角看教学和社会之间的关系，教育是社会大系统中的一个子系统。这个子系统要反映社会需要，从而为社会发展培养人才。另外，社会生活需要也是数学发展的动力所在。曾有人说过，几何的产生就是在古埃及尼罗河两岸洪水退后人们有重新丈量土地的需要。所以，小学数学教师在教学设计时，需要充分考虑社会发展的需要，确保教学设计能反映出时代发展的最新成果，并能够为社会生活服务。

三、小学数学教学目标设计的原则

（一）发展性原则

小学数学教学目标设计的主要目的是促进小学生的发展，然而也需要教师在这一过程中获得一定程度的成长。因此，小学数学教学目标的设计既要立足于学生实际，又要超越学生的现有水平，充分利用好“最近发展区”理论，使教学目标指向学生更高层次的水平。只有这样的教学目标，才能保证学生不断发展，进而对学生发展与教师教学具有引导作用。

（二）整体性原则

小学数学教学目标的制定不能与教育总目标相悖，因此，在设计教学目标的时候要有整体的、全局的观念，使教学目标符合教育总目标，并为实现教育总目标服务。另外，整体性原则还指教学目标设计的具体内容要浑然一体，即把知识技能、数学思考、问题解决与情感态度四方面的目标融合到一起，作为一个整体目标呈现出来。

（三）可行性原则

可行性原则是指小学数学教学目标设计要考虑其实现的各种可能性，要考虑制约教学目标实现的各种条件，这样才能保证教学目标的顺利实现。因此，小学数学教学目标设计要适当，符合学生的现有发展水平，确保班级大多数学生既要能够学会，又要充分施展其潜能。另外，也要适当考虑学生个体间的差异，设法使落后同学能够跟上整体进度水平，还得给学有余力的同学一些挑战性任务，以保持其学习积极性。可行性原则还要求教师在小学数学教学设计时，要考虑可利用的时间、资源、条件、设备等。它们都影响着教学目标的实现，要将其纳入设计的范围，确保小学数学教学目标的可行性。

（四）可操作性原则

小学数学教学目标对知识与技能的陈述不宜含糊不清、用缺乏质量规定的"了解""理解""掌握"等这些词语来描述，因为"了解""理解"和"掌握"都没有具体而明确的标准。必须用可观察和测量的行为动词来描述学生形成的具体行为，要符合学生的认知水平。陈述词要具体、细腻，这样才能保证教学目标有一定的可操作性。比如，会用自己选择的量具测量物体的长度、能够准确计算圆的面积等。这样的描述是具体明确的，通过学生的外显行为实现测量，也是可操作的。

（五）阶段性原则

学生的身心发展具有阶段性特征，这也要求不同阶段的教学目标设计的侧重点不同。因此，小学数学教学目的设计应该遵循阶段性原则，突出每个阶段的特点，关注不同阶段的连贯性，保证教学目标浑然一体。比如，小学数学"数的运算"目标设计，第一学段要求"能熟练地口算 20 以内的进位加法与退位减法，能口算百以内的加减法和一位数乘除两位数"；第二学段则要求"能计算三位数乘两位数的乘法，三位数除以两位数的除法"。这都明显呈现要求的阶段性特征。

四、小学数学教学目标设计的准备

（一）课程标准研究

义务教育数学课程标准将整个义务教育划分为三个学段，并且给出了总目标与分学段目标。其中，第一、第二学段目标是小学阶段目标。小学数学教师教学目标设计时，首先应当对照课程标准，根据总目标与分学段目标要求、结合具体内容，从大体轮廓上确定该内容目标在数学目标的所属领域。

表 4-4　义务教育数学课程标准的课程总目标①

知识技能	经历数与代数的抽象、运算与建模等过程，掌握数与代数的基础知识和基本技能。 经历图形的抽象、分类、性质探讨、运动、位置确定等过程，掌握图形与几何的基础知识和基本技能。 经历在实际问题中收集和处理数据、利用数据分析问题、获取信息的过程，掌握统计与概率的基础知识和基本技能。 参与综合实践活动，积累综合运用数学知识、技能和方法等解决简单问题的数学活动经验。

① 中华人民共和国教育部. 义务教育数学课程标准（2011 版）[S]. 北京：北京师范大学出版社，2012：2.

（续表）

数学思考	建立数感、符号意识和空间观念，初步形成几何直观和运算能力，发展形象思维与抽象思维。 体会统计方法的意义，发展数据分析观念，感受随机现象。 在参与观察、实验、猜想、证明、综合实践等数学活动中，发展合情推理和演绎推理能力，清晰地表达自己的想法。 学会独立思考，体会数学的基本思想和思维方式。
问题解决	初步学会从数学的角度发现问题和提出问题，综合运用数学知识解决简单的实际问题，增强应用意识，提高实践能力。 获得分析问题和解决问题的一些基本方法，体验解决问题方法的多样性，发展创新意识。 学会与他人合作交流。 初步形成评价与反思的意识。
情感态度	积极参与数学活动，对数学有好奇心和求知欲。 在数学学习过程中，体验获得成功的乐趣，锻炼克服困难的意志，建立自信心。 体会数学的特点，了解数学的价值。 养成认真勤奋、独立思考、合作交流、反思质疑等学习习惯，形成实事求是的科学态度。

（二）教学内容研究

首先，教师要明确教学内容在小学数学知识领域的四大模块中的所属类项，然后对照该模块知识在四个目标领域的具体目标来分析本单元、课时教学内容，分析内容所反映的目标指向，初步确定教学目标。

（三）学生研究

教学目标的制定，最终指向的还是学生的发展。因而，学生作为教学过程的主体、教育的对象，其身心发展特点和认知能力、已有基础、学习风格等都对教学目标制定有不同程度的影响。教师制定教学目标时需要将学生作为一个重要因素，考虑其对教学目标的影响，从而使教学目标的制定更科学、合理。

五、小学数学教学目标设计的步骤

课程教学目标是国家教育行政部门设计，并以文件的形式下发，要求广大教师去执行的。因此，对一线教师来说，小学数学教学目标的设计主要是指单元教学目标及课时教学目标设计，尤其是课时教学目标必须由一线教师自己设计。课时教学目标是单元教学目标的具体化，二者除了概括抽象程度有差别外，在具体设计过程中存在着诸多相似之处。因此，这里主要探讨单元教学目标设计的一般步骤。

（一）具体化目标

由于教学目标系统存在层层细化的逻辑，每一个层次的教学目标都是上一层次目标的细化与具体化。教育目标体系从高到低依次有教育方针、教育目的、培养目标、课程目标、教学目标、单元目标、课时目标。所以，小学数学课时教学目标设计要考虑单元教学目标、单元目标设计要考虑学期总目标、学期目标的设计又要考虑课程目标、课程目标设计要考虑培养目标、培养目标要和国家教育方针及目的保持一致并为之服务。一般而言，教学目标系统中的教育目的、培养目标以及课程教学目标都是由教育行政部门制定好的，不需要一线教师直接参与。小学数学教师通过查阅、了解课程计划、课程标准等就可以掌握其宗旨与要义。教师教学设计的关键是将课程教学目标分解成单元教学目标，为课时教学目标的确立提供依据与指导。

（二）确定任务

单元教学目标的制定，为分析、确定任务提供了依据。在单元教学目标的指引下，教师剖析学生达到单元教学目标的规定和所需要的相应知识、技能、情感、态度、价值观，确定具体可行的教学任务。比如，平面图形的面积计算中，单元目标中“学生能够正确计算长方形、正方形、三角形、圆、梯形的面积”这一要求，教师需要分割整体性目标，然后逐个设计教学任务和教学活动、学生需要经历的过程等。

（三）确定教学起点

小学数学教学目标设计要分析学生的能力状况，以此来确定教学的起点。一般来说，确定教学起点主要分析：一是学习者的社会特征，也就是学生的学习习惯、学习方法、成熟程度、班级水平、心智发展水平及对所学内容的态度等，这些因素对教学目标设计都具有一定的影响。二是分析学习者的预备技能，即了解学习者是否已经掌握了新学习所需的相关知识和技能。比如，在学习有余数的除法之前，需要检测学生是否已经具备了整数除法运算的能力。三是对学习者目标技能的分析，了解学习者是否已经掌握或部分掌握了教学目标中要求学会的知识与技能。比如，小学数学一年级图形的认识教学中，学生在实际生活中已经有了直观经验的积累，认识立体图形时，教师只需结合若干实例与变式，引导学生通过本质属性认识图形即可。

六、小学数学教学目标的陈述

小学数学课堂教学目标陈述一般包括四个要素：行为主体、行为动词、行为条件和表现程度。行为主体即学习者，目标描述的是学生的行为，而不是教师的行为。行为动词即用以描述学生形成的、可观察的、可测量的或者是体验性的、过程性的具体行为动词。行为条件指影响学生产生学习结果的特定限制范围。表现程度通常指学生通过学习所应达到的最低水准，用以衡量学习表现或学习结果所达到的程度。

（一）结果性目标陈述

结果性目标是描述学生在学习结束后应该达到的成绩或者获得的进步与发展成果。多用了解、理解、掌握、运用等词描述。比如，人教版四年级下册数学第四单元“小数的意义和性质”复习的教学目标：通过对本单元知识系统地整理和复习，进一步理解小数的意义、性质、小数点的位置移动规律，小数与单位换算及求近似数等知识。

（二）过程性目标的陈述

过程性目标是指学生在学习中应当参与的活动或者经历的心理活动过程。多用经历、体验、探索等词描述。比如，人教版四年级数学上册第三单元“角的度量”的过程性目标：在操作探索活动中，认识量角器是角的计量单位，会用量角器正确测量角的度数；通过观察、尝试、操作、交流等活动，培养学生的动手操作与实践能力。

七、各领域目标的具体设计

（一）知识与技能教学目标设计

依据义务教育数学课程标准，知识与技能目标在数与代数模块，目标主要是让学生经历数与代数的抽象、运算与建模等过程，掌握数与代数的基础知识和基本技能。图形与几何模块是让学生经历图形的抽象、分类、性质探讨、运动、位置确定等过程，掌握图形与几何的基础知识和基本技能。统计与概论模块是让学生经历在实际问题中收集和处理数据、利用数据分析问题、获取信息的过程，掌握统计与概率的基础知识和基本技能。综合实践模块表现为，让学生参与综合实践活动，积累综合运用数学知识、技能和方法等解决简单问题的数学活动经验。

案 例

人教版小学数学一年级上册第三单元《比大小》教学目标设计①

1. 通过数数、比较活动，体验多少的比较方法；

2. 认识符号“＞”“＜”“＝”，知道它们的含义、读法和作用，并能用符号来表示比较的结果，建立符号感；

3. 使学生初步体会到生活中处处有数学。

评析

在《比大小》教学目标设计中，第二条目标“认识符号，知道它们的含义、读法和作用，并能用符号来表示比较的结果，建立符号感”属于知识与技能方面的目标要求，其目的是让学生经历数的运算过程。

（二）数学思考教学目标设计

依据义务教育数学课程标准，数学思考目标在数与代数模块，表现为使学生建立数感、符号意识。图形与几何模块则是建立空间观念，初步形成几何直观和运算能力，发展形象思维与抽象思维。统计与概论模块要求体会统计方法的意义，发展数据分析观念，感受随机现象。综合实践领域则要求学生在参与观察、实验、猜想、证明、综合实践等数学活动中，发展合情推理和演绎推理能力，清晰表达自己的想法。

案 例

人教版三年级数学上册第四单元《加法》教学目标设计②

1. 理解三位数加三位数的算理，掌握计算方法，能够正确笔算三位数加三位数连续

① 可参见，奥数网：http：//www. aoshu. com。

② 可参见，奥数网：http：//www. aoshu. com。

进位的加法题；

2. 能根据实际，选取合理的方法正确、灵活地计算三位数加三位数；

3. 理解验算的意义，会正确进行三位数加法的验算，初步养成检查与验算的习惯；

4. 经历用万以内的加法解决问题的过程，体验数学与生活的密切联系。

评析

在“人教版三年级数学上册第四单元《加法》教学目标设计”中，理解验算的意义，会正确进行三位数加法的验算，初步养成检查与验算的习惯。理解验算的意义是对学生数学思维能力的要求，属于是数学思考方面的目标。

（三）问题解决教学目标设计

依据义务教育数学课程标准，问题解决目标是初步学会从数学的角度发现问题和提出问题，综合运用数学知识解决简单的实际问题，增强应用意识，提高实践能力。获得分析问题和解决问题的一些基本方法，体验解决问题方法的多样性，发展创新意识。学会与他人合作交流。初步形成评价与反思的意识。

案例

人教版五年级上册《梯形的面积》教学目标设计①

1. 知识与技能：在平行四边形、三角形的面积计算公式推导的基础上，引导学生采用合作探究的形式，概括出梯形的面积计算公式。正确、较熟练地运用公式计算梯形的面积，并能解决一些生活中的实际问题，提高学生发现问题、分析问题、解决问题的能力；

2. 过程与方法：通过自主探究，小组合作，在操作、观察、比较中，培养学生的想象力、思考力，进一步发展学生的空间观念；

3. 情感、态度与价值观：渗透数学迁移、转化思想，让学生感受数学与生活的紧密联系，提高学生学习数学的兴趣。

评析

在《梯形的面积》教学目标设计中“引导学生采用合作探究的形式，概括出梯形面积计算公式。正确、较熟练地运用公式计算梯形面积，并能解决一些生活中的实际问题，提高学生发现问题、分析问题、解决问题的能力”。属于问题解决的目标要求，着重提出要用所学梯形面积计算公式解决生活中的实际问题。

（四）情感态度教学目标设计

依据义务教育数学课程标准，综合实践目标要求学生积极参与数学活动，对数学有好奇心和求知欲；在数学学习过程中，体验获得成功的乐趣，锻炼克服困难的意志，建立自信心；体会数学的特点，了解数学的价值；养成认真勤奋、独立思考、合作交流、反思质疑等学

① 可参见，奥数网：http://www.aoshu.com。

习习惯，形成实事求是的科学态度。

案例

人教版二年级下册数学《时分秒的认识》教学目标设计[①]

1. 正确认识和掌握看钟表的方法，认识时间单位“小时、分”及其进率，培养初步的时间观念；

2. 培养观察能力、实际操作能力（包括学生自己动手制作钟面模型）和阅读课本的能力；

3. 知道珍惜时间，养成良好的学习、生活习惯，提高抓紧时间、勤奋学习的自觉性。

评析

在《时分秒的认识》教学目标设计中“知道珍惜时间，养成良好的学习、生活习惯，提高抓紧时间、勤奋学习的自觉性”指向学生思想情感进步的要求，属于情感态度方面的教学目标。

第四节　小学数学教学方案的局部设计

完成教学设计的系列准备工作之后，对教学设计的整体结构已经有了基本规划。一个完整的教学设计由各部分的设计共同组成，如导入设计、提问设计、练习设计、小结设计、作业设计。本节主要学习各环节的教学设计。

一、导入设计

导入是新的教学内容或教学活动开始前，引导学生进入学习状态的教学行为方式。[②]好的导入可以使学生快速进入学习状态。导入要求：

1. 紧扣本课学习目标

导入要尽快使学生的注意力转移到课堂上来，而不是脱离教材内容去制造“噱头”导入。那样容易使导入偏离教学目标，与教材内容相脱节，影响学生对教材内容的学习。

2. 注意新旧知识的联系

根据奥苏贝尔的先行组织者策略理论，学生学习新知识时要找到新旧知识联系的固着点。根据小学数学教学中的化归思想，由近到远、由简到繁、由已知到未知的联系，可以唤醒学生原有的知识储备，为学习新知识打下基础。在巧妙地导入以后，教师要把握住时机呈现新内容，让学生比较新旧知识的联系与区别。通过前后知识联系，新旧知识便能迅

① 可参见，奥数网：http://www.aoshu.com。

② 朱维宗等.小学数学教学设计[M].哈尔滨：哈尔滨工业大学出版社，2007：98.

速、牢固地与已有知识联系起来了。

3. 利用好奇心巧设悬念

利用学生的好奇心，更好地“抓住”他们的注意。好奇心成人也有，但青少年学生尤甚。悬念是由教师悉心营造出来的，但如何营造可以达到更好的效果颇有讲究。设计一堂课的导语时，教师要根据学生的知识水平和心理特点来设计，要设计得逼真，要设计得恰到好处。设计的导语必须符合本堂课教学内容和教学情趣。这样学生在探究悬念“谜底”时，就顺利地完成了学习任务。

4. 把握导入的梯度

根据维果茨基的观点，儿童现有水平和潜在水平之间的差距就是其最近发展区。教学要把握好儿童的最近发展区，确保新旧知识间的跨度在儿童的最近发展区内。如果新旧知识之间跨度过大，即便是符合学生已有生活经验的导入设计也起不到应有的效果，反而会挫伤学生的学习积极性；反过来说，如果跨度过小，会让学生觉得学习太过简单，久而久之便会产生骄傲自满心理；还会拖慢学习进度，影响教学效率。所以，导入设计要确保知识跨度尽量接近学生最近发展区的上限，这样才能达到最佳效果。

(二) 小学数学常用导入方法

1. 情境导入法

情境导入法是以实际生活中的场景或问题作为课程的开始，这种导入方法的优势在于：让学生领悟到数学源于生活而又服务于生活，把抽象的数学具体化、生活化，有利于学生理解和接受新内容。在学习前引入实际情境，点明本课主题，学生明确了本课的知识点，在学习过程中会产生有意注意，能够提高学习效率。

案例

一年级数学上册第三单元《比大小》导入①

1. 出示课本情境图：小猴子分水果

师：今天，小猴子们摘了很多水果，忙坏了。我们看看有几只猴子？它们摘了什么水果，各有多少？（学生看图回答问题）

(1) 摘了这么多水果，三只小猴子该怎么分呢？你能帮帮他们吗？（学生用学具卡片按自己的想法，摆放小猴和 3 种水果）

(2) 让学生摆出图片学具表示数量，设疑激趣：摘了这么多的水果，到底哪一种水果比较多，哪一种水果够分，哪一种水果不够分，老师很想知道，你们想知道吗？那我们来比一比看。

(3) 展示学生摆放的结果

评析

通过一个贴合学生生活经验的情景导出问题，再通过对数学问题的解决得到新发现、学习新知识。这样设计的情景结合学生的兴趣特点，可以在课的开始就吸引住全体学生

---

① 可参见，奥数网：http://www.aoshu.com。

的注意力，引起学习的兴趣。因此，情景导入方式应用较为广泛。

2. **问题导入法**

问题导入法是以能引发学生兴趣与思考的问题作为一堂课的开始，在问题解决与探究中进入新课学习。这个问题应该是开放的，能激发学生兴趣的，只有这样的导入才能在学习的开始就引发学生的求知欲和探索欲。这个问题可以是一个实际问题，也可以是一个纯数学问题，但无论如何，这个问题必须紧扣本课主题。

比如：人教版数学四年级《四边形之间的关系》可以设计这样的问题来导入新课：

(1) 我们都认识哪些四边形？

(2) 这些图形各有什么特点？

指名让学生回答后，继续提问。

(3) 长方形和正方形可以看成是特殊的平行四边形吗？这些图形之间有什么样的关系呢？就是我们要探讨的问题。

问题可以是纯数学的，以设计精练的问题开始，然后围绕问题讨论、交流与学习，这也是很好的导入方式。

3. **温故孕新导入法**

有些类型课程的学习需要运用很多相关知识，或是由固有知识迁移得到，这就需要在学习新知识之前先复习，唤起学生对固有知识的记忆。温故的作用在于扫清求新过程中的障碍。有些课程可以通过对固有知识的回顾、反思，运用迁移、拓展和类比等手段引出新知识，使新概念的形成顺理成章，益于学生理解和接受。

比如：人教版数学二年级上册《有余数的除法》可以这样进行导入设计：

(1) 复习整数除法

老师给学生呈现复习题目：

15÷3=　　　14÷2=

16÷4=　　　18÷6=

30÷5=　　　28÷7=

当学生比较准确地回答了以上问题之后，老师再给学生呈现这样两道除法算式：

27÷6=　　　34÷5=

这样让学生能够由整除的算式过渡到不能够整除的算式，引起学生的好奇心与求知欲，达到导入课堂的目的。

4. **操作探究导入法**

这种导入法是让学生在动手操作中发现规律、提出猜想、进入新课学习，是目前数学课堂教学中运用比较多的导入方式。这种方法可以充分调动学生的主动性，在操作过程中使学生达到最佳状态；在探究过程中，激发学生的创造力。如何设计一个既能达到预定目标，又切合学生实际的操作问题呢？

案例

“三角形三边关系”的导入设计①

让学生提前准备好4根游戏棒，长度分别为：3 cm、5 cm、7 cm、8 cm。新课从游戏开始：

(1) 游戏。任选4根游戏棒中的3根搭成一个三角形；

(2) 思考。长度分别为5 cm、3 cm、7 cm、8 cm的游戏棒，可以搭出多少个不同的三角形？请分别写出这些三角形的三边长度；

(3) 做完以上游戏，你有什么发现？

学生搭建三角形的过程中，发现3 cm、5 cm、7 cm的游戏棒放在一组时，无法构成三角形，3 cm、5 cm、8 cm的游戏棒放在一组也无法构成三角形，于是提出质疑，引起反思。

(4) 教师提问。满足什么条件的三条线段才能构成三角形呢？

评析

这样的导入趣味横生，学生的主动参与程度很高，课堂氛围是轻松愉快的。在这种氛围下学生学习更有乐趣。

新课导入的方式很多，不同的课型应有不同的选择，同样的教学内容采用不同的设计也可能达到同样的目的。但无论采用怎样的导入方式，提高课堂效率、激发学生学习兴趣是最根本、最重要的。

二、提问设计

提问是教师根据教学目的和要求，针对具体教学内容，向学生提出一些问题，需要学生在适当思考后回答的教学方式。巧妙的提问能够起到巩固、深化已学知识，活跃课堂气氛、引导学生关注重点，发展学生思维能力与语言表达能力等多方面的作用。

关于提问的类型根据不同的分类标准，提问可以分为以下几种：

1. 概念式、理由式和方法式提问

这是从提问内容以及对学生提出的具体要求进行分类的。概念式提问是教师要求学生对具体教学内容做出确切的回答。这类问题的答案一般均可从教材中找到，只要求他们能正确地复述即可；也有的从教材上找不到现成答案的，要求他们概括后表达。理由式提问要求学生不仅要“知其然”，而且要“知其所以然”，学生要深入理解教材中的某些重点或难点内容。这类问题中，“为什么”一词是必备语。方法式提问是教师要求学生理清教材编者的思维路线，理解和掌握教材的具体内容，还要弄清楚编者是如何一步一步地实现编写意图的。这类问题通常通过“怎样”这个词来提问。

① 可参见，奥数网：http://www.aoshu.com。

2. **讲授前、讲授中与讲授后提问**

这是从提问处于课堂教学过程中哪个阶段的角度分类。讲授前提问是教师根据本堂课的教学目的和教学要求，在新课前有针对性地就要讲授的教学内容提出一些问题。提问目的或是帮助学生回顾以往学过的有关知识，或是引起学生对将要学习新知识的好奇和渴望。讲授中提问是教师在讲授完一部分教学内容后，检验学生的理解接受程度，或者向学生暗示下面讲的内容更为重要，需要他们特别关注。在讲授过程中提问，一般提一两个问题，表述较为扼要，占时不多，故不大会影响讲授的系统性。讲授后提问是教师在系统讲授后，针对刚讲完的内容，结合学生听课的具体情况，提出一些颇具思考性的问题，以利于学生尽快地"消化"刚刚学到的知识。学生思考和回答教师提出的问题，将书本上的知识逐渐转化为自己的知识，在接受知识的同时，思想方面通常也能得到某种启迪。要使课堂提问收到上佳效果，主要靠科学、合理、有价值(既能突出教学重点，又能引起学生思考)的问题设计，以及富有变化的提问方式。比如，对教学重点、难点内容提问时，不只提一些"概念式"问题，还提一些"理由式"和"方法式"问题。课堂教学挑选恰当时机提问，这时无须教师督促，学生就会十分乐意地去钻研问题。还应注意把握好问题的难易程度，避免过难和过易两种倾向。

三、练习设计

数学练习是教师指导下的有目的、有组织的数学学习实践活动，是课堂教学的延伸，是学生将所学数学知识转化为技能、技巧，形成数学能力的途径和手段。

(一) 练习的类型

依据练习对学生数学知识、技能发展的作用，练习分为：

1. **准备性练习**

准备性练习是指讲授新内容之前，教师安排学生进行一些针对性练习，以唤醒学生记忆中已有的相关内容，比较自然地过渡到新内容学习，多以课前复习的形式出现。

2. **理解性练习**

理解性练习是新内容的学习之后，教师设计一些有针对性的练习，意在让学生通过练习验证所学理论知识，加深对新学习内容的理解。此类练习多发生在某一定理学习之后。

3. **巩固性练习**

巩固性练习是某一新知识学习之后，教师安排学生进行一定量的课后练习，以达到巩固所学概念、公式、定理的作用。

4. **运用性练习**

运用性练习是新知识学习之后，教师结合学生经验，安排一些结合生活实际的练习题目，让学生运用课堂所学理论知识去解决问题，体会数学与生活之间的联系，增强运用理论知识解决实际问题的能力。

5. **综合性练习**

综合性练习是某一模块知识学完后，为使学生能够将知识系统化，教师设计一定量的练习任务，让学生在练习中综合运用所学知识，实现知识系统化的目的。

6. **创造性练习**

创造性练习是教师根据学生已有知识与能力水平，设计一些对所学理论知识加以扩展、延伸和迁移，才能够解决的问题，让学生经历创造性解决问题的过程，培养学生的创造性思维能力。

(二) 练习设计的原则

数学练习的功能主要是促进和加深理解，学习迁移和反馈教学效果。因此，设计数学练习时需遵循以下原则：

1. **目的性原则**

练习设计要有明确的目的，要根据数学课程标准和数学教科书的要求，选择和设计练习。通过练习使学生理解和掌握数学概念、定理、公式和法则，达到预期教学目标。

2. **层次性原则**

数学练习必须有层次、有坡度，编排时应注意由易及难、由浅入深，循序渐进、逐步提高。数学练习一般有以下层次：

(1) 模仿。与例题类型和难度基本相同的题目，通过练习提高数学知识和技能掌握的熟练程度。

(2) 变式。本质特征和例题相同，非本质特征与例题不同的题目。这类练习有利于把握概念的关键特征，加深对数学知识的理解。

(3) 灵活。综合和灵活运用数学知识才能解决的问题。这类练习用来提高学生的综合能力和分析解决问题能力。

(4) 创造。这是一类带有思考性和创造性的问题，是创造性思维才能解决的问题，这类练习有利于培养学生的创新精神和创造能力。

3. **全面性原则**

设计的练习要体现整体性，题目内容要全面体现数学目标，既要注意技能的训练，还要注意对学生能力的培养和数学思想方法的熏陶。

4. **适度性原则**

数学练习必须保证一定的数量才能达到熟练掌握程度，但由于受时间限制，而且要根据学生的水平，设计时要确定适当的练习梯度，太多、太难不一定效果好，有时重复学习频率越高，反而学习效率越低。

5. **多样性原则**

数学练习的类型要多样，既要有客观性题目，又要有主观性题。数学练习的设计类似数学例题的设计，但在练习的编排上常采用“题组”的方式。“题组”是练习的一种有效方式，充分体现练习的整体性和系统性，通常有以下情况：

(1) 类型相同或相似的题目放在一起，让学生体会这一类问题的解决方法；

(2) 把处理方法相同或相似的题目放在一起，使学生能从数学思想方法的高度总结解题的规律；

(3) 把一个大题分解成几个小题。

四、小结设计

课堂小结是一堂课结束时，教师概括性总结本次课所学内容，整理所学的数学概念、定理、公式和法则等。帮助学生加深各部分知识间的相互联系，使之条理化、结构化和系统化，便于巩固和记忆。使学生进一步明确教学的重点、难点和关键点，运用数学定理、公式和法则时要注意的条件和范围。小结数学知识和解题方法的基础上，学生对数学思想方法的认识升华，进一步提高数学素养。小结时，教师还可以提出一些有深度的问题，让学生课后思考与探索，提高学生探究问题的能力。

（一）小结设计的原则

1. 整体性

课堂小结时，应对本课的内容做简要且清晰的归纳，画出本节课堂教学进程的大致轮廓（有时可结合板书进行）。这样的小结，有利于学生理解和记忆本堂课的基本内容。收尾切忌丢三落四、残缺不全，以致学生不知道本节课哪些内容是必须深刻理解和牢固掌握的。

2. 针对性

总结要注意“完整”，回顾这节课的整个教学进程。但并不是说不分轻重主次，把过程平铺直叙地复述一遍。收尾要针对学生听课的实际情况突出重点。这里所说的“突出重点”包含两方面的含义：一是突出学生本节课必须掌握的教学内容（要求一般了解的内容可以“一句带过”）；二是突出教学进程中大多数学生理解存在困难的地方，加深他们对重点和难点内容的理解。

3. 启发性

收尾时，教师用概括语句，归纳整理本堂课讲授的主要内容，帮助学生更好地理解和掌握这些教学内容当然很有必要，但只做到这一点还不够。好的收尾应该是富有启发性的。教师不仅要告诉学生结论，更要让学生了解和掌握得到结论的途径和方法，以便他们今后能灵活运用类似知识。

（二）总结的类型

（1）归纳式小结。这是最常用的小结方式，通过教师与学生共同讨论，系统地总结和归纳概括一节课的主要内容和数学思想方法，帮助学生理清思路，巩固所学知识。

（2）比较式小结。这种方式是在小结时，比较这节课所学知识与此前所学知识的异同，再次激发学生的学习兴趣。

（3）规律式小结。这种方式的小结，将这节课所学知识形成一个整体，使学生对知识形成系统的结构。

（4）讨论小结。小结时，教师根据本节课的教学内容及前面学过的知识，提出一个能深化理解、运用概念和技能的问题，让学生去讨论。教师不要给出判断，让学生思维自由展开。这样的小结有益于提升学生的思维水平。

（5）提升式。这种小结，不仅总结数学知识，而且从认识事物的本质、研究问题方法的角度提升教学内容，从数学思想方法的高度小结课堂的内容。

五、作业设计

(一) 概念

作业是为巩固课堂教学效果而设计的、学生课内外的练习。它是学生主动学习的一种方式，是学生以某一主题或某一领域的问题为主线，进行的一种探究工作或活动；是学生对事物的不知，经过运用已有知识和经验，对材料的不断观察、筹划和思考，寻找合适的工具，像科学家那样探究，达到认知的过程。作业可以反馈学生学习的情况，好的作业设计能够帮助学生更好地巩固知识，反馈学习效果，促进知识的迁移。

(二) 作业设计的类型

1. 差异性作业

差异性作业是教师给学生安排的，在难度、复杂性、综合性等方面有梯度的作业任务，以便于反馈不同层次学生的学习。比如，"小数乘法简便计算"学习后，设计以下三个层次的作业：

基本：(1) 5.4×72+5.4×28　　(2) (1.25+2.5)×4

中等：(1) 5.4×99+5.4　　(2) 7.5×10.1

复杂：(1) 7.4×5.6+7.4×5.4−7.4　　(2) 8.4×7.2+0.84×28

2. 趣味性作业

趣味性作业是教师结合学生生活中已有经验，安排一定量贴合学生生活经验，容易激发学习欲望的课后任务。比如，在"长方体表面积"教学活动结束后，设计作业：学校要建设一个游泳池，计划泳池长 50 米，宽 25 米，深 2 米，粉刷一平方米泳池需要费用 150 元，请你帮助施工师傅算一下，一共需要多少钱？

3. 自主性作业

自主性作业是教师在一个单元模块的内容学习后，安排一定课后任务，让学生通过探索，独立完成的续写任务。比如，"长方形的面积计算"课堂结束前，给学生提出要求：请你结合今天所学的知识，为同学们设计一道作业题。

六、板书设计

板书一词，在教学中既可以作为动词来理解，指教师讲课时在黑板上写字的动作；也可以作为名词来理解，指教师上课时在黑板上所写的内容。板书设计中，指的是后者，即教师讲课时在黑板上所写的内容。

(一) 板书的作用

1. 理清教学思路

教师根据本节课的教学重点和教学要求，用板书的形式把讲授的重点和贯彻要求的意图，用简明扼要的文字体现出来，使学生比较容易地领会并顺着教师的教学思路去学习和思考。

2. 构建知识框架

教师在深刻理解所授知识的基础上，用板书的形式展现该知识在整个知识体系中的地位、与其他知识之间的联系以及基本知识结构框架(如重点内容与一般内容;层次与层次之间的关系等),让学生看起来一目了然。

3. **发展学生的抽象思维能力**

教师向学生传授知识,大多是从具体到抽象的。通过板书这种形式,能把讲授过程概括、清晰地展现在学生面前(光靠口头语言讲授很难做到这一点的),能帮助学生在具体形象思维的基础上,牢固地确立科学概念,降低定理、法则和公式的理解难度。久而久之,学生的思维自然会从具体向抽象方面发展,逻辑思维能力也会因而得到增强。

(二) 板书的要求

1. **条理清晰**

板书的目的是浓缩和概括当堂课的内容,以便让学生更容易理解和掌握。因此,板书是提挈"纲"和"领",具有较强的条理性,做到"纲举而目张"。

2. **简明扼要**

板书的一个显著特点是简洁性,板书时要注意语句精练和概括,对教学内容加以浓缩时要注意准确、恰当地表达原意。有时为了引起学生的注意,教师也可以把一些错误的东西(这些错误的东西一定要具有普遍性)写在黑板上,但要注意接着马上写出正确的东西,并应在正确的旁边打个"√",在错误的旁边打个"×",以避免出现有些粗心(还有一些不专心听讲)的学生"对错不分"或"以错为对"。

3. **出示适时,突出重点**

课堂教学过程中,教师什么时候出示板书应考虑周全,不当出示将导致达不到板书的预期效果。比如,要求学生思考的题目应在稍做提示后便出示板书,而结论性的句子则应在经过逻辑推理后再出示。"突出重点",除了把重点部分内容的字写得大一些、笔画写得粗一些外,还可以适当地运用彩色粉笔。比如,强调重要结论时,要求学生特别注意教学内容的重点和难点,在学生容易混淆的地方用彩色粉笔画一下作记号,或者用彩色粉笔写出某个关键词语,均能收到"画龙点睛"的效果。

4. **因情而异,富于变化**

不同教学情境中的板书,应该有不同的表现方式。教师选用某种类型时,应注意两点:一是要有针对性地选用,不能不加分析地生搬硬套;二是选用时要适当进行变化,要根据自己的个性和对当堂课教学内容的独特理解,进行创新书写。文字、符号与编号要端正、规范,还要注意字与字的排列匀称,字间距、行间距保持美观。

(三) 艺术型板书的形式

板书的基本特点是比较灵活、富于变化,有利于激发学生积极的情感活动。艺术型板书通常有三种形式:

1. **图文式**

图文互释,文图并茂,能使学生对学习内容获得形象性认识,不但特别容易记住,而且能激发他们浓厚的学习兴趣。

2. **阶梯式**

适用于故事性特别强的课文,教师根据教学需要(这种教学需要是由教学目标和教学要求产生的)，有意设置“阶梯”(这些阶梯既可以向上，又可以向下)，使学生随着教师的思路“跳上”和“跳下”，促使他们深刻地感受和理解教学内容。

3. 重点式

也称辐射式，围绕重点内容、突出重点地设计板书，把重点内容、一般内容以及它们之间的关系，形象地展现出来(通常是先确定中心，然后向四周“发散”开去)，帮助学生准确、细致地理解学习内容。

(四) 板书的类型

1. 提纲式板书

此种板书是运用简洁的重点词句，分层次、按部分地列出教材的知识结构提纲或者内容提要，帮助学生理解某一知识点的脉络框架。比如，

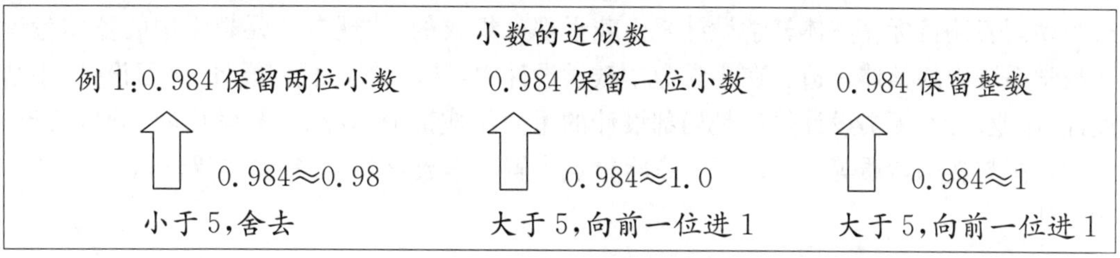

图 4－1　小数的近似数板书(人教版小学数学四年级下册第四单元)

2. 表格式板书

表格式板书是借助表格使教学内容的呈现条理化，便于学生理清所学知识脉络和相互之间区别与联系的一种板书设计方式。比如，

表 4－5　因数与倍数板书设计

	个数	最大的	最小的
因数	有限个	是一个数本身	1
倍数	无数个	没有最大的	是一个数本身

3. 关系图式板书

关系图式板书是依据知识间的关联性，把相互之间有联系的知识点以关系图形呈现出来，以便学生对某一模块知识形成整体性理解的做法。比如，

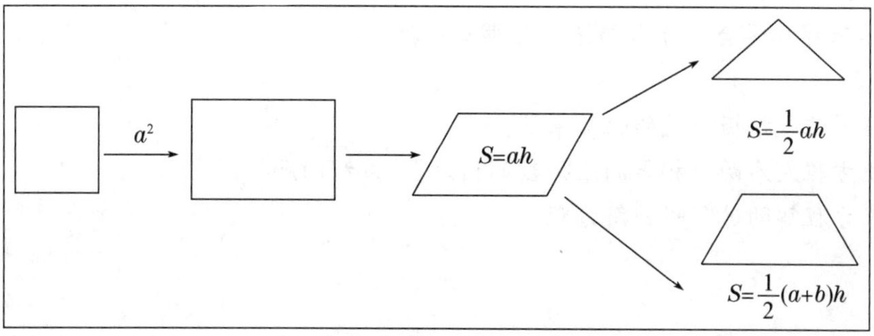

图 4－2　平面图形面积复习板书设计

本章小结

小学数学教学设计是教师根据学生的认知发展水平和课程培养目标，制定具体教学目标，选择适当教学内容，设计教学过程各个环节的过程。它是教师在一定教学设计理论指导下，把教学过程涉及的各个因素整合为一个有机的整体，是教师开展教学活动的主要依据，体现了教师对教学内容、方法与资源的创造性处理，是教师备课成果的文字呈现。教学设计前，教师要做好充分的准备工作，周密安排教学过程涉及的各个因素，以利于教学目标的实现。目标是行动的导向，教学目标的设计是小学数学教学设计的首要环节。新课程改革三维目标设计理念下，小学数学教学目标设计要从知识技能、数学思考、问题解决与情感态度四个方面思考。在目标表述环节要尽量用具体、明确、可操作和可测量的行为动词表述目标。整体教学设计是由若干部分组成的，体现在单元教学中的整体考量与教学系统中的整体构造。在小学数学教学设计中，导入设计、提问设计、练习设计、小结设计、作业设计、板书设计等都是局部设计的重要组成部分，要结合教学内容、学生特点、可用资源与教师素质等方面。下一章将重点讲解小学数学概念、命题、解题和复习课的教学设计。

思考与训练

1. 小学数学教学的整体设计与局部设计各指哪些内容？

2. 在进行小学数学设计之前要做哪些准备工作？该如何做这些准备工作？

3. 新课改所要求的知识与技能、过程与方法、情感态度价值观目标与小学数学知识技能、数学思考、问题解决、情感态度四个目标领域如何做到融会贯通？

4. 对命题、概念、问题解决这些不同类型知识的学习，应该如何进行有针对性的设计？

5. 一个完整的小学数学教学设计分为哪几个部分？各个部分的设计有哪些需要注意的问题？

6. 请设计人教版数学一年级下册《元角分》的教学目标。

7. 下面是一位老师在《解方程》(人教版小学数学五年级上册)学习之后的小结，请用所学知识对其进行评述。

师：这节课你学会了什么知识？有哪些收获？

引导总结：

1. 解方程是根据等式的性质来解。

2. 使方程左右两边相等的未知数的值，叫作方程的解。

3. 求方程解的过程叫作解方程。

第五章
小学数学具体内容的教学设计

扫码查看
本章资源

设计并不仅仅是它看起来怎么样或者感觉怎么样，设计是如何让它运作。

——史蒂夫·乔布斯(Steve Jobs)

内容提要

本章涵盖小学数学概念、命题、解题和复习课的教学设计，具体包括：数学概念、命题、解题和复习课的含义及其学习要求、形式和过程；不同内容教学设计的模式、策略方法和案例分析。

关键词

数学概念；数学命题；数学问题；复习课；教学设计

学习目标

1. 了解数学概念、命题和问题解决的含义，明确小学数学不同内容的学习要求；
2. 熟悉小学生学习数学概念、命题和解题的心理和认知过程；
3. 明确复习课的特点和教学目的，掌握多种教学策略；
4. 理解并灵活应用具体内容的教学设计模式。

学习策略

本章理论学习方面，应结合小学数学概念、命题和问题，理解其内涵特征，了解其学习要求，掌握学生学习的认知、心理过程以及教学模式，做到理解基础上的记忆。实践方面，要结合相关理论尝试多种课型的教学设计。基于教材、学习任务和学情的前期分析，灵活运用多种教学模式，解决小学数学教学设计中遇到的问题。学习要把握主线，能够回答“教什么”“学什么”“怎么学”“怎么教”的问题。对已有的教学设计有质疑和批判意识，能够理论联系教学设计实践，有自己的思考和创新。

你能发现下面设计的共同点吗?

(如表 5－1,5－2)

表 5－1 “角”概念的教学设计

课题	“角”的概念	设计意图
环节 1： 情境激趣，自主找角	活动 1：出示滑滑梯场景，引导学生观察找角； 活动 2：媒体演示，抽象出角。	让学生在熟悉的活动背景中找角。
环节 2： 自主参与，探究新知	活动 1：角的分类。先让学生小组合作，自主分类；再组织交流，引导学生回答“为什么分三类，是按什么标准分的?” 活动 2：理解锐角、钝角的含义。引导学生给锐角、钝角命名；总结验证锐角、钝角的方法；构建锐角、钝角和直角的表象；辨析选择概念的正例和反例。 活动 3：拼角并认识角的大小。拼角；小组合作解决“角的大小与什么有关”的问题。	设计意图：再次强化锐角、钝角的概念，为高年级学习角的和差做铺垫；学生自己发现角的大小与边的长短无关，只与边的开合有关。
环节 3： 内化新知，拓展延伸	活动 1：师生互动，整理思路； 活动 2：观察欣赏，说说生活中的角。	观察、口头和书面的总结，强化角概念的本质属性，感受“角”在生活中的广泛应用。

表 5－2 “周长”概念的教学设计

课题	“周长”的概念	设计意图
环节 1： 引导探索“周长”的含义	活动 1：谈话引入“周”字的含义； 活动 2：用树叶、国旗卡片、三角形等图形，解释图形“周长”课题； 活动 3：猜测、探索图形周长的含义； 活动 4：尝试用语言表达大小、形状各不相同的图形的周长。	唤醒学生已有认知经验，激发学生的大胆猜测。让学生尝试归纳和表达对周长的理解和认识。
环节 2： 操作、自主体验“周长”的意义	活动 1：小组合作解决“如何知道这些图形的周长”的问题； 活动 2：充分利用现有的学具和测量工具完成任务，测量规则、不规则图形的周长，并记录数据。	学生在操作中进一步体会周长的意义。
环节 3： 交流总结，展示学生的成果	活动 1：教师引导，学生小结，展示小组测量图形周长的成果； 活动 2：教师总结，激励学生。	体会合作的必要性，强调知识重点，关注学生的情感体验。

以上两个概念教学设计的共同点是：先借助实例和学生已有经验，在活动中直观感知、抽取概念的共同本质属性，并尝试用自己的语言表达概念；接着学习概念的符号表达、分类，判断概念的正例和反例，以强化对概念的理解；最后是概念的拓展和综合应用。这

个规律是概念形成的教学设计模式。本章主要讨论概念、命题、解题和复习课教学的设计理论，为小学数学教学设计提供思考路径。

本章预备知识

1. 什么是概念、命题和问题解决？复习课的教学目的是什么？

2. 教学按照课型，可以分为哪些种类？

3. 根据皮亚杰的认知发展理论和奥苏贝尔的认知同化学习理论，表征和表象的含义是什么？“同化”和“顺应”的含义是什么？

4. 什么是奥苏贝尔提出的有意义学习？机械学习和有意义学习的区别是什么？学习可以分为哪些类型？

5. 想一想，心理学中什么是问题表征、模式识别、知识迁移和自我监控？

6. 什么是教学设计？什么是教学模式？

第一节　小学数学概念教学设计

概念是事物本质属性的体现，是人们在实践过程中对一类事物的概括和表征。概念构成不同学科知识的基本单元，概念学习是知识学习的逻辑起点。本节讨论小学数学概念、小学数学概念学习的内容、过程和小学数学概念教学设计的模式。

一、小学数学概念

（一）内涵

数学概念是事物在数量关系和空间形式方面的本质属性，是人们从数学研究对象中抽取本质属性概括而成的。所谓本质属性就是决定一事物之所以成为该事物并区别于其他事物的属性。相对地，非本质属性就是对该事物不具有决定意义的属性。比如，“圆周上的点到圆心的距离相等”是“圆”概念的本质属性，而圆心的位置和圆半径的长短是圆的非本质属性。小学数学概念是数学抽象性的充分体现，是各领域知识展开的基础，多以描述形式呈现。比如，“乘法”概念描述为“这种加数相同的加法，还可以用乘法表示”。

（二）性质

从静态角度考察，除了一般概念具备的确定性、共享性和灵活性，数学概念还具备抽象性、逻辑性和整体性。确定性是指在一定条件下概念的含义和适用对象是确定的，不能任意改变或混淆不清。也就是说，不能主观随意地改变概念的含义和适用对象。共享性是指一个概念的指称是客观的（事物的特有属性或本质属性是客观存在的）。研究者对一个概念具有基本的理解，共同分享概念的意义。灵活性是指在不同条件下，随着客观事物的发展和人们认识的深化，概念的含义和适用对象是可以变化的。就是说，认识条件的改善，认识能力的提高，对概念的变化具有重要作用。抽象性是指概念是科学抽象的结果，在获得丰富的感性材料的基础上舍弃事物的次要属性，保留事物的本质属性，是透过现象看本质的认识过程。逻辑性指具有抽象关系的概念间存在的某种关系，这种关系即为逻辑关系。概念间的逻辑关系决定着数学概念的整体性。数学概念之间不是孤立的，而是由联结概念的若干有向线段和概念本身组成彼此联系的概念系统。

数学概念的抽象概括程度分为三个层次：第一，有明显直观意义的抽象。比如，从5个苹果、5位女生、5棵树等不同的实际情境抽象概括出数字“5”。第二，通过对已有概念的进一步抽象概括而产生的数学概念。比如，“等值分数”概念建立在分数、分子分母的最小公倍数和分数性质的基础上。第三，纯粹是思维自由想象和创造的产物。比如，“直线”概念涉及无限，在现实世界没有原型。

(三) 结构要素

数学概念包括概念的内涵和概念的外延。概念的内涵(概念的质的方面)是指，反映在概念中对象的特有属性或本质属性，通常也叫作概念的含义；概念的外延(概念的量的方面)是指具有概念所反映的本质属性的对象。比如，“两组对边分别平行，有一个角为直角的四边形”是矩形的内涵。长方形、正方形的全体是矩形的外延。概念的内涵与外延是相互依存、相互制约的，概念的内涵和外延呈反变(反演)关系，即概念的外延随着内涵的增多而减小。比如，菱形的内涵比平行四边形的内涵多，但其外延要比平行四边形的外延少。平行四边形除了包括菱形外还包括其他一般的平行四边形。

(四) 外部表达方式

定义以语言为途径，对概念逐字逐句地界定，是明确或解释概念内涵的逻辑方法。任何定义由被定义项、定义联项和定义项三部分组成，一般采用“……就是……”的形式。具体叙述时，表达方式可以多种多样，用于认识概念实体的工具，是概念建构的脚手架。总之，被反映的事物和反映在头脑中的概念是两个不同的层次，定义和概念不应画上等号，它们的区别是：定义是以揭示概念的内涵为目的的逻辑活动，概念是事物客观存在的特有属性和本质属性；定义是概念在头脑中的反映，意在揭示概念的含义。定义和概念的联系是：定义以概念为依据，为概念正名、赋予其新的意义和建构概念框架。定义与概念的联系从动态角度看到数学概念的特征。其一，同一个概念可以采用彼此等价的一组定义去描述。比如，“角”的定义：① 有公共端点的两条射线所夹的部分；② 一条射线围绕端点旋转，从一个位置旋转到另一个位置所形成的图形叫作角。其二，概念具有发展性，在不同背景下可以赋予一个概念新的意义。比如，在自然数、整数、分数增添负数，使“数概念”扩张到有理数。

1. 定义的方法

定义概念是对感性材料进行加工的过程。一般是通过对感觉、知觉和表象，采用比较、分析、综合、抽象和概括等逻辑方法。小学数学下定义的常用方法有：

(1) 邻近的属加种差定义

这是最常用的下定义方法。首先，找出被定义项的“邻近的属”。在一个概念的各个属概念中，其内涵与这个概念的内涵之差最小的，叫作这个概念的邻近的属。比如，平行四边形是矩形的邻近的属概念；四边形是平行四边形的属概念。其次，指出概念区别于这个属概念下的其他种概念的种差，揭露概念的内涵。设 B 概念是 A 概念的种概念，则 A 概念的本质属性也都是 B 概念的本质属性，但 B 概念还有用以区别 A 概念的其他种概念的其他属性，这样的属性叫作 B 概念的种差。比如，“有一个角是直角”是矩形区别于平行四边形其他种概念的种差。最后，用公式“被定义项＝种差＋邻近的属”定义概念。同一概念，选择同一属的不同种差，呈现出不同的定义。比如，平行四边形既可定义为“两组对边分别平行的四边形”，又可定义为“两组对边分别相等的四边形”。

(2) 发生定义

用一类事物产生或形成的情况作为种差呈现出定义，叫作发生定义。比如，“圆是由平面内到一个定点的距离等于定长的动点运动而成的封闭曲线”。这个发生定义中，种差是指如何画出圆的情况。由于发生定义刻画的是概念的形成和产生的过程，语言叙述一般较冗长，但它有直观、生动的优点，有时还可用图形直接表示。

(3) 关系定义

关系定义是通过被定义对象与其他事物的关系给概念下定义的方法。它也是属加种差定义的一种特殊形式。种差所揭示的是事物之间的关系。比如：偶数就是能被 2 整除的整数。它的种差就是偶数与 2 的一种关系。

(4) 外延定义

外延定义中，被定义项是属，定义项是几个种的并。比如，整数和分数统称为有理数。“有理数”是被定义项，“整数和分数”是两个种的并。

2. 原名

由于下定义只能用已被定义过的概念去定义新概念，顺次上溯必将出现不能用前面已被定义过的概念来下定义的概念。比如，平行四边形定义为“一组对边平行且相等的四边形”，必须先定义两条直线平行、四边形及其对边；定义四边形时，必须先定义多边形及其边；定义多边形时，必须先定义折线；定义折线时，必须先定义点和直线。但点和直线都无法再用已被定义过的概念来下定义。像这样不能引用别的概念来定义，且又用来定义其他概念的概念，叫作原名(基本概念)。比如，小学数学中的点、直线、平面、集合等都是原名，对它们解释只是对原名所反映对象的一些直观描述。

(五) 分类

按照安德森知识分类说对数学概念分类，可以分为陈述性概念和运算性概念。其目的在于：从理论上解析数学概念结构，为概念学习理论奠定基础；便于在教学中根据不同类型概念制订相应的教学策略。比如，平行四边形概念。如果$(AB \parallel CD) \wedge (AD \parallel BC)$，那么称四边形 $ABCD$ 为平行四边形。由于是两个特征的合取，不存在运算特征，所以平行四边形的概念是陈述性概念。又如，“偶数”的概念：能被 2 整除的自然数叫作偶数。因为判断一个数是否为偶数，必须做一次除法运算，因此偶数概念为运算性概念。

数学概念具有“过程”与“对象”的双重特征①，过程指概念含有某种操作(运算)程序；

① 李士锜. 数学教育心理学[M]. 上海：华东师范大学出版社，2001：23.

对象指数学概念的定义结构和关系。比如,“加法”概念既代表两个集合中元素的合并或添加起来的过程,又代表合并或添加后的结果。这种二重性主要表现在运算性概念中,需要从作为对象和过程的两个步骤形成抽象的数学概念。“过程性”理解比“对象性”理解容易,学生容易形成数学对象的过程,难以形成数学对象的解构。比如,“平均数”概念,学生容易理解“总数÷总份数=平均数”的过程性特征,却忽视了“移多补少”的对象性特征。因此,帮助学生从“过程”(方法性)过渡到“对象”(结构性)是运算性概念学习的重要课题。

(六)概念间的关系

所谓概念间的关系就是概念的外延间的关系。根据概念的外延有无重合之处,概念间的关系可分为相容关系和不相容关系。概念间的相容关系是指两个至少有一部分外延重合的概念之间的关系,分为完全重合和部分重合,即同一关系、属种关系和交叉关系。概念间的不相容关系是指属于一个属概念中的两个在外延上没有任何重合部分的种概念之间的关系,分为矛盾关系和反对关系(如图 5-1)。

- 概念间的关系
  - 相容关系
    - 同一关系
    - 属种关系
    - 交叉关系
  - 不相容关系
    - 矛盾关系
    - 反对关系

图 5-1　概念间关系的逻辑图

1. 同一关系(全同关系)

如果两个概念的外延完全重合,则这两个概念之间的关系是同一关系。比如,最小的质数与最小的正偶数是同一关系的概念。“等价类”概念的同一关系说明,具有同一关系的两个概念可以互相代替,对反映同一类事物的概念的内涵做多方面的揭示,有利于明确概念。

2. 属种关系

如果两个概念之间,一个概念的外延完全包含在另一个概念的外延之中,而且仅仅成为另一个概念外延的一部分,则这两个概念之间的关系是属种关系。在属种关系中,外延大的、包含另一个概念的外延的概念是属概念;外延小的、包含于另一个概念的外延之中的那个概念叫作种概念。属概念和种概念是相对的。比如,四边形和平行四边形是具有属种关系的概念,四边形是平行四边形的属概念,平行四边形是四边形的种概念。

一个概念的属概念未必是唯一的,它的种概念也未必是唯一的。比如,多边形、四边形和平行四边形都是矩形的属概念;矩形、菱形和正方形都是平行四边形的种概念。具有属种关系的两个概念,它们的内涵和外延具有反演(反变)关系。比如,平行四边形和菱形都是四边形的种概念,平行四边形概念的内涵比菱形概念的内涵少,而平行四边形的外延比菱形的外延多。

3. 交叉关系

如果两个概念的外延有且只有一部分重合,则这两个概念之间的关系是交叉关系。比如,等腰三角形和直角三角形是交叉概念,交集为等腰直角三角形概念的外延。

4. 矛盾关系

如果两个概念的外延完全不同,并且它们的外延之和等于其属概念的外延,那么这两个概念之间的关系就是矛盾关系。比如，垂直和不垂直相对同一平面内两条相交直线的位置关系来说就是矛盾关系。

5. 反对关系

如果两个概念的外延完全不同，而且他们的外延之和小于其属概念的外延，那么这两个概念之间的关系就是反对关系。比如，正有理数和负有理数相对有理数来说就是反对关系。

二、小学数学概念学习的要求

数学概念学习要通过定义和划分来理解概念的内涵和外延，通过获取概念的表象建立内部表征，在对概念意义理解不断丰富的过程中，形成概念域、构造概念系。

（一）定义概念的内涵

定义是明确概念内涵的逻辑方法，划分是明确概念外延的逻辑方法，作为数学概念的外部表征，除了用语言文字和符号表达，辅之以图表、图形和图像，或者展示实物或数学模型。这些表征之间的比较、联系与转换，能使学生从不同角度了解、熟悉所要学习的概念。不同表征间的转换与联系，将共同参与学生的思考活动，被选取、改造和适应，转变为心理上的表象。比如，"分数"概念有语言文字、符号和图形的多种表达方式。能够在多种表征方式间转换，体现学生对"分数"概念理解的深度。

（二）划分概念的外延

当概念所反映的外延由很多元素组成，没有必要或不可能一一列举时，就需要将概念所指的事物，按照不同的属性分成若干子类。也可以说成，将一个属概念划分为若干种概念，这就是明确概念外延的方法——划分。其中，被划分的类叫作划分的母项；若干子类叫作划分的子项，子项的元素必然是母项的元素。通过划分，一方面可使概念系统化、完整化，建立概念的结构体系；另一方面能获得对概念外延更深刻地认识。

划分必须依据一个确定的、统一的标准，并且依据的标准不同，划分的结果也有所不同。比如，对三角形进行划分。若依据边长是否相等，可分为不等边三角形、等腰三角形和等边三角形。若以内角的范围为依据，可分为锐角三角形、直角三角形和钝角三角形。

（三）获取概念的表象

概念的表象是学习思考过程中的心理图形，属于概念学习的内部表征，它决定着思维运转的有效性。概念表象有以下特征：

1. 表象是相对形象的、具体的

表现通常为从前一层次的内容中可以寻找概念的实例表象，比如，从一堆苹果中产生数，苹果就是表象；从数转化到字母符号，数是相对具体的内容。数概念具有一定的抽象性，但是，相对"字母符号"其抽象度较低，因此，数是可以作为"字母符号"的表象。

2. 表象具有综合性和整体性

概念表象摆脱了细节，形成一个总体形象，使思维易于把握概念的本质。比如，用"跑道"作为"平行"概念的原型，暂时忽略定义的细节，以它代表概念的整个外延，并设法触及"平行"概念"方向相同""距离相等"的本质属性。

3. 表象常有不全面、不精确、不深刻的缺点

表象是概念的象征，不正确或不完善的理解常生成错误或片面的表象。思维表现与数学本身存在一定的差距，甚至相距甚远。比如，不少学生的印象是，三角形的高线落在三角形内部。因此，他们会在钝角三角形两短边的高线作图中出错。

4. 表象有产生、发展的过程

学习初始，学生会努力建构表象，并对表象加工、调整、积累、补充、修改、提炼。其间，可能存在新、旧表象共存，以新表象替换、更新旧表象，使表象不断接近概念，借助表象建构完整、准确的概念。所以，要充分肯定学生错误实例的正确部分，作为形成有益表象的基础。

5. 表象的个性化

由于学习基础、思维加工方式、习惯和使用工具等方面的差异，学生对同一概念的表象呈现个性化特征。比如，"成正比例"概念，有些学生头脑中是正比例函数在第一象限的图像；有些学生是"速度一定，路程与时间数量关系"的相关实例。

(四) 形成概念域

定义可以从不同侧面刻画同一概念，在不同背景下赋予概念新意义。概念的所有等价定义的图式，叫作概念的概念域。比如，

分数定义：分数是一个单位平均分之后中的一份或几份；

$\Leftrightarrow$ 分数是两个整数相除的商；

$\Leftrightarrow$ 分数是 q 与 p 的比；

$\Leftrightarrow$ 有序的整数对：(p,q)，其中，$p\neq 0$。

以上四种定义从不同角度刻画"分数"概念，使"分数"概念的意义不局限在"平均分""几分之几"上，在"商"的背景下体现"分数"的本质，符合数系扩张的数学思想；用"比和比例"的眼光审视分数，加深对分数意义的理解。

具体地，概念域的特点是：

1. 等价定义的内化

某个概念域的内化是指学习者在长时记忆中贮存并内化了这个概念的一组等价定义，它们可以相互推出，在头脑中形成的命题网络和表象。比如，"成正比例关系"的解析表达式与图像之间一一对应的关系，这种"数"与"形"的对应就形成了一个概念网络，从而内化为概念域。

2. 典型定义的存在

一般地，在描述一个概念的一组等价定义中，有一个最基本、易于学生学习而又不失数学严谨性的定义，被称作一个概念的典型定义。比如，"平行四边形"概念的一些等价定义：① 两组对边分别平行的四边形叫作平行四边形；② 一组对边平行且相等的四边形叫作平行四边形；③ 两组对边分别相等的四边形叫作平行四边形。……其中，定义① 是平行四边形概念的典型定义。

(五) 构造概念系

徐利治教授提出数学抽象度概念与抽象度分析法，认为数学对象之间可用三种抽象

关系来刻画。[①]

1. **弱抽象**

从一个数学结构 A 中选取某一特征(侧面)加以抽象,从而获得比原结构 A 更广的结构 B,使原结构 A 成为结构 B 的特例,就称 A 到 B 的抽象为弱抽象,或称 A 与 B 之间存在弱抽象关系。比如,“数系扩张”中,自然数→整数→有理数,组成一个弱抽象链。

2. **强抽象**

通过引入新特征来强化原结构 A,使获得的新概念或理论 B,B 是原型 A 的特例,则称 A 到 B 的抽象为强抽象,或称 A 与 B 之间存在强抽象关系。比如,三角形→等腰三角形→等腰直角三角形,组成一个强抽象链。

3. **广义抽象**

在定义概念 B 时用到概念 A,或者在证明命题 B 时用到命题 A,则称 B 是 A 的广义抽象,即 B 比 A 抽象。比如,定义“平行四边形”概念时用到“四边形”概念,“平行四边形”概念是“四边形”概念的广义抽象。

以上三种抽象关系反映了数学对象之间特有的内在联系,利用这三种关系定义概念系。简单地说,概念系是在个体头脑中形成的、存在特定数学关系的概念网络。概念域是概念系的子图式,概念系可以推广到同构的结构中形成广义的概念系。比如,

“四边形”的概念系的图式(如图 5-2):

设 A:四边形;B:平行四边形;C:矩形;D:菱形;E:正方形;
F:梯形;G:等腰梯形;H:直角梯形。

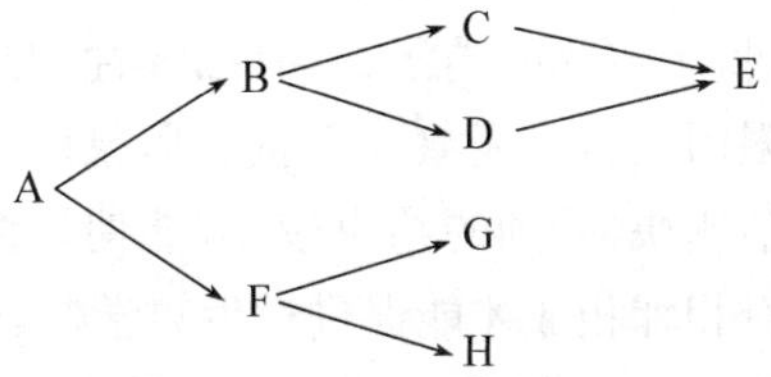

图 5-2　“四边形”概念网络

三、小学生数学概念学习

(一) 数学概念学习的形式

根据抽象程度不同,新旧概念可以分为三种关系,即下位关系、上位关系和并列结合关系。对应地,概念学习有三种学习形式:下位关系学习(类属学习)、上位学习(总括学习)和并列结合学习。

1. **下位关系学习**

当新概念从属于学生认知结构中已有的、包容范围较广的概念时,新概念与旧概念构成下位关系。此时,概念学习称为下位关系学习或类属学习。这种学习一般是通过增加条件对上位概念进行限制,或者补充而形成的新概念。比如,学生先学习了“三角形”概

① 徐利治,张鸿庆.数学抽象度概念与抽象度分析法[J].数学研究与评论,1985(2):133-140.

念，再学习等腰三角形、等边三角形、锐角三角形、钝角三角形和直角三角形的概念时，就构成了下位关系的学习。

2. 上位关系学习

当要学习的新概念比已有概念的概括程度更高、包容范围更广，可以把一系列已有概念包容其中时，即旧概念是从属概念，新概念是总括性概念，新旧概念构成上下位关系。此时，概念学习称为上位关系学习或总括学习。在上位关系学习过程中，关键是从下位概念中归纳概括出它们的共同特征。比如，有理数概念是对“整数”和“分数”概念的发展。

3. 并列结合关系学习

如果新旧概念之间既不产生下位关系，又不产生上位关系，但新概念与学生已有的概念有某种属性或结构相似，就可以通过合理组织已有概念学习新概念，这种学习类型称为并列结合关系学习。比如，学习“负数”概念需要组织学生已有的“相反意义的量”的概念；“平面内，垂直于同一条直线的两条直线平行”，需要借助“垂直”的概念理解“平行”的概念。

（二）数学概念学习的心理过程

不同的学习理论学派对概念学习的过程都有相应的解释[①]，把握学生数学概念学习的规律，可以有针对性地进行数学概念教学设计。基于定义与表象的关系以及认知模式解释数学概念学习的心理过程。

1. 基于定义与表象关系的解释

定义与表象是一个概念的两个方面，它们各有侧重，又互相补充，在学生形成和应用概念中共同发挥作用。定义揭示概念的内涵，具有抽象性和严谨性。但对于信息的回忆和实时加工而言，冗长且受限因素多。表象利用直观形象代表概念，存在不精确、不深刻的缺点，但在回忆加工时简洁明快，受到的约束较小，能使思维运转更加有效。定义和表象既有优势又存在不足，只有相辅相成才能促进学生数学概念的学习。

定义和表象能够互相影响、互相促进。从理论上看，这是一个长期的过程。在学前和小学低年段，概念学习一般是先形成表象，再逐步描述定义，或者不出现定义、不学定义。小学高年段，一般是先掌握定义，再形成表象，并用定义控制表象（如图 5－3）。[②]

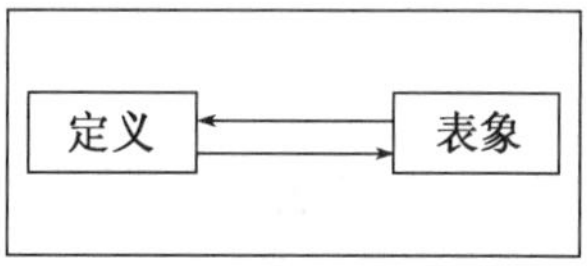

图 5－3　定义与表象的互促作用

数学概念学习应当既借助表象这个思维媒介，减轻思维负担，又参考概念定义，避免或纠正可能发生的错误。“数形结合”方法就体现了这样的要求，这类过程可能是图 5－4 所示的四种情形之一，从理论上指出了积极发挥概念表象作用的途径。合理观照概念的两个方面，能使概念学习轻松、有效。[③]

---

① J. M. 索里，C. W. 特尔福德. 教育心理学[M]. 高觉敷，等译. 北京：人民教育出版社，1983：86－88.

② 李士锜，吴颖康. 数学教学心理学. 上海：华东师范大学出版社，2011：30.

③ 李士锜，吴颖康. 数学教学心理学[M]. 上海：华东师范大学出版社，2011：31.

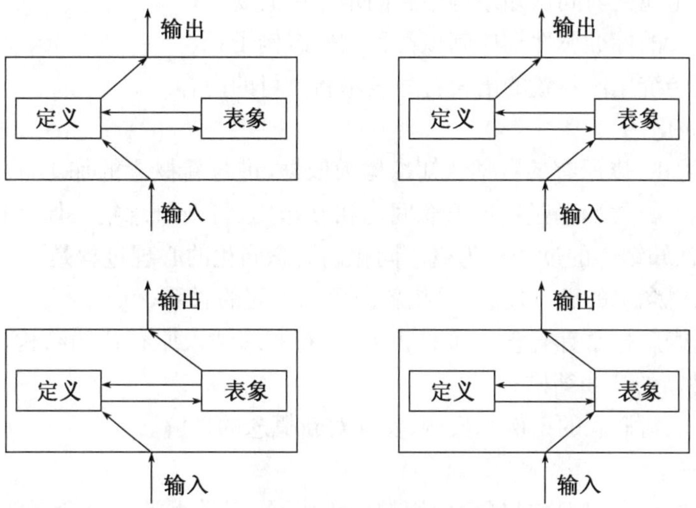

图 5-4　“数形结合”思维的四种情形

2. 基于认知模式的解释

数学概念学习是一个包含联结与认知因素的信息加工过程，通过概念形成、概念同化与数学语言学习获取概念表象，再经过知觉水平应用与思维水平应用，逐步形成概念域和概念系的过程(如图 5-5)。

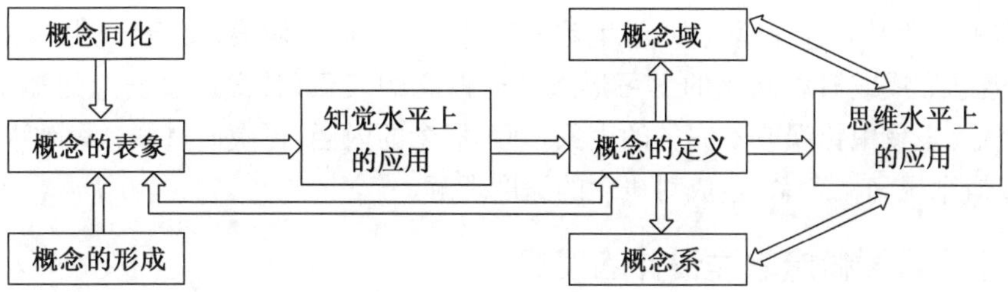

图 5-5　数学概念学习的认知模式

(1) 概念形成

在概念学习中，概念形成是指人们对同类事物中若干不同例子进行感知、分析、比较和抽象，以归纳方式概括出这类事物的本质属性，从而获得概念的方式。概念形成的心理过程是①：

① 辨别、分析各种不同的刺激模式；

② 抽取共同成分，提出的假设；

③ 在特定情境中检验这些假设；

④ 从假设中选择一般类目或一组共同属性，使一切变式能成功地归属于该类目或该组属性的范围；

① D. P. 奥苏贝尔等. 教育心理学：认知观点[M]. 佘星南，宋钧，译. 北京：人民教育出版社，1994：65.

⑤ 联系这组属性与同认知结构中起固定作用的观念；

⑥ 使新概念的标准属性推广到该类目的所有例子；

⑦ 利用与传统用法一致的语言符号表示新类目的内容。

(2) 概念同化

在概念学习中，以原有的数学认知结构为依据，进行新概念的加工，联系新概念与原有认知结构中相关观念，通过新旧概念间的相互作用，将新概念纳入原有认知结构中，改组或扩大原有认知结构的过程称为概念同化。概念同化的心理过程是：

① 辨认新概念中的已有概念，寻找新旧概念之间的联系；

② 建立新概念与原有概念之间的联系，将新概念纳入原有认知结构，改组原有认知结构，构建一种新的认知结构；

③ 通过辨认新概念的正例和反例，实现对新概念的理解。

(3) 概念应用

概念在知觉水平上应用是概念应用的低级水平，指学生学习概念后能正确判断这个概念下的正例和反例。知觉水平上应用的最低层次是只能判断个别的、典型的特例是否属于概念的外延；最高层次是可以对概念的所有特例做出判断。

概念在思维水平上应用是概念应用的高级水平，指新概念的学习属于水平较高的旧概念中，新概念的应用必须重新组织和加工已有的概念，以满足解决当前问题的需要。另外，若能够深刻理解或熟练应用命题，也可以被认为达到了对组成命题的概念在思维水平上应用。

数学概念学习的过程模式中，学生首先通过辨别、抽象、假设、检验、分化、概括等心理过程，以概念形成或概念同化的学习形式获得概念的表象；其次通过概念的知觉水平应用，消除概念表象中错误或不完整的表象，理解概念的内涵；再次通过概念思维水平应用，逐步形成概念域和概念系，达成对概念的深度理解。

四、小学数学概念教学设计的模式

基于数学概念学习的过程，数学概念教学设计有概念形成与概念同化两种模式。两种概念教学设计模式有各自的运行特点、流程和适用范围，它们在概念教学中既有区别又相互联系。

(一) 概念形成的教学设计模式

由概念形成的心理过程，概念形成的教学设计模式是：提供概念例证→观察共性→抽取本质属性→形成定义、符号→概念深化→概念应用→形成概念域(系)。

1. 操作程序

阶段 1：提供一些概念的正例，供学生观察和分析。概念的正例是概念外延中的特例，这些例子中存在概念的共同本质属性；

阶段 2：观察分析特例。通过学生独立观察或小组合作的形式，概括例子中的共同本质属性。学生会先尝试提出一些假设，再经过比较、分析去验证、修正这些假设；

阶段 3：抽取共同本质属性。引导学生共同归纳、概括和抽象出这组例子的共同本质属性；

阶段 4：下定义和符号表达。教师给出概念的定义，或者由学生给出概念的定义，教师予以评判和修正；

阶段 5：概念的初步应用。学生举出更多概念的正例，教师举出反例让学生识别和判断；

阶段 6：概念的综合应用。包括概念的直接应用、间接应用和讨论概念的性质；

阶段 7：逐步形成概念域或概念系。要建立新旧概念间的联系，就要在思维水平上应用概念，经历概念的外部表征和内部表征不断深化的过程。

2. 适用内容

概念形成的教学模式适用于初次接触或较难理解的数学概念，处于概念体系中起着基础作用和核心作用的少数抽象概念。一类是教材中的公理或不做严格定义的初始概念。比如，“数”概念；另一类是以包摄度最高的概念作为原始概念。比如，“集合”概念。其次，类属关系概念的属概念学习，新旧概念关系的上位概念学习，也适合概念形成学习。比如，在“自然数”和“整数”概念基础上学习“有理数”概念。

3. 对学生的要求

概念形成不需要学生认知结构中具备较多概念，只需有概念例证方面的直接经验即可。小学阶段的学生思维处于较低的层次水平，因此，概念形成的模式在小学数学概念教学中较为常用。

(二) 概念同化的教学设计模式及其相关要求

由概念同化的心理过程，概念同化的教学模式是：先行组织者→定义概念→强化概念→概念应用→形成概念域(系)。

1. 程序

阶段 1：呈现先行组织者，为引入新概念做铺垫。先行组织者是学生已习得的概念，与新概念之间可以是上位、下位后并列关系；

阶段 2：给出概念的定义；

阶段 3：引导学生利用旧概念同化新概念。引导学生辨认新旧概念的异同，剖析概念的解构，揭示概念内涵，明辨概念外延；

阶段 4：结合正、反例，强化概念的理解；

阶段 5：概念应用；

阶段 6：形成概念域(系)。

2. 适用内容

新学内容是旧内容的下位学习。比如，“平行四边形”“方程的解”“解方程”分别是“四边形”“方程”“未知数和未知数的值”的下位学习内容。

3. 对学生的要求

具备适当的科学概念，并具备一定的认知水平。

(三) 概念形成与概念同化教学设计模式

1. 区别

数学概念形成的教学设计需要唤醒对物体或事件的直接经验，从这些物体或事件中抽象出它们的共同本质属性；数学概念同化的教学设计中，新概念的共同属性由教师指出，需要学生联系新知识与头脑中已有的相关知识。

数学概念形成的教学设计要求学生检验所发现的共同本质属性，通过修正所发现的共同本质属性，最终确定它们的本质属性；数学概念同化的教学设计，要求学生辨别学习的新概念与原有认知结构中有关概念的异同，将新概念纳入原有的认知结构中。

2. 联系

数学概念形成与数学概念同化的教学不是相互排斥，而是有机结合的两种数学概念教学形式。概念的教学设计中，教师应有意识地举出一些数学概念的实例，一方面让学生观察、思考，从中归纳事物的本质属性；另一方面直接揭示这些例子蕴含的某类事物的本质属性，给出有关数学概念的定义。

（四）“平均数”的教学设计

1. 教学内容的地位和作用

“一组数据的总和除以这组数据个数所得到的商叫这组数据的平均数”。平均数在统计上指的是平均指标，用来反映同类社会经济现象在一定时间、地点条件下，总体内各单位数量差异抽象化的代表性指标，是反映总体单位数量特征的一般水平的综合指标。简单地说，平均数就是用来反映总体现象的集中趋势或者一般水平的一种指标，是集中量数的代表，也是最常用的一种描述统计指标。此外，平均数也是常用的一种统计量，无论是要掌握某个总体的状况，还是要比较不同总体的差异等，许多推断统计方法都会用到平均数。

小学数学里所讲的平均数一般是指算术平均数，也就是一组数据的和除以这组数据的个数所得的商。在统计中算术平均数常用于表示统计对象的一般水平，它是描述数据集中位置的一个统计量。平均数的概念与过去学过的平均分的意义完全不一样，它是一个虚拟的数，是借助平均分的意义通过计算得到的。

2. 学情分析

一方面，“平均数”编排在人教版四年级下册，此阶段学生缺乏理解“平均数”的统计意识和生活经验。另一方面，学生已经建立了初步的统计观念，学会了收集和整理数据的方法，会看统计图表，用统计表和条形统计图来表示统计的结果，能根据统计图表进行简单的数据分析。教学应充分利用学生的知识基础，确定适当的教学起点，让学生通过自主探索、合作交流的方式学习，达到教学目标。

3.《平均数》概念的教学设计案例与评析

教学目标	知识技能目标	1. 以统计为背景，初步了解求平均数的必要性； 2. 理解平均数的意义，平均数“移多补少”的本质； 3. 掌握求平均数的方法。
	思想方法渗透目标	1. 渗透数形结合的思想方法； 2. 形成统计意识。
	能力目标	1. 通过操作、观察、比较活动，发展学生的统计观念； 2. 培养观察、抽象、归纳概括、分析和推理的能力； 3. 培养提出问题、分析问题和解决问题的能力。

（续表）

	情感态度目标	学生在产生认知冲突到认知平衡的过程中，了解平均数在实际生活中的应用，感知数学知识与日常生活的联系。
重点	认识“平均数”概念的本质：“移多补少”“先合并再平分”的实际意义和应用。	
难点	理解平均数在统计学上的意义，灵活运用平均数的相关知识解决简单的实际问题。	

【教学流程安排】

活动流程	活动内容和目的
明确任务：男生和女生套圈的成绩谁好？	创设问题情境，激发认知冲突。
以任务为导向，尝试探索的活动中，建构认知图式：小组合作解决“男生还是女生套圈成绩最好”的问题。	学生独立探究，教师巡视指导，收集掌握学生的探索情况，并将学生所采用的方法归类。结合学生提出的不同方法，鼓励学生说出理由，并充分听取其他学生赞同或反对的意见。就每一种方法，教师做出概括和总结，引导学生在辨别、剖析和澄清的过程中，发现求平均数的方法——移多补少、先合后分。
变式问题的解决活动中，熟练认知图式：针对不同的问题情境，会求解几个数的平均数，明确平均数概念中的关键词“总数”“份数”。理解平均数概念的“对象”与“过程”本质属性。	联系实际，创设不同的问题情境，为学生从知觉水平和思维水平上应用概念提供机会。题型包括判断题和简单求解一组数据平均数的计算题。
归纳总结与反思：体会平均数的意义；回顾求平均数的方法；对比平均数和平均分的差别。	学生说一说，强化对平均数概念的理解。通过“对比平均数与平均”的问题，理清新旧概念之间的区别与联系，渗透统计思想。

【教学过程】

问题与情境	师生行为	设计意图
引入概念： 四年级第一小组的男、女生进行套圈比赛，每人套 15 个圈，男生（3 人）和女生（4 人）套圈的成绩谁好？ 课题：平均数	教师结合条形统计图提问，学生思考作答。尝试分析问题和解决问题（图 5 - 6）。 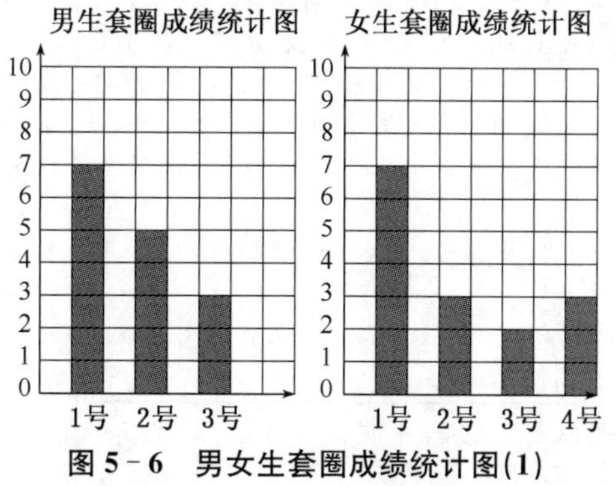 **图 5 - 6　男女生套圈成绩统计图(1)**	先明确求一组数据的平均数的必要性，是引入“平均数”概念的基础。解决“两组人数不一样，用总成绩判断谁的成绩好，其方法是否公平？”帮助学生在认知失衡和再次平衡的过程中，认识“平均数”概念的意义。

(续表)

<table>
<tr><th>问题与情境</th><th>师生行为</th><th>设计意图</th></tr>
<tr>
<td>明确任务：抽象概括“平均数”，建构(重构)概念的认知图式问题情境
1. 针对每一种方法，提出问题，让学生说明理由。
2. 求平均数的计算方法：
① 移多补少法：数量较小时使用比较方便。
② 总数量÷总份数＝平均数：总结求平均数的一般方法。</td>
<td>教师巡视指导，收集学生探索的情况(图5-7)。
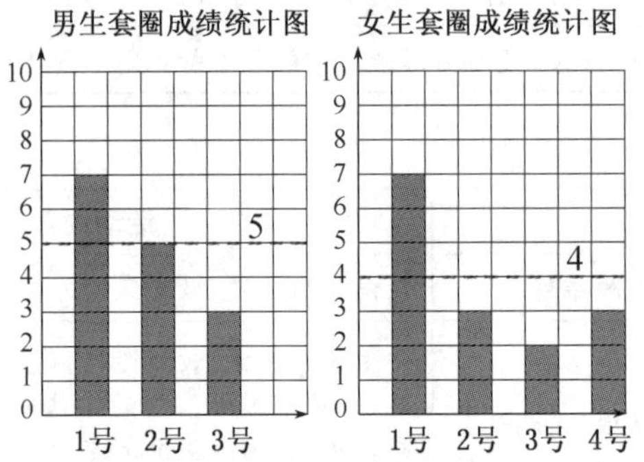
图5-7　男女生套圈成绩统计图(2)
预设：
学生不知道怎么解决，教师指导学生识读统计图获取信息；
如果学生认为用男生套圈的总成绩与女生套圈的总成绩对比来决定，教师激发认知冲突，给予启发引导。</td>
<td>1. 多媒体演示与学生的交流有机结合，使学生对求平均数的方法——移多补少、先合后分，平均数的意义及取值范围等建立清晰的表象。同时，将平均数学习嵌入一个完整的统计活动中，较好地突出了平均数的统计意义。
2. 观照“平均数”概念的对象性质，利用条形统计图，帮助学生直观认识“移多补少”确定一组数的平均数，理解“平均数”概念的本质，建立“平均数”概念的表象。
3. 从“平均数”概念的对象性质过渡到它的过程性质，得到计算一组数的平均数的方法。强调平均数的计算与“总数量”“总份数”相关。</td>
</tr>
<tr>
<td>变式问题中概念的巩固应用，熟练认知图式：
1. 运用“平均数”概念的判断题，学生解决应用概念的判断题，理解“平均数”的统计意义。
2. 运用求“平均数”的计算方法，学生解决应用概念的估计和计算题，学会计算一组数据的平均数。
3. 综合运用“平均数”的对象与过程性质，解决先估计，再精确计算，确定一组数据的平均数，精确计算可以作为估计的验证。</td>
<td>教师出示变式问题：
判断对错
(1) 一条小河平均水深1米，小强身高1.2米，他不会游泳，但他下河玩耍时肯定安全。(　　)
(2) 某学校全体同学向希望工程捐款，平均每人捐款3元。那么，全校每个同学一定都捐了3元。(　　)
(3) 学校排球队队员的平均身高是160厘米，李强是学校排球队队员，他的身高不可能是155厘米。(　　)
(4) 学校篮球队员的平均身高是175厘米，王磊是学校是篮球队队员，他的身高可能是160厘米。(　　)
平均数能为我们解决生活中的问题。
(1) 移动笔筒里的铅笔，看看平均每个笔筒里有多少支？
(2) 小丽有3条丝带，这3条丝带的平均长度是多少？
(3) 身高问题。(投影出示老师课前调查班级5名同学身高情况统计表)
<table><tr><td>姓名</td><td>赵刚</td><td>王艳</td><td>梁凤</td><td>孙娜</td><td>王晶</td></tr><tr><td>身高</td><td>142</td><td>136</td><td>130</td><td>140</td><td>132</td></tr></table>(1) 从这张表中你可以看出什么？
(2) 估计他们的平均身高在什么范围内？你是怎样估计的？</td>
<td>1. 变式练习的设计从知觉水平上概念应用到思维水平概念应用，由浅入深，循序渐进。
2. 注意与学生已有知识经验的联系。包括：结合统计表，制作统计图；使用估计方法。具体地，根据给出的数据，做出统计图；运用“平均数”“移多补少”的方法估计一组数据的平均数。
3. 注意把所学的知识与学生的实际生活紧密联系起来，引导学生运用“平均数”概念，解决生活中的实际问题，强化学生的应用意识，培养学生解决问题的能力。教学设计由课内走向课外，重视培养学生用数学眼光分析和处理实际问题的能力。</td>
</tr>
</table>

（续表）

<table>
<tr><th>问题与情境</th><th>师生行为</th><th>设计意图</th></tr>
<tr><td></td><td>(3) 要准确地求出5个人的平均身高，你有办法吗？
(4) 饮水问题。（课件出示班级四月饮水情况统计表）
<table>
<tr><td>第一周</td><td>第二周</td><td>第三周</td><td>第四周</td></tr>
<tr><td>7桶</td><td>5桶</td><td>8桶</td><td>8桶</td></tr>
</table>
平均每周饮水量：
四月份饮水情况统计表：
(1) 估计平均每周的饮水量大约多少桶？
(2) 算出平均每周的饮水量并填在表中。</td><td></td></tr>
<tr><td>归纳总结与反思，使认知升华：
1. 说一说，这节课哪个知识点给你留下的印象最深刻？
2. 总结在人数相等和人数不等的情况下，如何才能公平地评判？
3. 对比平均数和平均分的差别。</td><td>1. 引导学生总结："平均数"概念的对象与过程性质，从不同角度加深对概念的理解。体会平均数的意义：① 当个数不同，用总数量比较结果时有失公平，可以用两组数据的平均数来比较；② 平均数能较好地反映出一组数据的总体情况；③ 平均数是一个虚拟的数。
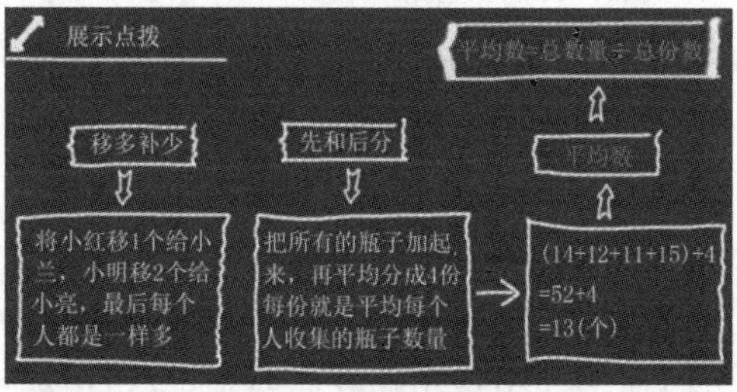

图5-8　教师板书
2. 回顾求平均数的方法（图5-8）。① 把多的移出来，补给少的，使得每份数量同样，这种方法叫移多补少；② 用先合后分计算的方法求平均数时，平均数＝总数量÷总份数。
3. 引导学生总结：平均分是如果12块糖平均分给3个同学，每人分得4块，这个4块是每个同学实际分得的数；平均数是如果3个同学一共有12块糖，平均每个同学有4块，这个4块就是平均数，因为不一定每个同学都有4块。平均数和平均分的意义不一样。</td><td>1. 回顾教学重点："平均数"概念的本质属性。
2. 引导学生领悟概念中的对象与过程的辩证关系，渗透统计思想。
3. 经过独立思考和合作交流，将平均数的意义引向深入，帮助学生把认识平均数与求平均数的过程结合起来。
4. 引导学生总结和反思，培养学生的元认知能力。</td></tr>
</table>

评析：

① 教学设计综合运用概念形成和概念同化的教学模式。一方面创设富有挑战性的问题情境，让学生在亲历统计的过程中获得"平均数"概念的感性认识；另一方面通过定义深刻揭示"平均数"概念的本质属性，加深学生对概念的理解。② 多种背景下的变式问题有利于加深概念的理解。③ 从多侧面揭示概念的内涵。既关注"平均数"概念的过程性特征，又强调"平均数"概念的对象性特征，帮助学生从"过程"过渡到"对象"，突出"平均数"概念的本质属性——"移多补少"。

第二节　小学数学命题教学设计

数学的公理、定理、定律、法则和公式等统称为数学命题，它们反映数学概念之间的联系。因此，命题学习的复杂程度高于概念学习。本节讨论小学数学命题、小学数学命题学习的要求、小学生数学命题学习的过程和小学数学命题教学设计的模式。

一、小学数学命题

命题通常指表达判断的句子。命题有真假之分。表达正确判断的命题，称为真命题。表达错误判断的命题，称为假命题。数学命题指的是与数学知识有关的命题，也有真假之分。比如，“两个奇数的和是偶数”是真命题，“0除以任何数都等于0”是假命题。本节我们把关于公理、定理、定律、法则和公式等真命题的教学统称为数学命题教学。

（一）公理

在一个演绎系统中把不需要证明而可直接作为判断其他命题真假的初始命题称为公理。比如，“两点之间线段最短”“过直线上（外）的一点，有且只有一条直线与已知直线垂直”。

（二）定理

从公理或已被证明的其他真命题出发，用逻辑推理的方法推导出来，并可进一步作为判断其他命题真假依据的真命题称为定理，包括判定定理和性质定理。比如，“三角形任意两边之和大于第三边”既可以作为三角形边的性质定理；又可以作为判断三条线段能否围成三角形的判定定理，即“如果任意两条线段的和大于第三条线段，那么这三条线段能围成一个三角形。”定理常常有推论，比如“如果三条线段中最长的线段小于另外两条线段的和，那么这三条线段能围成一个三角形”是该定理的推论。

（三）定律和法则

小学数学存在大量数的四则运算法则和运算定律，它们是在具体的运算中总结出的规律。比如，“两位数乘以一位数的运算法则”“乘法对加法的分配律”。

（四）公式

公式一般是指用数学符号表示几个量之间关系的式子，它具有普遍性，适用于同类关系的所有问题。比如，“圆的面积公式”。

此外，小学数学一些有明确结论的习题也可作为数学命题。一部分带有探索性或创造性的问题，以及一些可以构成多种真命题的开放性命题都是数学命题的组成部分。比如，“无限循环小数0.999……和1相等”。

二、小学数学命题学习的要求

数学命题的学习，一方面要认识概念之间的关系，经历较为复杂的独立思考、发现和整合的过程，重新组织、转换数学命题涉及的概念所提供的信息，检验概念之间关系的种种假设，甚至是多次反复和转换。另一方面要掌握“结论成立的条件”，经历一系列的推理、论证、判断的过程。

(一) 学习过程

学生需经历从命题的背景中发现和提出猜想，推理和说理而获得命题的过程。通过适当的问题(串)，引导学生归纳概括、猜想，表达交流、发现命题条件和结论之间的联系，探索特殊推广到一般的说理方法。比如，“一个奇数与一个偶数相加，得到的和都是奇数”的猜想和说理过程。

用竖线画出奇数 11 和偶数 10，并逐一将两条竖线用一个椭圆圈住。偶数最后没有竖线剩下，而奇数最后总有一个竖线剩下(如图 5－9)，且该结论可以从特殊推广到一般。

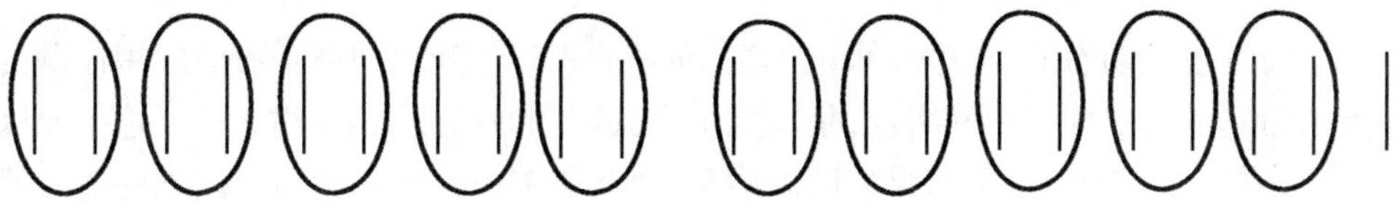

图 5－9　说理的图示

(二) 学习结果

1. 理解命题

学生学习数学命题就是要掌握命题所包含的条件和结论，能分清数学命题的条件和结论，掌握从条件到结论的推理方法。学会用准确的语言说出数学命题的内容，弄懂为什么要这样规定，明确数学命题规定的合理性和必要性。比如，能讲述两个或两个以上的故事，说明“四则混合运算先乘除后加减”的理由。①

在此基础上，进一步掌握命题间的关系，明确它们的区别与联系。比如，弄清“分数的基本性质和比的基本性质”的区别与联系。能分清数学命题与其他有关概念、命题之间的关系，领会命题的适用范围、应用的基本规律和注意事项。能将数学命题灵活运用到各种具体情境中去，必要时能推广命题，应用命题解决问题。对一些基本数学命题(四则运算法则、运算定律和计算公式等)的运用水平应达到比较熟练的程度。

2. 形成命题网络

一般而言，可以从陈述性知识和程序性知识层面构架命题网络。数学命题作为事实、结果，是静态的陈述性知识。能够按照等价关系、强抽象关系、弱抽象关系和广义抽象关系，理清一组有内在联系的命题，建立该组命题的陈述性知识网络。这种情况一般表现为：能清晰呈现知识发生发展的脉络，以及知识层次性和内在结构的统一性；既反映“数”的网络，又有“形”的网络。比如，三角形和特殊四边形面积公式的网络(图 5－10)。

---

① 史宁中.基本概念与运算法则[M].北京：高等教育出版社，2013：31.

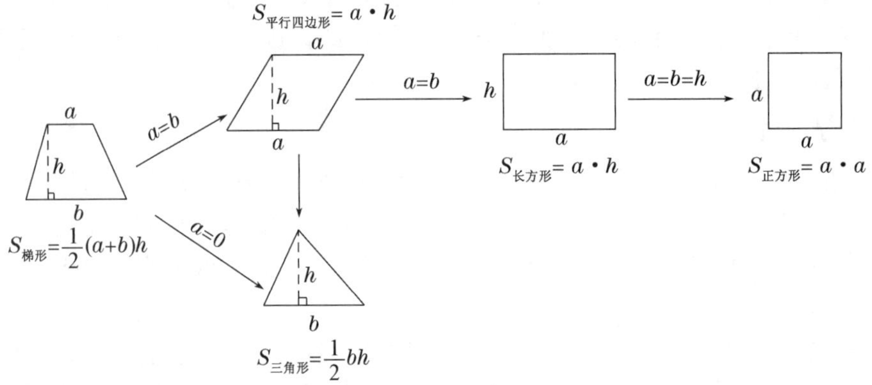

图 5-10　面积公式的网络图

数学命题也是动态的、程序性知识，构建命题的程序性知识网络是灵活应用命题的关键。所谓命题的程序性知识网络，就是围绕一个共同的原因或结果，建立产生这个原因的结果体系，或者建立产生这个结果的原因体系，也就是多条结果相同而原因不同或者原因相同而结果不同的重叠产生式系统。① 其主要表现为：能选用不同的命题，采用不同的解题策略和方法，解决一个结论相同的问题；能由问题中的条件，推出不同的结论(图 5-11)。

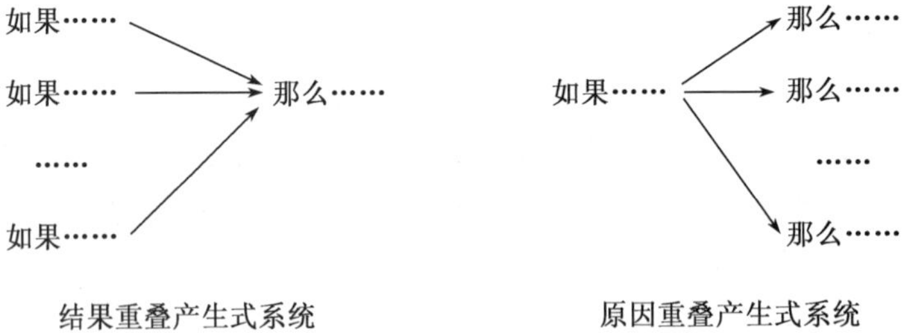

图 5-11　命题的重叠产生式系统

三、小学生数学命题学习

(一) 数学命题学习的形式

数学命题学习的关键是获得数学概念之间关系的理解，一方面，数学概念学习类型有下位、上位和并列关系；另一方面，数学概念理解所依赖的新命题与原有认知结构中有关知识，也存在下位、上位和并列关系。因此，数学命题学习可分为三种形式。

1. 下位学习形式

如果学生原有认知结构中有在概括层次上高于所学新命题的知识，那么新命题和原有认知结构中里有关的知识就构成下位关系，利用这种关系获得数学命题的学习形式叫作下位学习。根据所学数学命题与原有认知结构中有关数学知识之间的关系，又可将下位学习划分为派生类属学习和相关类属学习。

① 喻平. 数学教学心理学[M]. 北京：北京师范大学出版社，2018：283-284.

派生类属学习是指将学习的新命题整合到原有认知结构里有关的内容中去，新命题对原有知识只起支持或证实的作用，新命题通过新旧内容的相互作用获得意义，原有认知结构不发生质的变化。比如，已学过“长方体的体积公式”，再学习“圆柱体的体积公式”。

相关类属学习是指将要学习的新命题整合到原有认知结构的有关内容中去，新旧内容的整合结果不但使新命题获得意义，而且使原有认知结构被扩充或修改，使原有认知结构发生变化。比如，梯形面积公式虽不能直接由平行四边形面积公式派生出来，但可以通过割补、拼接转化成平行四边形解决，体现了公式之间的一般与特殊关系。

2. 上位学习形式

通过对原有认知结构中有关内容的归纳和综合，概括出新的数学命题的学习形式叫作上位学习。比如，由长方体、正方体和圆柱体的体积公式，概括柱体的体积公式，就属于上位学习。上位学习主要通过归纳和综合原有认知结构中的有关内容而建立新的认知结构，因此上位学习必须具备两个基本条件：一是新学习的数学命题在概括层次上要高于原有认知结构中的知识；二是原有认知结构中一定要有可供归纳和概括的内容。比如，学生头脑中必须有 3＋5＝5＋3、25＋75＝75＋25 等可供概括的内容，才能概括出加法交换律。

上位学习在小学数学学习中有非常广泛地运用。概括运算定律和运算性质、总结运算法则、建立概括层次较高的计算公式等通常都采用上位学习，并且小学数学知识体系通过多次的上位学习过程才能获得。比如，整数乘法、多位数乘一位数的乘法法则是表内乘法的扩充。

3. 并列学习形式

利用新学数学命题与原有认知结构中有关知识之间的并列关系，通过类比掌握数学命题的学习形式叫作并列学习。并列学习的关键是寻找新命题与原有认知结构中的有关法则、规律、性质的联系，在分析这种联系的基础上通过类比实现对新命题的理解和掌握。比如，学习分数的基本性质和比的基本性质，都要类比、利用它们和除法商不变性质的联系。

以上三种学习方式之间有着密切联系，体现于同一数学命题的学习中，只是某些数学命题学习以其中一种学习形式为主。小学数学命题学习常是先上位学习后下位学习，比如，运算法则一般是先用上位学习从具体计算中概括出法则，再用下位学习将法则运用于具体计算。

（二）小学生数学命题学习的心理过程

小学数学命题学习分为：命题获得、命题说理和命题应用。以下先按照三个阶段进行数学命题学习的一般心理分析，再着重分析小学生掌握运算法则的心理过程。

1. 一般心理过程分析

（1）命题获得

命题获得通常采用两种方式：一种是同化形式，直接给学生展示新命题，学生利用原有知识与新命题中的有关概念进行联系。在信息加工的过程中，学生要激活并连接工作记忆中的一些节点，将新命题纳入认知结构，改组和加工原来的认知结构，形成新的认知结构。

命题获得的另一种形式是命题形成，是学生通过考察命题的特例，抽象、概括、归纳出命题的过程。小学数学命题获得形式大多是命题形成的方式。

(2) 命题说理

命题说理是利用已有的知识经验来说明当前命题的合理性。学生的心理过程是:先把新命题作为节点纳入认知结构的命题网络中;再激活与其相关的命题和概念,评判每一个激活的节点;最后选择合适的节点连成一条新命题题设和结论之间的通路。小学命题说理方式多样。比如,用观察操作的方法说明"奇数+偶数=奇数"的性质;讲故事说明"四则混合运算要先乘除后加减"的算理;用割补、拼接和转化的思想推导平行四边形的面积公式。虽没有证明要求严格,但说理作为思维的起点,是小学生命题学习的重要环节。

(3) 命题应用

公式、法则称为程序性命题,公理、定理称为推理性命题。程序性命题的应用中,需将待解决的问题输入工作记忆并联系长时记忆中的命题,进行简单的模式识别,再按照规则和程序操作来解决问题。推理性命题的应用中,需进行模式识别、策略选择、激活扩散等一系列信息加工过程,还要受到元认知的调控,并伴随"顿悟"的过程。

2. 运算法则学习的心理分析

(1) 从具体到抽象再到具体

小学生学习运算法则通常以具体计算为起点,从中发现规律性的计算方法或运算程序,并上升为运算法则;然后用概括出的法则指导计算,将运算规定变成具体化的计算过程。

(2) 从展开、详尽到压缩、省略

新法则学习初期,学生总是按照法则规定的运算步骤展开,详尽展现每个运算步骤;理解和较为熟练掌握法则后,会逐步压缩运算过程的中间环节,省略和简化思维过程。

(3) 从明确意识法则到运算自动化

新法则学习初期,学生要联想法则的运算规定才能计算;运算较为熟练后,学生无须联想法则的运算规定就能计算,计算过程变成自动化的演算过程,直接连通计算任务和过程得出计算结果。

四、小学数学命题教学设计的模式

小学生的思维特点与思维水平决定小学数学命题教学设计多采用发生模式,强调学习过程,重视直觉思维。

(一) 发生模式

学生从具体例子出发,通过操作、实验、分析、推理发现一般结论,通过揭示命题的产生过程学习命题的模式(图 5-12)。

问题情境 → 归纳命题 → 命题说理 → 命题应用 → 形成命题网络

图 5-12 发生模式

(二) 操作程序

阶段 1:创设问题情境。教师采用开放问题、特殊问题、变式问题和现实问题,引导学生感知、体验、概括、抽象。

阶段 2：探索发现，提出假设。学生建立数学模型，在观察、实验和操作中归纳概括，提出假设并将发现的结论上升为数学命题。

阶段 3：说明理由，验证假设。说明命题从特殊到一般的合理性，不断修正命题中不够完整和表达不够准确之处。

阶段 4：命题的应用，重视命题的条件和结论。

阶段 5：在命题应用的基础上形成命题网络。

(三)《平行四边形的面积》教学设计

1. 教学内容的地位和作用

《平行四边形的面积》是第二学段“空间与图形”领域的内容。学习了长方形、正方形面积概念、面积计算和面积单位，认识平行四边形及其特征，为学习其他图形面积的计算提供了重要的知识基础和数学思想来源。

2. 学情分析

学生具备图形割补、转化未知图形为已知图形，求解面积的活动经验。明确平行四边形的内涵、性质及其与长方形的关系，掌握长方形、正方形的面积公式及其推导过程。

3. 案例与分析

教学目标	知识目标	1. 探索、理解和掌握平行四边形的面积公式； 2. 区别平行四边形面积与周长的概念及其计算公式； 3. 会计算平行四边形的面积； 4. 理解性质：“等底等高的平行四边形的面积相等”，并学会初步地应用。
	过程与方法目标	1. 引导学生产生割补的意识及方法，初步理解化归的思想方法； 2. 渗透数形结合的思想方法； 3. 渗透变与不变的思想方法。
	能力目标	1. 通过操作、观察、比较活动，发展学生的空间观念； 2. 培养观察、归纳概括、分析和推理的能力； 3. 通过剖析、辨别和澄清一系列的代表性资源，培养学生的动手操作能力和抽象、联想等数学思维能力。
	情感态度目标	通过探索平行四边形面积计算方法的任务，帮助学生在真实的生成引导中从模糊走向清晰，从表面走向深刻。学生间交流、探索，进一步激发学生的学习热情、求知欲望，养成良好的数学思维品质。
重点	探索平行四边形面积的计算方法。	
难点	在探索过程中，自觉地产生转化、割补的意识和方法。	

【教学流程安排】

活动流程	活动内容和目的
明确任务：探索平行四边形面积的计算方法	区分平行四边形的面积与周长的概念。明确平行四边形作为封闭的图形，它所围成的面的大小，就是平行四边形的面积。

（续表）

活动流程	活动内容和目的
以任务为导向，尝试在探索的活动中建构认知图式：请自己量出所需要的数据，想办法计算平行四边形的面积。	学生独立探究，教师巡视指导，收集掌握学生的探索情况，并将学生所采用的方法归类。结合学生提出的不同方法，鼓励学生说出理由，并充分听取其他学生赞同或反对的意见。就每一种方法，教师做出概括和总结，引导学生在辨别、剖析和澄清的过程中发现将平行四边形割补成长方形计算面积的方法，即平行四边形的面积＝底×高。
变式问题的解决活动中，熟练认知图式：经历转化的过程，求解平行四边形的面积；直接用公式求解平行四边形的面积。等底等高的平行四边形有不同的形状，它们的面积相等。然而，面积相等的平行四边形，却不一定等底等高。	给出平行四边形，画一画，将平行四边形转化为已会求面积的图形（长方形或正方形），列式计算面积；给出平行四边形的底和高，辨认、找到底和对应底边上的高后，直接套用面积公式。画出等底等高的平行四边形，发现它们形状不一定相同，但面积却相同。理解“等底等高的平行四边形面积相等”，渗透数形结合的思想。举出反例，明确该性质的逆命题，即“面积相等的平行四边形都等底等高”却不正确。从而，体现“变与不变”的辩证思想。
归纳总结与反思：平行四边形的面积公式；割补平行四边形成长方形的方法——转化法。变与不变思想的渗透。原命题为真，该命题的逆命题不一定为真。拓展延伸，为探索三角形和梯形，面积公式做好铺垫。	学生说一说，对哪些知识点印象最深刻，在活动中强化平行四边形的面积公式和推导。通过“把平行四边形拉成长方形面积，以及把平行四边形割补成长方形面积，什么变了，什么没有变？”的问题，渗透“变与不变”的数学思想。

【教学过程】

问题与情境	师生行为	设计意图
引入课题： 给出平行四边形图形，让学生指出平行四边形的面积是哪部分？ 课题：平行四边形的面积	教师提问，学生思考作答。区别平行四边形的周长和面积。 预设： 如果学生出错，辨析周长与面积的概念。	先要明确平行四边形面积的概念是求平行四边形的面积的知识基础。周长和面积概念容易混淆，所以提出问题对封闭图形的周长和面积加以甄别。
明确任务：探索平行四边形的面积，建构（重构）认知图式 **问题情境** 1. 已知平行四边形两底和一条底边对应的高，学生独立探究平行四边形的面积； 2. 针对每一种方法提出问题，让学生说明理由。 3. 就第二种方法提出问题：为什么你认为平	**教师巡视指导，收集学生探索的情况。** 预设： 平行四边形的面积是 1. 底加邻边和的2倍； （混淆平行四边形的面积与周长的概念） 2. 底乘以邻边的积； （平行四边形具有不稳定性，拉一拉可以变成长方形，那么平行四边形的面积就是长方形的面积。）引导学生发现，如果把平行四边形拉成长方形，面积会变大。因此，不能用两条邻边的积计算平行四边形的面积（如图5－13）。	1. 学生独立探索平行四边形面积，没有教师有意识地诱导，学生主动调动已有的知识和经验，也会暴露自身认知存在的问题。利用学生错误的经验，充分体现认知的“建构—解构—建构”过程，引导学生在辨别、剖析和澄清的过程中，发现将平行四边形割补成长方形计算面积的方法。 2. 就第二种方法，运用数形结合的方法，帮助学生看到拉一拉平行四边形转化为长方形后，面积发生了变化——变大了。比较面

（续表）

问题与情境	师生行为	设计意图
行四边形的面积是两条邻边的积？拉一拉平行四边形，变成长方形后面积变化了吗？怎么变的？为什么？ 4. 怎样计算才是正确的？刚才把平行四边形拉成长方形，但底乘邻边是不对的。现在割补后也变成长方形，底乘以高对吗？为什么？	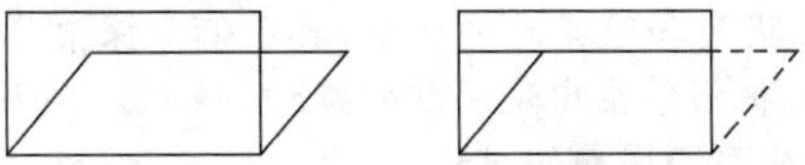 **图 5－13　拉动比较图** 3. 底与这底上对应高的乘积。 这是计算平行四边形面积的割补方法。引导学生自我阐释，说明理由。概括归纳割补法计算平行四边形面积的思路（如图 5－14）。用剪刀剪下再补上的方式，最后留下的只有转化后的结果，不利于把学生的思考过程更好地物化。而画一画比剪更方便，能把整个转化的过程都留下来，有助于说得更清楚。 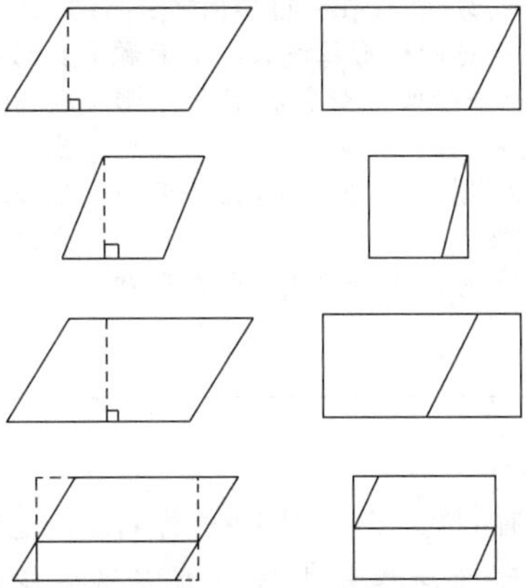 **图 5－14　割补的思路**	积大小的过程中，应用割补的方法，可以启发平行四边形面积的推导，渗透数形结合的思想，培养空间能力。 3. 矫正错误的认识后，归纳概括计算平行四边形面积的割补方法，并将方法推广到一般，得到平行四边形面积的计算公式。
变式问题中巩固应用，熟练认知图式： 1. 计算下面两个平行四边形的面积。其中，第一个平行四边形已知底和邻边的长，以及高；第二个平行四边形底和高相同；第三个平行四边形只有底和高的长度。先画一画，将平行四边形转化为已经会求面积的图形。想一想，转化的方法是唯一的吗？还可以怎么做？ 2. 已知一个平行四边形的底和高，求平行四边形的面积；你能在格子图上画出这个平行四	1. 学生练习，教师引导学生说出思路。结合每个图形，学生画一画，将平行四边形转化为长方形（正方形），计算平行四边形的面积。能够清晰表达转化的思路，特别是平行四边形的底与长方形的长，平行四边形的高与长方形的宽的关系转化。 2. 已知平行四边形的底和高，在格子图上画出平行四边形。有些学生可以画出一个，有些学生可以画出多个满足条件的平行四边形。 3. 从这些面积相同，形状不同的平行四边形中，归纳出：等底等高的平行四边形面积相等。也就是说，平行四边形的面积与底和高的长度有关。相同面积的平行四边形形状未必相同。 4. 尝试画出面积相同的平行四边形，发现这些平行四边形未必等底等高。	1. 计算平行四边形的面积时，先画一画，将平行四边形转化为长方形，熟悉转化的方法。三个已知的平行四边形条件各不相同。第一个平行四边形，转化后是一个长方形，利用长方形的面积公式求解。转化过程中，学生不会因为已知邻边的长度是盈余的条件而产生障碍。第二个平行四边形转化后是一个正方形，利用正方形的面积公式求解。前两个平行四边形都提供图像，第三个平行四边形只有底和高的长度，没有图像，问题显得更抽象，需要学生在头脑中想象转化的过程。这是一个开放性的问题，训练学生的发散和逆向思维。巩固在割补法进行等积转化方法的基础上，

(续表)

问题与情境	师生行为	设计意图
边形的形状吗? 3. 观察这些不同形状的平行四边形,找一找它们有什么共同的地方? 4. 你认为面积相等的平行四边形都是等底等高的吗?	5. 教师在提问和理答的过程中,善于倾听和追问,把握学生出现问题的症结,引导全体学生参与问题的讨论。	探索其他的割补方法。 2. 运用归纳概括的方法得到其性质,促进学生对平行四边形面积计算公式的理解。明确原命题与逆命题真假的关系,渗透辩证的思想。 3. 通过一系列的变式问题,促进学生从不同角度强化平行四边形面积公式的理解。
归纳总结与反思: 1. 说一说,这节课哪个知识点给你留下的印象最深刻? 2. 把平行四边形拉成长方形面积会变大,有不变的地方吗? 3. 把平行四边形割补成长方形面积不变,有变化的地方吗?	1. 叙述计算平行四边形的转化方法。 预设: 我一开始以为平行四边形的面积是用“底×邻边”的方法,现在知道不对了;我知道了把平行四边形拉成长方形面积会变大的,把平行四边形割补成长方形面积不会变。 2. 思考老师提出的两个问题,领悟变与不变的相对性。 3. 数学上,有的话正着说对,反着说却不一定对。	1. 回顾教学重点:平行四边形面积计算的转化方法,强调问题解决中数学思想方法的重要性。 2. 引导学生领悟数学中变与不变的辩证关系,渗透数学思想。 3. 引导学生总结和反思,培养学生的元认知能力。 4. 为三角形和梯形面积的计算方法打好基础。

评析:

这个教学设计确定了多元目标,除了知识技能目标,还有过程方法目标、能力目标和情感态度目标。后面几个目标都能够结合具体教学内容做出比较准确的界定,并具有可操作性。教学设计呈现分为三个部分,教学目标确定了方向,教学流程是教学过程的总体框架,体现了从建构认知图式到认知图式熟练过程的思考。教学过程呈现分三个部分:问题与情境;师生活动;设计意图。与师生对话式的呈现方式不同,这种方式能清晰和有条理地表达设计思路。由于抓住了教学设计的关键——创设问题情境和提出变式问题,可以避免教学过程中教师的过渡表演,尊重学生的课堂生成。教学过程的预设既关注学生不同的知识和经验背景,又不会因为教师有意地诱导而剥夺了学生的生成。这样的教学设计才能起到引导和辅助课堂教学的作用。

在独立完成任务的数学活动中,充分关照学生已有的知识和经验。在调用、选择和组织相关知识和经验后,给出问题解决的方法。学生的错误也会成为教学的资源,学生在认知冲突中不断寻求新的平衡,不但可以推导出计算平行四边形的面积公式,还通过归纳学习和精细加工,深度理解平行四边形面积计算公式的意义,领悟转化思想和割补法。探索平行四边形面积的过程中,没有教师有意识地引导,为学生自然地发现割补法创造了条件。在澄清错误认识的过程中,学生感到问题解决方法不是外界强加给自己的,而是在不断地尝试和否定的过程中发现的。

解决变式问题的数学活动,不再是简单的公式套用,而是画一画或者在头脑里模拟将平行四边形转化为长方形后计算面积的方法。在知识编辑和强化的过程中，再次强调了化归思想的重要性。变式问题的设计包括：条件的变化（从特殊到一般）体现的多样性；开放性的问题和逆向思维的问题。“已知等底等高的平行四边形面积相等，画出它们的图形”，以及“已知平行四边形的面积相等，画出它们的图形”属于逆向思维问题，利用数形结合的思想方法，从特例中归纳概括出性质。层层深入的变式问题，使认知图式越来越清晰和深刻，总结与反思中渗透了变与不变的辩证思想。

第三节　小学数学解题教学设计

本节首先弄清数学题的内涵与结构要素、小学数学题的分类和不同类型题目的特点；其次，明确小学生解题学习的基本要求、小学生解题学习的认知和心理活动的过程；最后，结合解题教学的案例分析，介绍小学数学解题教学设计的模式。

一、数学题

“问题是数学的心脏”(P. R. Halmos，1980)，问题在中西方数学发展史上都起着举足轻重的作用。数学教学中，通常以学会解答数学题为重要目标，用解答数学题目的成绩来评定学生的数学学习水平。因此，数学学习离不开数学题和数学解题。

（一）内涵

数学题是指数学上要求回答或解释的疑问。广义的数学题是指在数量关系和空间形式中出现的困难和矛盾，比如代数问题、几何问题等。狭义的数学题是指已经明显表示出的题目，包括计算题、证明题、应用题和求解题等。数学教学中的数学题是指：为实现教学目标而要求师生解答的数学知识系统，包括一个待计算的答案、待证明的结论、待做出的图形、待处理的实际情境等。

教学中数学题的表现形式是：课堂提问、范例、课堂练习、课外作业、测验考试题和生产生活中需要解决的实际问题。内容包括：需要建立的概念、运算规则、求证的定理、待推导的公式和师生共同探讨的研究性问题。

（二）结构要素

若将数学题看作一种有待加工的信息系统，它主要由三种成分构成：

(1) 条件信息。条件信息是指问题已知和给定的东西，可以是一些数据、一种关系或者某种状态。比如，计算题给定的数据和运算符号、文字题中已知数量及其相互之间的关系等。

(2) 目标信息。目标是指一个数学题求解后所要达到的结果状态，即“求什么”。数学题一旦由问题状态转化成目标状态后，就不再是一个问题系统，而成为一个稳定系统。比如，“课外活动时体育委员到保管室领球，按 5 个人一个篮球、8 个人一个排球、10 个人一个足球计算，一共要领 17 个球。全班共有多少人参加课外活动？”中的“全班共有多少人参加课外活动”就是问题给定的目标信息。

(3) 运算信息。运算是指条件所允许采取的求解行动，即可以采取哪些操作方式把数学问题由问题状态转化成目标状态，是问题求解的依据。比如，“除数是小数的除法”先转化为除数是整数的除法，再按照除数是整数的除法法则计算，这就是题目给定的运算信息。

(三) 分类

小学数学题的分类方式很多，根据不同的标准有不同的分类，比如，常规问题和非常规问题、纯数学题和应用数学题、封闭题和开放题、良构问题和非良构问题等。以上分类关注问题的某方面的特征，分类结果间常有相似之处。按照数学题的难易程度，小学数学题分为习题和问题。

1. 习题(exercise 或 question)

习题具有可接受性、封闭性和确定性等特征。其内容是熟知的，学生通过对教材的模仿和操作性练习，基本上可以完成；其结构是常见的，答案确定、条件不多不少，可以按照现成的公式或常规的思路获得解决。而这一主要目的在于巩固所学的知识，题目可以具有一定的挑战性，但不是很难。也可以称作常规问题、良构问题或封闭题，包括纯数学题和数学应用题。

纯数学题是只用数学语言和符号表述，用纯粹的数学方法解决的题，或是比较难的探究题。比如，找规律题、四则运算题、证明题等。

应用题是通过创设真实或模拟的问题情境，显示一定的应用背景，使用自然语言描述的数学题。应用题因为有实际背景易引发学习兴趣，有助于发展学生分析和解决实际问题的能力。比如，追击问题、相遇问题等。

纯数学题是基础，应用题最后会归结为纯数学题求解。应用题是小学数学中比较困难的部分。

2. 问题(problem)

数学家把结论未知的题目称为问题，比如，“哥德巴赫猜想”把解决了的问题称为“定理(公式)”。在数学教学中，对于结论已知的题目，学生面临着与数学家相似的问题情境，也称之为“问题”。

20 世纪 80 年代以来国际上倡导“问题解决”的教学模式。这里的“问题”是障碍性和探究性要求较高、非立即可求解的较难问题，也可以称作非常规问题或非良构问题。包括开放题、探究性问题和数学建模问题。

3. 问题与应用题的区别与联系

应用题与问题一样，需要选择用语言、文字或图形、表格等方式表达并用数学方法和策略解决。因此，应用题属于问题的范畴，是问题的主要内容，而问题的内涵比应用题更宽泛和丰富(见表 5 - 3)。

表 5－3 问题与应用题的区别

	应用题	问题
分布领域	认数和计算教学的一些数学题，比如整数、小数一步计算应用题和多步计算应用题。	数与代数领域、图形与几何领域、统计与概率领域和综合与实践领域，以及用数学知识和方法解答的自然世界和社会生活中存在的问题。
教学目标	训练学生的基本解题能力，掌握数量关系、学会解题；训练学生逻辑思维能力，较少让学生猜想、预测、合情推理等活动。	侧重培养搜集和处理问题中信息的能力、提出问题和分析问题能力的，注重建立数学问题模型和形成解决问题策略，重视培养探究能力和交流合作能力。
编排特点	集中编排，是一个单独领域；教材采用例题示范。	融合于四大领域之中，体现从问题情境出发、建立模型、寻求结论、应用与推广的基本过程。各领域的知识教学都以问题解决为目的，问题解决成为统领各领域知识教学的主线。
呈现形式	以纯文字形式呈现	由表格、情境图等多样形式呈现，直观形象，图文并茂，更贴近学生生活。
解题策略	……	独立设置解决问题的策略教学单元，强化策略的形成过程和对运用策略的体验。

二、小学生数学解题学习的要求

数学解题是找出题目答案的活动。数学家的解题是一个创造和发现的过程，小学生的数学解题则是一个再创造或再发现的过程。小学生数学解题学习的基本要求是：形成数学概念、掌握数学命题、探究数学解题的基本规律，学会像数学家那样进行数学思维。具体包括以下几方面：

（一）巩固和理解已学过的知识

解题可以巩固基本概念、规则、技能和方法知识，提高技能的熟练化程度。当面临常规或熟悉的问题时，学生直接利用有概念、规则或方法解题，可以熟悉知识的内涵和功能，完善解题技能；当面对的问题与原有知识经验有一定差距时，学生组合和搭配已有的概念、规则，或改良已习得的方法，寻求解题的思路，可以深化知识的理解，建立知识经验间的丰富联系。斯根普（R. Skemp, 2007）认为数学理解有两个层次①：工具性理解和关系性理解，这两种理解只能在解题中实现，解答简单的、常规的题目，可达到对知识的工具性理解；解答复杂的、非常规的题目，可达到对知识的关系性理解。

（二）习得新知识、解题方法和策略

解题可以促进学生建立新图式、形成新概念、发现新原理，获得解决后继问题的策略。很多数学习题本身就是数学知识，比如，有的习题本来就是一条定理或法则；有的习题解答方法具有一般性，可用于解决一类相关问题。显然，这些高级规则、解题方法和策略只

① Skemp R. Relational and Instrumental Understanding [J]. Mathematics Teaching, 2007, 7(7): 20.

能在解题中获得和发展。

解题方法可以分为三类：一是具有创立学科功能的方法。比如，公理化方法、模型化方法、极限方法、集合论方法、坐标方法等。在具体解题中有统帅全局的作用。二是体现一般思维规律的方法。比如，观察、试验、比较、分类、类比、归纳、联想等。在具体解题中是通性通法，常用于探求解题思路。三是具体论证演算的方法。分为两个层次，第一层次是适应面较广的求解方法，比如，换元法、反证法、数形结合法等；第二层次是适应面较窄的求解技巧，比如，函数作图中的"描点法"。

解题策略介于具体的求解方法与抽象的解题思想之间，是思想转化为操作的桥梁。作为选择与组合的系列规则，它能够迅速找到较优解题操作，减少尝试或失败的次数，节省探索的时间和缩短解题的长度，是选择机智和组合艺术的综合体现。一方面它是用来具体指导解题的方法；另一方面它又是运用解题方法、寻找解题方法和创造解题方法的方法。

（三）培养数学能力

数学解题应培养学生的解题能力、独立思考能力、应用能力和数学交流表达能力。首先，数学解题是积极探索和克服障碍的活动过程，它所采用的方法途径或是已有知识和方法的重新组合，或是部分创新、全部创新的方法和途径。因此，解题活动是发现和创新的过程，能培养学生的解题能力、独立思考能力和应用能力。其次，解题学习的社会建构过程，能培养学生的数学交流表达能力。解题过程中，学生需要内化主观知识，遵循逻辑约定，进行推理、演算等主观活动。在此过程中创造的成果，需要得到学习共同体的评价。而学习共同体的评判标准，是在长期实践中形成并建立在客观语言知识及数学基础之上的准则。比如，解答一道题或获得一种新的解题经验，题目解答是否正确，是否形成客观知识，需要同学或教师做出评价。在个人意义和文化意义沟通融合的过程中，培养学生的数学交流表达能力。

三、小学生数学解题学习的过程

解题一直是心理学界关注的问题，杜威(John Dewey，1910)等①从不同角度、不同层面对解题的本质、过程作了解读。格拉斯、吉尔福特、斯腾伯格—威廉姆斯、基克(G. Glass，1985)等②从认知角度解释解题过程。从行为主义到认知心理学，关于解题的外显阶段和内部心理过程的研究成果颇丰，解题理论经历了试误说→顿悟说→信息加工说→现代认知模式的发展轨迹。许多数学家、数学教育家对数学解题做了深入研究，具体分析了数学解题的外部思考过程和内部心理机制。

（一）外部思考过程

波利亚的"怎样解题"将数学解题过程归结为 4 个阶段③：

---

① 喻平. 数学教学心理学[M]. 北京：北京师范大学出版社，2018：285 - 288.

② 李明振，庞坤等. 数学问题解决过程的动态系统模式[J]. 河南教育学院学报(自然科学版)，2006(1)：18.

③ 波利亚. 怎样解题[M]. 涂泓，冯承天，译. 上海：上海科技教育出版社，2007：4 - 16.

(1) 弄清问题。首先，了解问题的文字表述，指出未知数、已知数据和条件，对问题有整体了解。其次，从各方面考虑问题的主要部分(即未知数、已知数和条件)。如果问题和某一图形有关，就画图并在上面标出未知数和已知数据；如果要命名一些对象，就引入适当的符号。最后，组合考虑问题中的主要部分，寻找细节之间、每个细节与问题整体的联系。

(2) 拟定计划。找出已知数与未知数之间的联系，如果找不出直接联系，就考虑辅助问题，最终得出求解计划。

(3) 执行计划。执行求解计划，检验每一步骤。

(4) 回顾。验算所得到的解，试着用别的方法导出这个结果，改进解的各部分，总结所得的结果并试着将其用于其他问题。

波利亚认为，解题的关键是构想解题计划，它可能是逐渐形成的或是在失败的尝试和犹豫不决后突然闪现的好念头，解题过程就是运用探索法诱发好念头的过程。他还分析了解题的思维活动，并指出：解题过程需要解题要求和愿望，对问题的猜测和预见，动员和组织多种因素，辨认和回忆、分离和组合、重新配置和充实问题的构思，以演化出更有希望的问题解决计划。

海斯(Hayes，1981)修改了波利亚的解题过程，将其分为 6 个阶段[①]：

① 发现问题；② 表征问题；③ 计划解决；④ 实施计划；⑤ 评定解决；⑥ 巩固收获。

后来，数学教育家舍恩菲尔德(A. Schoenfeld)将数学解题过程分为 4 个阶段[②]：

① 问题分析和理解；② 解法的设计；③ 对困难问题解法的探索；④ 对解进行检验。

综合学者们对解题过程阶段划分，解题的宏观思考过程(如图 5－15)：

图 5－15　数学解题的外部思考过程

(二) 内部心理机制

外显思考过程只对数学解题步骤进行表面化的描述，还需要深入解题的内部过程机理。数学解题是在问题空间寻求一条由问题初始状态到目标状态的道路，即从初始状态出发，按照某些规则，经过一系列转化，最后达到目标状态的过程。由于从初始状态出发，依据某些法则操作所得到中间状态的可能性是多样的，而这些状态又可能推出若干其他中间状态。因此，解题心理过程是一个复杂、循环的控制系统。从认知心理学角度分析，解题过程是在长时记忆中提取解题图式(已有的知识基础和解题策略)，在元认知调控下进行问题表征、模式识别，再提取、迁移解题图式，最后达到目标状态的信息加工行为(如图 5－16)。

---

① 彭聃龄等. 认知心理学[M]. 杭州：浙江教育出版社，2004：342－343.

② 刘爱伦. 思维心理学[M]. 上海：上海教育出版社，2004：426.

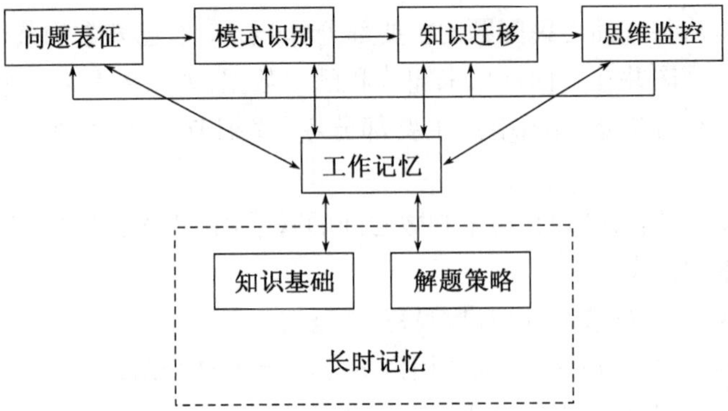

图 5-16　数学解题的认知模式

1. 问题表征

问题表征是指根据问题所提供的信息和自身已有的知识经验，发现问题的结构、构建自己的问题空间，把外部的物理刺激转变为内部心理符号的过程，也是理解和内化问题的结果。问题表征的质量会直接影响数学解题进程。

2. 模式识别

在数学解题中，具有共同结构的一类问题或具有相同解法的一类问题称为一类模式。解题模式具有相对普遍意义，蕴含着某种数学思想，对解题思维起着导向作用，可用于解答一类问题。模式识别是指，数学解题中对数学模式的再认。波利亚在“怎样解题”中，列出了寻找已有模式解决当前问题的提示语。①

(1) 你见过它吗？你是否见过相同的问题而形式稍有不同？

(2) 你是否知道与此有关的问题？你是否知道一个可能用得上的定理？

(3) 看着未知数，试想出一个具有相同未知数或相似未知数的熟悉问题。

(4) 这里有一个与你现在的问题有关，且早已解决的问题。你能否利用它？你能利用它的结果吗？你能利用它的方法吗？为了利用它，你是否应该引入某些辅助元素？

(5) 如果你不能解决所提出的问题，可解决一个与此相关的问题。你能不能想出一个更容易着手的有关问题？一个更普遍的问题？一个更特殊的问题？一个类比的问题？

四、小学数学解题教学设计模式

解题教学的目的：一是通过练习教学，使学生获得程序性知识，激活学生的产生式系统，掌握自动化技能；二是通过习题教学，及其解题后的反思探究，促进学生自主建构良好的数学认知结构；三是通过解决开放性问题，以师生共同探究为主要形式，使学生巩固陈述性知识、发展策略性知识；四是通过数学建模教学，引导学生探究问题，使学生获得策略性知识，培养学生应用数学分析问题和解决问题的能力。为此，小学数学解题教学设计有四种模式：

---

① G. 波利亚. 怎样解题[M]. 涂泓，冯承天，译. 上海：上海科技教育出版社，2007：7-9.

(一) 练习教学设计模式及其相关要求

小学数学中许多题目是直接利用规则,按照一定步骤和程序解答。这类问题必须经过一定训练才能形成熟练的技能。

1. 理论基础

自动化技能获得的3个阶段①:模仿练习阶段,学生利用已有的陈述性知识解释新的陈述性知识,实现已有陈述性知识向程序性知识的初步转化;评价阶段,学生体会两种知识转化的过程;练习阶段,学生逐步摆脱对陈述性知识提示的依赖,使技能执行更迅速、准确。

2. 操作程序

(1) 讲解样例。精选样例,分析解题步骤,给出规范的解答过程。

(2) 模仿练习。精选题组,让学生由浅入深地模仿样例解题。

(3) 形成性评价。对学生的练习做形成性评价,及时纠正练习中出现的错误,引导学生反思。

(4) 自动化练习。选编题组,让学生继续练习,逐步达到技能自动化。

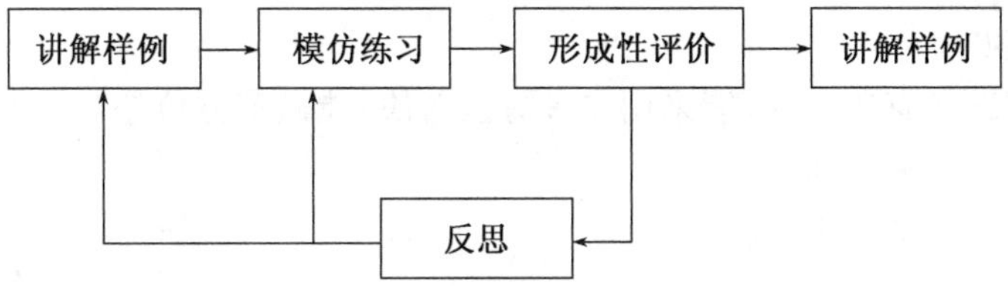

图 5-17　练习教学设计模式

3. 注意事项

(1) 例题讲解要求准确、规范。

(2) 练习题选取恰当。

(3) 及时评价学生的练习效果。

(4) 不同能力学生的练习数量和难度有差别。

(二) 习题教学设计模式及其相关要求

小学数学知识包括由陈述性知识形成的命题网络、表象、线性排序以及策略性知识,为使学生建构良好的认知图式,需要建立师生互动的习题教学模式。

1. 理论基础

建构主义学习观认为②,学习活动不是由教师向学生传递知识,而是学生建构知识的过程;学习者不是被动地吸收信息,而是主动地建构信息的意义的过程。此外,社会性的互动作用也是促进学习的源泉。

---

① L. W. 安德森,L. A. 索斯尼克. 布卢姆教育目标分类学——40年的回顾[M]. 谭晓玉,袁文辉,等译. 上海:华东师范大学出版社,1998:21-31.

② 施良方. 学习论[M]. 北京:人民教育出版社,2001:167-188.

2. **操作程序**

（1）解答问题。提出问题并引导学生分析问题寻求解答策略，师生共同讨论完成问题的解答。

（2）另解问题。启发学生积极思考，学生相互合作讨论、寻求其他解题途径。

（3）变更问题。变更的途径有：一是将等价变化原问题，包括条件变化、结论变化、问题变化、图形变化等；二是半等价变化原问题，比如加强或减弱原命题的条件。

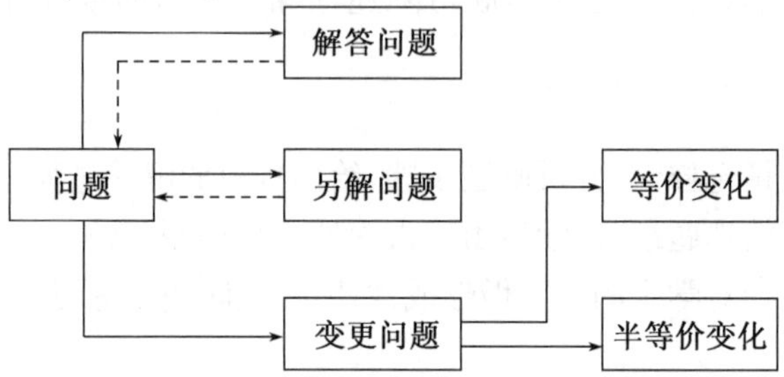

图 5－18　习题教学设计模式

3. **注意事项**

（1）所选问题具有典型性，能采用多种方法解决，能做多方位拓广。

（2）应体现学生的主体性。

（3）教学形式和手段多样化。

（三）开放题教学设计模式及其相关要求

开放题是指条件不充分或冗余或没有给出结论或结论不唯一的问题。开放题教学模式是以开放性问题为材料，以师生共同探究为主要形式的教学模式。

1. **理论依据**

学生的思维活动是开放的，数学思维进程是多样的。教学中，学生的开放性和数学思维的多样性是混在一起的。因此，日本学者能田伸彦认为，数学教学设计必须使用开放的方法处理各种问题。①

2. **操作程序**

（1）创设问题情境。

（2）引导学生对问题提出猜想。对于条件开放题，引导学生逆推使结论成立的条件，提出假设；对于结论开放题，推出可以成立的结论；对于综合开放题，进行全方位分析并提出假设。

（3）判断提出的假设。采用反驳，通过举反例判断假设，或特殊化方法判断假设。

（4）若发现提出的假设有误，则修正假设回到问题，重新提出假设。

（5）若不能反驳假设，则证明假设。

---

① Nobuhiko Nohda. Mathematics Teaching by "Open-Approach Method" in Japanese Classroom Activities[J]. Proceedings of ICMI-WARCOME 1. Vol 2. 185－192.

(6) 完成证明后,反思问题及解答。从两方面反思:一是寻求新的答案;二是对原问题进行变式、引申和推广。

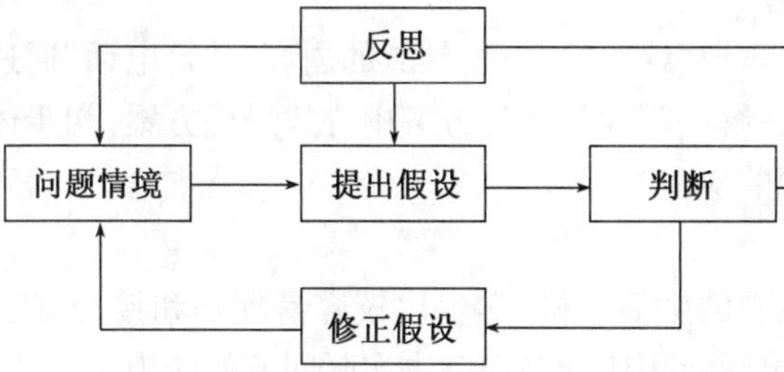

图 5-19　开放题教学设计模式

3. 注意事项

(1) 充分发挥学生主动探求的热情,促使学生主动探究问题。

(2) 有意识地培养学生的直觉思维能力和问题解决能力。

(四) 数学建模教学设计模式及其相关要求

建模教学模式是指对问题建立数学模型,探究问题产生过程的模式。

1. 理论基础

现代心理学认为,一切思维都是从问题开始的。当学生解决了一个代表真实事件的问题时,他们从事的就是一种思维活动。当他们学习到能推广于性质相似的其他问题的知识,就意味着他们已获得一种或一套新规则。①

2. 操作程序

(1) 创设问题情境。问题可以是现实生活中的问题,也可以将一个数学问题还原为与现实生活相关或以现实生活中某种现象为原型的问题,目的在于激发学生的学习动机。

(2) 引导学生分析问题中的因素,找出各因素间的关系和制约各因素的条件,用数学语言描述和解释。

(3) 解答数学模型,与原型对照检验解释问题的现实意义。

(4) 反思问题及解答。

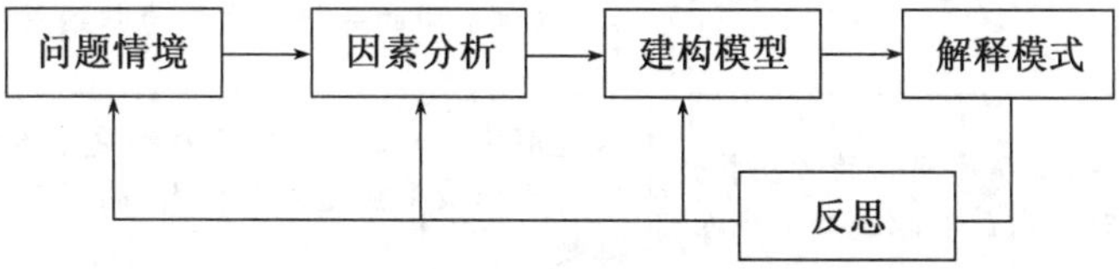

图 5-20　数学建模教学设计模式

3. 注意事项

(1) 问题情境恰当,揭示知识产生原因和发生过程。

① 施良方.学习论[M].北京:人民教育出版社,2001:167-276.

(2) 鼓励学生自主建构模型。

(五)《打电话中的数学》教学设计

1. 教学内容的地位和作用

《打电话中的数学》是第二学段“综合与实践”领域的内容。“打电话”通过日常生活中的一些简单事例,让学生尝试在解决问题的多种方案中寻找最优方案,初步体会运筹思想和对策论方法在解决实际问题的应用。

2. 学情分析

打电话活动是学生较为熟悉的生活素材,学生比较容易理解和接受。五年级学生具备联系日常生活与数学学习,灵活运用所学知识解决实际问题的能力。

3. 案例与分析

教学目标	知识目标	1. 综合应用所学知识和方法探究“打电话”的多种方案。 2. 能够找出最优方案。
	过程与方法目标	1. 进一步体会方法的多样性。 2. 初步体会建模思想和优化思想在解决实际问题中的应用。 3. 学会用画图、列表等多种表征方式发现规律。
	能力目标	1. 培养观察、分析、归纳、推理能力。 2. 培养解决问题能力。
	情感态度目标	感受数学在日常生活中的广泛应用,培养数学应用意识。
重点	能够从不同的解决方案中寻找最优方案。	
难点	观察数据、归纳推理、发现数量关系中的隐含规律。	

【教学流程安排】

活动流程	活动内容和目的
联系生活实际,创设问题情境:打电话中的数学。	基于“一个个通知”方案,引入课题“打电话的最优方案”。
以任务为导向,小组合作寻找解决问题的最优方案:探索若干不同的方案,尝试不同的表征方式。	讨论“分组通知”方案,运用画图、列表、符号表达等方式,探讨不同的分组方案。为归纳总结规律做准备。
归纳推理,探究规律:将解决问题的方法推广到一般,求出一定时间内最多能通知多少人。	通过解决“如果需要电话通知更多人”“需要求出在一定时间内最多能通知多少人”的问题,引导学生发现总结规律。
应用迁移与反思:解决顺向和逆向思维的应用问题。反思解决问题的方法,以及寻求最佳策略的路径。	通过直接和间接应用规律来解决问题。反思问题解决过程中数学建模思想、归纳推理思想和最优化思想。

【教学过程】

问题与情境	师生行为	设计意图
引入课题： 实际问题：我们学校的合唱队共有15名学生，暑假期间有一个紧急演出，老师需要尽快通知每一个队员。如果用打电话的方式，每分钟通知1人，怎样才能在最短的时间里通知所有队员？ 课题：打电话中的数学	教师提问，引导学生先采取“一个个通知”的方案学生思考作答。 预设： 鼓励学生用自己喜欢的表达方式来分析说理。学生能发现都需要15分钟。	引发学生的认知冲突，为引入课题和优化问题解决的必要性做铺垫。
明确任务，小组合作寻找解决问题的最优方案： 设置疑问，启发指导 1. 到底怎样安排才能在最短时间内通知到所有同学呢？ 2. 是不是分的组越多用的时间就越少呢？ 3. 如果各小组的人数不一样，情况又会是怎样的呢？ 4. 最短只用了5分钟的方案，是不是最优方案呢？ 5. 要想时间最短，需要满足什么条件？	学生小组合作，聚焦“分组通知”方案的讨论。尝试不同的表征方式，探索若干不同的方案。结合学生给出的方案，教师提问启发进一步的思考。 预设： 1. 学生“分组通知”的方案有以下几种。 ① 平均分为3组； ② 平均分为5组； ③ 分为不均等的3组； ④ 分为不均等的5组； ⑤ 分4组； ⑥ 分2组…… 2. 有些学生认为分组越多所需时间越少。 3. 教师引导学生总结：电话通知全体队员，所需时间最短的条件。	1. 引导学生用不同的表征方式解决问题。 2. 在小组展示的过程中，认清并非分组越多所需时间越少。 3. 启发学生得出：要想时间最短，需要满足省时、不重复、不遗漏、不空闲的条件。
将问题推广到一般，归纳探究规律： 1. 若需要通知更多的人，比如成百上千的人，或者是需要求出在一定时间内最多能通知多少人？画图的方法适合吗？有没有更好的方法能解决类似问题呢？ 2. 观察表格并思考：如果是第n分钟，表格怎样接着往下填呢？ 3. 观察图表，可以归纳出什么规律？ 4. 如果一个合唱团50人，用打电话的方式，每分钟通知1人，最少花多少时间就能通知到每个人？用7分钟最多能通知多少队员？	学生独立画图、观察图示、填表、体会数量关系。教师订正答案，进一步引发学生思考。教师引导学生发现规律，小结规律并板书。学生解决变式应用题，教师及时评价。 预设： 1. 部分学生根据图示填写表格存在困难，教师引导学生画图和观察图示。 2. 学生在寻找规律的过程中存在困难，教师从特殊推广到一般，引导学生发现规律。 3. 学生在发现和叙述规律时，存在表达不准确、不够清晰的问题时，教师引导学生不断完善表达。	1. 图式的方法比较直观，但随着数据变大存在不够清晰、不容易发现规律的不足。 2. 运用表格可以充分体现数量之间的变化关系。 3. 总结出一般规律，即① 第n分钟，知道信息的学生总和是知道信息总人数减1；② 第n分钟，通知人数与新接通知人数相等；③ 第n分钟知道信息总人数是第$n-1$分钟知道信息总人数的2倍。 4. 灵活应用知识进行正向和逆向迁移。

（续表）

问题与情境	师生行为	设计意图
小结与反思： 1.“打电话中的数学问题”是什么样的问题？ 2. 今天学习哪些解决问题的方法和策略？	师生共同总结反思数学问题解决的方法和策略。 预设： 1. 学生不了解“打电话中的数学问题”是理想的数学模型。教师引导学生注意。 2. 数学建模解决实际问题的最后一个步骤，是在实际问题中检验数学的解。具体实施中，要实现设计打电话的顺序和流程图。	1. 回顾教学重点。 2. 引导学生领悟数学中归纳推理、建模和优化思想。 3. 引导学生总结和反思，培养学生的元认知能力。

评析：

① 教学设计创设一个学生熟悉且与日常生活紧密相连的问题情境：学校合唱团的紧急事务需要联络的“打电话”问题。根据学生心理和已有知识，科学、客观地在学生的最近发展区设计开放性问题，有利于激发各层次学生的学习责任和兴趣，积极参与小组合作、主动地思考。

② 教学设计了数学建模、猜想假设和归纳推理的活动，组织学生分组讨论，将学习、探究的主动权完全交给学生，给予学生充分的自由度。通过数学活动，学生获得了数学知识，发展了各方面的能力。教师通过由浅入深的“问题串”引导思考方向和讨论主题，体现了教学活动是学生“学”和教师“教”的统一。

③ 变式问题是教学设计的亮点。一是解决问题方法的变式。不分组方法以及不同分组方法下的讨论，使寻求最优化方案成为必然。二是特殊到一般的问题变式。从打电话通知 15 个学生到 n 个学生，使寻找一般规律成为必然。三是知识迁移的应用问题变式。包括“需要通知的学生数，求需要的时间？”“已知时间，最多能通知多少学生？”，使学生在知识应用中加深对规律、方法策略的理解。

第四节 小学数学复习课教学设计

复习是对学过知识的再学习。小学数学复习课一般在单元、学期、学年、小学毕业班的新课教学结束以后进行，是数学教学不可缺少的重要环节。小学数学复习课没有固定的模式，本节在小学数学复习课特点、学习要求以及教学策略的基础上，从复习课的内容和方法，讨论小学数学复习课的教学设计。

一、小学数学复习课的特点

（一）重复性

复习课是在全面了解知识的基础上，重复学习学过的知识，取得进一步提高的学习。

一个完整的学习过程分为三个阶段：学习、保持和再现。学习阶段是指学生获得新知识的阶段。学生学过的知识必须在头脑里保持和再现，便于以后提取和应用。如果学习后不复习，新的意义将逐渐向原有观念还原，这时就会出现遗忘。数学复习课让学生重新学习学过的定义、定理、公式、法则和解题方法等，重新建立被遗忘的东西，补上没有掌握的东西，确立和巩固新的意义，防止还原过程的出现。因此，复习过程不是简单重复，而是经过多次反复，从低级到高级螺旋上升，逐步提高认知层次的过程。

（二）概括性

数学复习课要适当地概括和解释数学思想方法的关键点或要素。数学知识中蕴含丰富的数学思想方法，与表层的数学知识相比更为抽象和概括，需要从一般到特殊、从具体到抽象、从感性到理性的认识过程。复习课有意识渗透数学思想方法的规律和运用，不仅使学生从数学思想方法高度把握知识的本质和内在规律，而且使学生逐步体会到数学思想方法的精神实质。复习课中的概括可以在整理数学知识过程中进行，也可以在解题过程中进行。在整理数学知识时，可从纵向看知识的来龙去脉，也可从横向看知识之间的内在联系，概括渗透数学思想方法。在解题时，除了弄清如何应用已学过的数学知识解题外，还要重视揭示“通性通法”和一般原理。

（三）自主性

充分发挥学生学习的自主性，让学生积极、主动地参与复习的全过程：由学生梳理知识、寻找规律、判断错误，充分调动学生学习的积极性和主动性，激发学生学习兴趣。

（四）系统性

数学复习课在重复和概括的基础上，一方面，梳理所学过的数学知识和思想方法，形成一个统一的整体。梳理工作可以在教师指导下，由学生自己完成，便于储存、提取和应用。另一方面，通过解复习题，培养学生综合运用知识的能力。如果只停留在知识梳理层面，那么学过的知识无法培养学生的应用能力；如果只停留在解题层面，不梳理知识、揭示通法和一般原理，那么解题最终也只是具体方法和技巧的堆砌。

二、小学数学复习课的学习要求

小学数学复习课包括单元、章节结束时的复习，期中、期末和毕业考试复习，不同阶段的复习有一定差异，但又有共同学习要求。复习课既要有利于学生加深理解和系统掌握所学过的知识，提高数学思维能力和综合运用知识解题的能力，也要有利于增强学生学习数学的信心和责任感，有利于教师了解学生和改进教学工作。

（一）重新概括、系统整理知识，形成良好的数学认知结构

比如，三年级上册《万以内加减法的复习》，老师出示路线（图 5 - 21）：星期天老师带着儿子从家出发要去少年宫，有这样两条路。想一想哪条路比较近？在知识形成与应用的场景中，学生应用已学的估算、笔算解决问题，巩固估算方法、笔算加法。接着算一算少走了几米？再现笔算加减法、验算，以及比较数大小的方法。

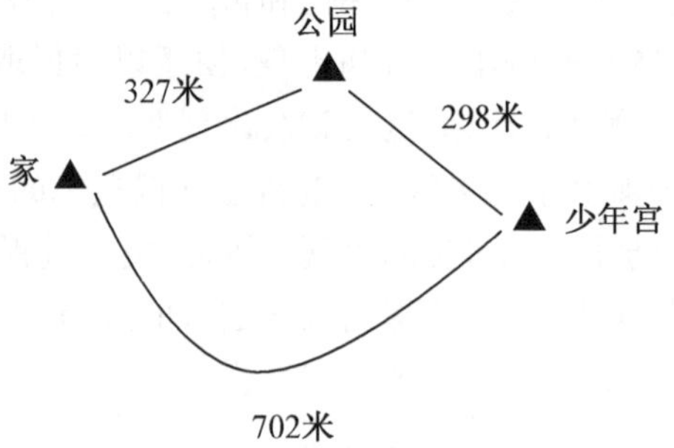

图 5-21　出行路线

(二) 通过综合应用知识的训练,提高解决各种问题的能力

比如,《有余数除法单元复习》中的开放性问题:一个数除以 9,余数是 8。① 这个数可能是几? ② 拿出一张数字表,找一找、涂一涂这样的数,你发现什么? 第一问的解决方法开放,可以找数去试除,也可以用除数乘不同的商加余数求被除数,适合不同层次水平的学生。第二问,结合直观与抽象,培养学生思维的深度。

(三) 提炼相应的核心概念和思想方法体系,做到触类旁通

比如,六年级下册《立体图形表面积总复习》,学生回忆了四个立体图形的相关特征后,四人小组活动,把长方体、正方体、圆柱、圆锥按一定标准分类。不同的标准下有四种分类:① 以有 6 个面为标准。长方体、正方体一类,圆柱一类、圆锥一类。② 以底面是圆为标准。长方体、正方体分为一类,圆柱、圆锥分为一类。③ 以侧面是否是曲面为标准。长方体、正方体分为一类,圆柱、圆锥分为一类。④ 以有两个底面和一个侧面为标准。长方体、正方体、圆柱一类,圆锥一类。学生基于分类思想,利用不同的知识连接点,归纳长方体、正方体、圆柱体侧面积公式的规律,掌握复杂的表面积计算方法。

三、小学数学复习课的教学策略

复习是学生巩固知识、夯实基础和培养问题解决能力的重要环节,只有提高复习课的参与度、建构度和开放度,才能提高复习课的效能。

(一) 复习前置,发挥学生自主性

上复习课前,要求学生对复习的知识点有比较清晰的认识,再回忆已遗忘的知识。分为两步操作:第一步是课前学生自主学习。复习课前,教师布置复习内容,学生整理与复习内容相关的知识,回忆相关概念的意义,梳理复习中的困惑,绘制知识框架图或者思维导图,便于课堂交流;第二步是交流课前复习情况。学生说一说通

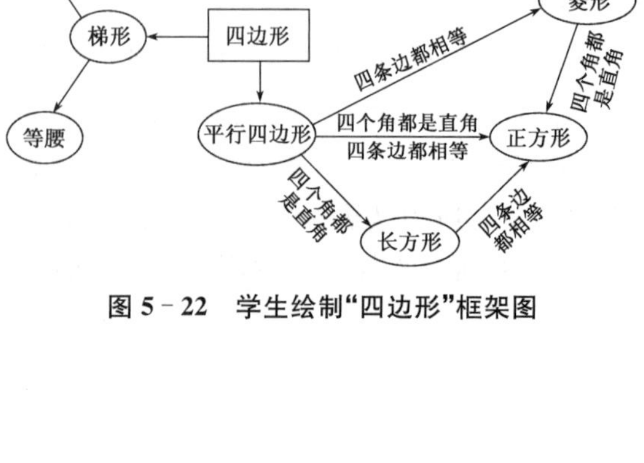

图 5-22　学生绘制"四边形"框架图

过课前复习自己掌握了什么，还有什么不清楚的地方。

（二）沟通联系，建构知识网络

复习课的一项重要任务是帮助学生梳理建构头脑中的知识，明确知识间的联系。可以通过寻找两两联系，在捕捉联系中建构，把错综复杂的知识整理成结构图；也可以把零散的知识按一定标准分类，再排列知识点、形成知识链，横向沟通知识链后，形成知识结构。

用思维导图辅助错题整理。要求学生常备"错题本"，及时记载平时学习中、课堂作业、课后做作业出现的一些错题；根据学生做错的题，对错题加以分类，每一类对应一个图形模块。比如：应用题的错题整理。给学生布置任务，将一个学期所做过的习题、作业以及试卷等集中到一起，统一分类，统一整理。根据所犯错误，以及解题规律、类型等将题目分成：数量关系类、图形求解类、时间规律类等，每一类别后方都附上曾经犯下的错误，逐步完善该思维导图，搭建属于自己的错题分类的思维导图。

（三）问题情境开放，激发参与热情

复习课中的问题应具有综合性、实践性和开放性的特点。其中，综合性体现在涉及的知识点较多，要求学生能综合运用所学知识灵活解决问题；开放性的特点是答案不唯一，解决问题的方法多样化等；实践性要求学生在解题过程中体会到数学与生活的密切联系，增强学生学好数学的自觉性。① 开放、新奇的问题情境，能有效激发学生探究知识的欲望。比如，复习《立体图形的表面积》中的实践开放题：找一个长方体香皂的包装盒，测量出它的长、宽、高。如果 24 块这种香皂装一箱，怎样设计包装箱？先画画算算，再选出你满意的方案。需要学生综合运用长方体表面的计算知识，综合形象和抽象思维、直觉和逻辑思维、发散和聚合思维，综合运用列举、筛选、想象和分析推理等策略性知识。

四、小学数学复习课教学内容的设计

知识整理和练习是复习课教学的两个主要环节。教学内容不同，整理和练习的顺序有所不同，但复习课教学内容的设计都少不了知识提要设计和问题设计。

（一）知识提要设计

在复习的基础上，引导学生梳理最基本和最重要的知识，把各部分知识整合成一个有机的整体。启发学生整理的问题是：本单元的主要知识点有哪些；学习重点是什么，你为什么认为它比较重要；你学习的难点是什么，请列举一些易错的题目。引导学生采用条目、表格和结构框图的方式（图 5－23，图 5－24，图 5－25），梳理知识和解题过程中提炼数学思想方法，体会通性通法和一般原理。将作业中模糊不清的地方作为复习内容，既考虑学习能力比较强的学生，又照顾到学习有困难的学生，适当安排学习过的基本知识。

① 吴存明．小学数学复习课存在的问题与对策[J]．江苏教育·小学教学，2014(6)：45－46.

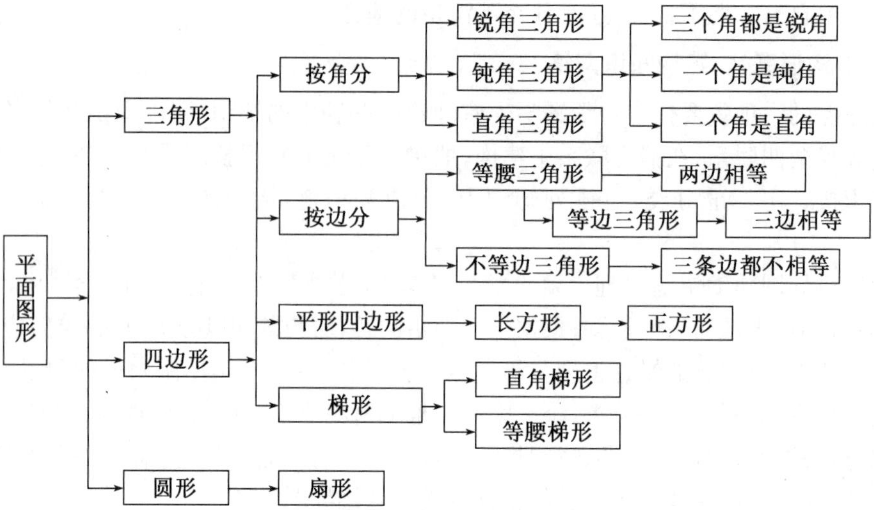

图 5-23　平面图形的知识结构图

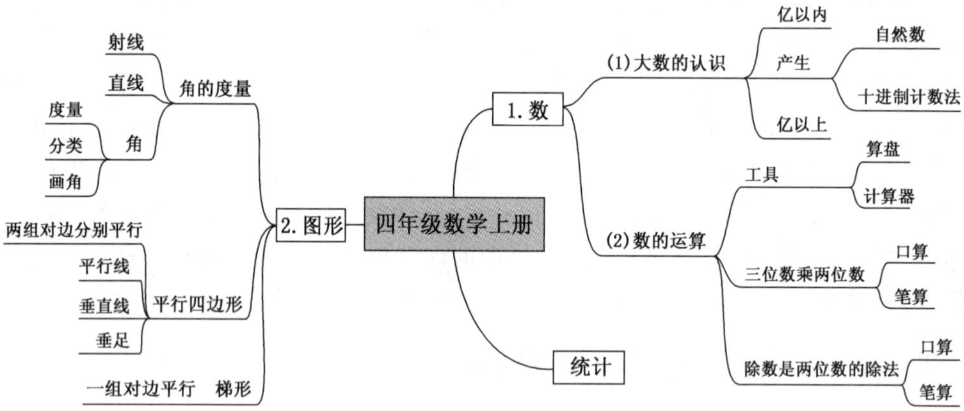

图 5-24　四年级上册期末复习思维导图

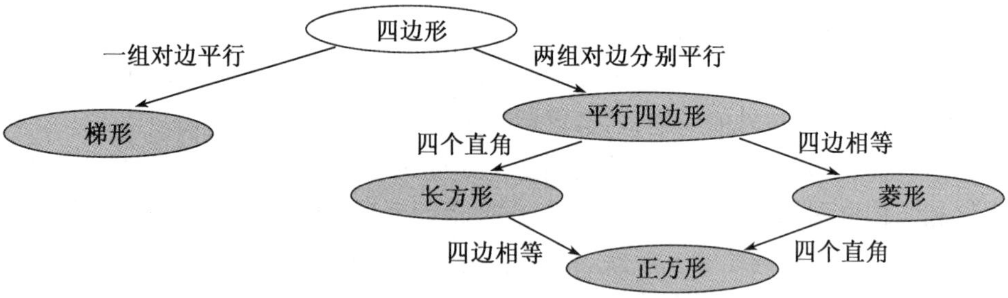

图 5-25　四边形复习的知识结构图

(二) 问题设计

1. 创设情境:引发学生兴趣

问题情境创设要富有挑战性、趣味性,最大限度激发学生的积极性。呈现形式可以是课件,也可以是通过语言表达引出学生熟悉的身边事例。尽可能设计一些具有现实意义的问题，采用游戏、情境串等方式，在练习中不断完善知识整理。

2. 典型问题：突出重难点

典型问题设计要注意：覆盖教材中最重要和最基本的知识；有利于学生提炼数学思想方法；有利于检查学生的概括能力和应用能力；按逻辑顺序排列问题，便于学生由浅入深地学习；要包含学过的多种概念和方法；具有较强的探索性，要求学生具有一定的独立见解、判断能力、能动性和创造精神。对于学生难理解的关键之处，进行专项练习；对于学生易混、易错的概念与解题方法，进行对比练习，辨析、消除模糊认识。典型问题具有综合性，体现“一题多变”“多题归一”的特点。

3. 开放性问题：激励创新空间

开放性问题设计要注意：形式灵活，条件（结论、方法）开放；适合不同学生的层次。在典型问题巩固基本方法的基础上，从不同侧面、不同角度分析和解决问题，通过比较各种方法的优缺点，教会学生如何选择最佳方法。学生参与解决开放题的活动中，充分表现个性，激励创新空间。

4. 回应性评价：尊重学生个性

复习课前的预测为确立恰当的复习目标提供了证据。回应预测所设立的目标，契合学生的最近发展区，能够明确复习的意图、目标和投入的需要，引发学生的共鸣和参与的积极性。复习过程中做出及时评价或延时评价，关注学生的情感态度以及师生之间的情感交流与沟通。当学生产生认知偏差和疑惑时，进行及时、必要的引导，捕捉解答的可利用和有价值之处，为进一步的思考指明方向；当学生存在不够深刻的理解、不完整的问题解答、错误的经验等，鼓励和启发学生充分表达观点。复习课鼓励学生多样化和独创性的思维，但发散性思维需要在多样化方法中选择优化方法。回应评价引导学生弄清各种方法的不同思路并归类；归纳每种方法的优点和不足；讨论遇到不同类型问题时各种方法的可推广性；从方法策略上升到数学思想层面的讨论。为此，问题评价的设计既要认识预设的必要性，又要为课堂生成预留空间。

五、小学数学复习课教学方法的设计

（一）依据课标理念，选择教学方法

在组织数学复习教学活动时，应在“以生为本”理念的指引下，积极推行先学后教、以学定教的思想，选择学生自主尝试、合作交流、分析推导、讨论总结等学习方法，积极发挥学生的学习主动性，突出学生的主体地位。比如，知识梳理阶段。先让学生读书、回忆搜集与复习课题有关的知识；再让学生在组内交流、整理思路，在相互补充中完善知识网络。采用同桌展示、组内交流、面向全班同学的汇报等方式，为学生提供用自己的语言，借助实物、图表和一些外显的动作行为，阐述整理成果和思维过程的机会。

（二）依据教材内容，选择教学方法

小学数学从内容上可以分为概念课、方法课和应用课。根据不同的教学内容，应选择不同复习方法。比如，“概念课”的复习，一般选择“梳理—应用—拓展”的复习方法，复习的重点是对数学概念的理解、掌握程度的提升。而“方法课”和“应用课”的复习，用“练

习—梳理—应用—拓展”的方法，重点在训练和练习中梳理，在应用中拓展。①

（三）依据学生实际，选择教学方法

教学方法选择要了解学生的最近发展区和认知能力，掌握学生的求知心理特点。既要研究学生群体，又要研究学生个体。对基础好的和基础差的学生要有不同的目标要求，因材施教。比如，在六年级的数学总复习时，毕业班学生已初步理解并掌握小学阶段的数学知识和技能，此时复习的目的在于巩固和深化学生对数学知识和技能的理解，引导学生构建知识网络，综合运用知识解决各类数学问题。在平时复习课中，对基础差的学生要巧妙地运用错题分析等资源，加强学生基本概念和基本能力的训练；对学有余力的学生，要重点关注综合运用和拓展能力方面的培养。

（四）《9、8、7、6 加几》复习课教学设计

1. 教学内容的地位和作用

这节课是一年级上学期期末的一节复习课。复习的主要内容是 20 以内进位加的算理。其过程为：① 分解；② 凑 10；③ 利用“十进制”转换。让学生感悟“凑 10”、加法的结合律，加强对 20 以内“进位加”计算的熟练度。

2. 学情分析

一年级学生通常坐不住、好动，根据低年级学生认知特点和心理特征，学生需要在游戏或活动中完成对知识的理解、记忆和建构。大的游戏或活动至少有 1～2 次，小的活动有 4～5 次，保证学生整节课都集中注意力。

3. 案例与分析

教学目标	知识目标	1. 通过“找朋友”“用小棒摆算式”的活动，回忆 20 以内进位加的算理。 2. 能把 20 以内的加法说清楚，快速、准确地计算 20 以内的加法。
	过程与方法目标	1. 主动参与游戏活动，在活动中感悟 20 以内加法需要经历的三个步骤。 2. 初步体会数学思考的基本方法。
	能力目标	1. 培养观察、分析、运算能力。 2. 培养数学交流能力。
	情感态度目标	逐步养成倾听、合作、交流的习惯，增强学好数学的自信心。
重、难点	20 以内加法的算理。	

【教学流程安排】

活动流程	活动内容和目的
联系生活实际，创设问题情境：“找朋友”游戏情境。	让学生感悟“凑 10”。
探究与小组合作：“用小棒摆算式”。	形成对 20 以内加法计算算理的理解。
强化：“同桌互练”。	加强学生 20 以内加法的运算技能。
小结：初步感受加法的交换律与结合律。	将 20 以内的算理归纳为算法；数位对齐，从各位加起，满十进一；引入 20 以内加法的竖式计算。

① 徐江. 小学数学复习课教学有效性的探索[J]. 小学教学参考，2014(3)：37.

【教学过程】

问题与情境	师生行为	设计意图
引入课题： “找朋友”：今天老师请了10位小客人来参加我们的学习(10个小朋友戴着有数字1～9的蜜蜂头饰“飞”到了讲台上。其中有两个5)。① 请大家观察“小蜜蜂”们头上的序号，你能提出什么数学问题？② “小蜜蜂”们两两找朋友，如果头饰上的数字和等于10，把手牵起来，就可摘到老师手中的小花。 师生共同玩“凑10”游戏。	学生提出不同的数学问题。 预设： 比如，请“小蜜蜂”们按头饰上的序号从大到小排列。 “小蜜蜂”们很快找到了自己的朋友，顺利领取教师手中的花。其他同学拍手帮他们唱教师编的《找朋友》歌。	通过游戏感悟“凑10”。
探究与小组合作： “用小棒摆算式”：现在又来了4只“小蜜蜂”(先前10只和头饰序号为9，8，7，6的“小蜜蜂”一起来到讲台上)，① 谁来提出一个问题？你怎么算的？② 请同学们列出一些算式，同桌两个同学之间选一些算式，用小棒摆一摆，然后到台上表演。	学生提出问题： ① 讲台上一共有几只“小蜜蜂”？ ② 哪两个“小蜜蜂”头饰上的数字和等于16？ …… 预设： ① 采用数数法，直接算； ② 拆数，凑10计算； 同学们两人一组上台交流，并互相评价。	通过游戏和交流活动，形成对20以内加法计算算理的理解。
强化： “同桌互练”：同学们，我们再玩一个游戏好不好？请同桌的同学出一个题，另一个同学回答。	学生提问互答，熟练20以内进位加法。	强化学生20以内进位加法的运算技能。
小结与反思： 这节课，你们有什么收获？	教师让三位学生交流对本节课学习的感悟。将20以内的算理归纳为算法；数位对齐，从各位加起，满十进一；引入20以内加法的竖式计算。	由特殊归纳一般的运算法则，完成从直观到抽象的过渡。

评析：

这节复习课的教学设计体现了知识之间的关联，表现在游戏活动设计与布鲁纳的“认知发展阶段论”相吻合。布鲁纳认为，儿童学习需要经历三个步骤：具体运算、表象运算和符号运算。其中，具体运算是动手操作，比如，“找朋友”；表象运算指半具体、半抽象操作，比如，师生共同玩“凑10”游戏或者在头脑中“数小棒”；符号运算即为抽象运算，比如，竖式计算。问题设计采用多种变式，有一定的开放度，能调动学生参与游戏的主动性。

本章小结

小学数学概念教学设计：要分析概念相关要素，关注新概念所处的概念体系，明确学生概念学习的要求；基于概念学习形式与学生概念学习的心理过程，运用概念形成、同化或二者结合的模式。小学数学命题教学设计:要了解命题的内涵与外延,明确学生命题学习的要求;基于命题学习形式与学生命题学习的心理过程,运用发生模式。小学数学解题教学设计:要了解数学题的内涵与外延,明确学生解题学习的要求;基于学生解题学习的心理过程,运用练习、习题、开放题和数学建模的模式。小学数学复习课教学设计:要了解复习课的特点、学生复习课学习的要求;借鉴复习课的教学策略,从教学内容和方式上进行思考。

思考与训练

1. 任选一个核心概念、命题或思想,结合具体例子分析其含义。

2. 结合小学数学概念(命题、解题)教学中存在的典型问题,谈谈自己的看法。

3. 拟选人教版五年级上册《方程的意义》(图 5-26)的教学设计。要求:教学目标明确;教学重点突出;教学过程环节明了;每个教学环节说明设计理由。

图 5-26 人教版《方程的意义》

4. 拟选人教版四年级下册《三角形三边的关系》(图 5-27)的教学设计。要求:教学目标明确;教学重点突出;教学过程环节明了;每个教学环节说明设计理由。

5. 拟选人教版五年级上册《植树问题》(图 5-28)的教学设计。要求:教学目标明确;教学重点突出;教学过程环节明了;每个教学环节说明设计理由。

6. 拟选人教版《四边形》复习课的教学设计。要求:教学目标明确;教学重点突出;教学过程环节明了;每个教学环节说明设计理由。

图 5－27　人教版《三角形三边的关系》

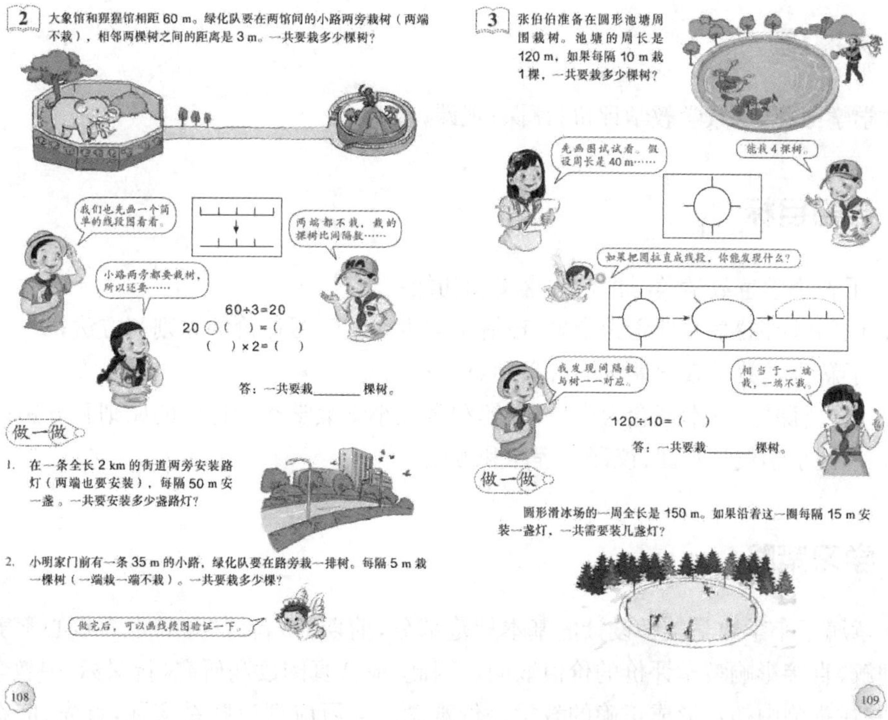

图 5－28　人教版《植树问题》

第六章 小学数学教学评价设计

扫码查看
本章资源

对于人格和结果的评价，可以使学生得到积极的自我意识；关注行为和过程的评价可以使学生改进自己，去追求老师期望的行为。

——陈大伟

内容提要

本章以《新课标》的基本理念为指导，首先，阐释了小学生数学学习评价的含义、功能、原则和方法，其次，介绍了小学数学教学评价的含义、意义、原则和方法，最后，就小学数学观课、议课的意义和程序做简要解读。

关键词

数学学习评价；数学教学评价；评课；观课；议课

学习目标

1. 了解小学生数学学习评价的含义和功能；
2. 以《新课标》基本理念为指导，理解小学生数学学习评价的原则和方法；
3. 了解小学数学教学评价的含义和意义；
4. 以《新课标》基本理念为指导，理解和掌握小学数学教学评价的原则和方法；
5. 掌握小学数学观课、议课的程序和方法。

学习策略

本章属于小学数学教学设计的基本规范部分，前期对《新课标》和十大核心素养的学习和理解，直接影响教学评价的价值取向。因此，应认真阅读和研究《新课标》中教学评价建议，并在头脑中初步形成正确的教学评价观念。学习应理论联系实际，首先，应在理解的基础上掌握学习评价和教学评价的有关方法和原则；其次，应结合小学数学课堂实录或视频讨论和评价；最后，结合小学数学教学评价中存在的问题，了解观课、议课提出的背景，掌握观课、议课的程序与注意事项。

教育故事

王丹人挺机灵的，可就是学习不努力，每次考试都拖班上同学的后腿。这不，这学期第一次单元测验又不及格，54分。我真是有些生气。

下课后，我极力调整自己的情绪。心里想：跟一个还不醒事的孩子生气是没有道理的，只有想个办法调动他的积极性才行。放学后，我把王丹叫到自己的身边。

"王丹，你还想不想及格？""想。"王丹低着头，声音像蚊子一样。"那老师有个办法。""什么办法？"王丹的声音大了些，似乎还有一丝期待。"老师借给你6分，让你及格，但你要保证下次考试还我后还能及格，行吗？"王丹瞪圆了眼睛望着我，一脸的疑惑。我冲他微微地笑了笑，"看，只差6分了，如果你再加把劲儿，完全可以及格的，是吗？"这时，我看到他脸上的一丝激动。我趁势说："那老师给你一次弥补的机会，你一定要珍惜这借来的6分，加倍努力，把成绩赶上去。如果你愿意的话，就写个借条给我，好吗？"

王丹极其认真地写下了这张特殊的借条：

借　条

陈老师：

由于我第一次考试没考好，特向您借6分，第二次考试时一定归还，并保证及格。

借分人：王丹

×年×月×日

从这儿以后，我发现王丹变了，以前在数学课堂上，他不是和别人说话，就是玩东西。现在他不仅专心听课，还积极回答问题。我不时表扬他，他学习也越来越自觉。

很快，第二单元测试时，王丹得了78分。当我在全班宣布这一分数时，同学们为他热烈鼓掌。我把欣慰的笑容、激动的目光投向他，他回了我一个甜甜的笑，有些得意，有些灿烂。

——成都市龙泉驿区××小学　陈　红

《义务教育课程标准》评价建议：

评价的主要目的是全面了解学生数学学习的过程和结果，激励学生学习和改进教师教学。评价应以课程目标和课程内容为依据，体现数学课程的基本理念，全面评价学生在知识技能、数学思考、问题解决和情感态度等方面的表现。

评价不仅要关注学生的学习结果，更要关注学生在学习过程中的发展和变化。应采用多样化的评价方式，恰当呈现并合理利用评价结果，发挥评价的激励作用，保护学生的自尊心和自信心。通过评价得到的信息，可以了解学生数学学习达到的水平和存在的问题，帮助教师总结与反思，调整和改进教学内容与教学过程。①

① 中华人民共和国教育部. 义务教育课程标准(2011年版)[S]. 北京：北京师范大学出版社，2014：52.

本章预备知识

1. 什么是学习评价？学习评价的功能有哪些？
2. 学习评价应遵循哪些原则？学习评价的方法有哪些？
3. 什么是教学评价？教学评价的意义何在？
4. 教学评价应遵循哪些原则？教学评价的方法有哪些？

第一节　小学生数学学习评价

有教育活动就有教育评价，我国是世界上较早进行教育评价的国家。《礼记·学记》中记载："比年入学，中年考校，一年离经辨表，三年视举止乐群，五年视博习亲师，七年视论学取友，谓之小成。九年知类通达，谓之大成。"九年学习时间分成五个小段两个大段，可见，在战国时期就已形成了一套较严密的成绩考评制度。学习评价是教育评价的具体形式之一，本节主要学习小学数学学习评价的含义、功能、分类和原则。

一、小学生数学学习评价的含义

所谓评价，其实质就是对某一事物或行为的价值做出判断的过程，包括对其质与量做的描述和在此基础上做出的价值判断。

小学生数学学习评价，是指评价者以小学生的数学学习活动为对象，依据教育教学目的采取可行的技术和方法，广泛地收集小学生在数学学习过程中所反映出的各种有意义的信息，对小学生的数学成绩做出价值判断的过程。

小学生的数学成绩主要是指学生对数学知识的理解程度，技能掌握的熟练程度，以及记忆、思维、想象和逻辑推理等能力的发展水平。这些学业成就不能直接看到，但可通过数学测验间接加以测量。

数学测验是测量学生数学学习成果的主要工具。许多人把测量和评价混为一谈。必须看到，测量和评价是两个既有联系又有区别的概念。测量是用数据对资料进行描述，测量面对的是客观条件，是一种量的表示。而评价则是以测量的结果去说明、解释、评定学生学与教师教的效果，是对客观条件的个人反映，是对价值的测定。

测量是描述一种情境，评价则是判断其价值。例如，一个学生测验的分数可能是 70 分。这本身并不能告诉我们其他更多的情况。直到取得更多资料之前，没有谁能说出 70 分是好还是坏。如果 70 分是全校学生的最高分数，那可能表明一种情况；如果它表示最低分，则可能表明另一种情况。如果一个有才华的学生得了 70 分，这个分又是最低分，那么这就有别于一个最迟钝的学生经过最大的努力，同样获得最低分 70 分。评价是教师对于手头所掌握的有关一个学生的资料提出的判断和解释。①

用测验来测量或评价学习效果，正如医生用温度计来测量人的体温一样，根据测得的体温初步了解健康状况——体温是否正常，这是“测量”，而进一步根据各种因素分析诊断其病由所在，这是“评价”。

二、小学生数学学习评价的功能

（一）导向功能

导向功能主要是指评价本身具有的引导评价对象朝着理想目标前进的功效与能力。学校领导和教育行政部门对小学生数学学习的测量和评价，客观上会对教师的“教”和学生的“学”产生“指挥棒”的导向功能。所以，人们常说考试是指挥棒，考什么，教师就要教什么，学生就会学什么。当前，小学生数学学习评价应该以《新课标》为依据，制定包括知识技能、数学思考、问题解决、情感态度等方面的小学生数学学习评价标准，使其发挥符合基础教育改革方向的导向作用，从而正确引导教学实践，促进小学生数学学习目标的实现。

（二）诊断功能

诊断功能是指小学生数学学习评价能够对学生的学习状况做出价值判断。教师了解学生是确保教学有效的必要条件，这种了解是提出现实的学习目标，使用合适的教学方法帮助学生达到既定目标的基础。教学开始之前，通过数学测验与谈话，教师可以了解学生在某阶段中知识、技能和能力（尤其是数学思考和问题解决的能力）已达到的水平和存在的问题；通过问卷调查、访谈等形式，可以了解学生数学学习中存在的弊端与差异，了解学生对数学学习的情感与态度，为改进和提高下一阶段的教学提供依据。学习评价，可以帮助教师诊断学生学习中存在的困难，了解学生学习数学知识、掌握数学技能和智能发展的情况，帮助师生明确教学中存在的不足和取得的成绩，明白以后努力的方向。

（三）反馈功能

反馈功能是指通过对小学生进行数学学习评价，可以获取教师“教”和学生“学”的质量反馈信息，使学生了解自己的学习中取得的成绩和存在的问题，教师了解自己的教学效果，领导了解教师的教学质量，家长了解孩子的学习情况，以便相互配合，共同努力，不断提高学生的学习成绩。

（四）激励功能

激励功能是指评价在小学生数学学习上所起到的激发内驱力的作用。心理学研究表明，需要是激发人的意志活动的基本因素，科学的学习评价，反映了学生的基本需要，因而能极大地调动学生的学习积极性。肯定的评价会对学生的学习起鼓励作用，通过肯定评价，学生学习上的进步获得教师和家长的承认，心理上获得满足，从而提高其学习的积极性。否定的评价往往会使学生产生焦虑，但心理学研究表明：“当紧张和焦虑的程度处于

---

①　克拉克.斯塔尔.中学教学法（下册）[M].赵宝恒，蔡焌年，译.北京：人民教育出版社，1985：257.

中等水平时，学习进展最快。”①因此，适当的学习评价能起到激励先进，鞭策后进的功能。师生通过学习评价，能够明白自己取得的成绩，坚定信心，继续努力；同时也能找到存在的不足，有利于克服缺点，后进赶先进。

(五) 研究功能

良好的学习评价，不仅用于判断学生学习的结果，还在于能为教师的教学组织研究和学生的学习方式研究提供平台。利用测试和评价，教师可以对小学数学教育科学研究进行量化分析，为开展教学研究提供重要的数据，确定学生的学习水平与教师的教学水平的改变情况。

三、小学生数学学习评价分类

(一) 按评价所参照的标准分类

1. 目标参照评价

目标参照评价是把学生个人的得分和预定的教学目标做比较，检查学生是否达到了预定目标，或在多大程度上达到了目标。其特点是只把学习结果与教学目标相比，而不与他人相比。其目的只是为了全面了解学生的学习情况，而不是刻意拉开学生间的距离。

这里所说的目标，主要是指《新课标》中所提出的教学目标。比如，第一学段的学生在“数的运算”方面必须达到以下要求：① 结合具体情境，体会整数四则运算的意义；② 能熟练地口算 20 以内的加减法和表内乘除法，能口算简单的百以内的加减法和一位数乘除两位数；③ 能计算两位数和三位数的加减法，一位数乘两位数和三位数、两位数乘两位数的乘法，两位数和三位数除以一位数的除法；④ 认识小括号，能进行简单的整数四则混合运算；⑤ 会进行同分母分数(分母小于 10)的加减运算以及一位小数的加减运算；⑥ 能结合具体情境，选择适当的单位进行简单估算，体会估算在生活中的作用；⑦ 经历与他人交流各自算法的过程；⑧ 能运用数及数的运算解决生活中的简单问题，并能对结果的实际意义做出解释。

第一学段结束，对学生的计算能力的要求可按以下标准进行评价：

表 6-1　小学生计算能力评价标准

学习内容	速度要求
20 以内数的加减法和表内乘除法口算	每分钟 8～10 道题
两三位数的加减法	每分钟 2～3 道题
两位数乘两位数	每分钟 1～2 道题
除数是一位数、被除数不超过三位数的除法	每分钟 1～2 道题

目标参照评价具有标准比较客观的特点，只要评价过程是科学合理的，那么评价的结果就可在很大程度上表现出评价对象掌握客观标准要求的水平。在实际工作中，确保评价标准的稳定性、客观性和准确性，是提高目标参照评价科学化水平的关键。

① 陈琦，刘儒德. 当代教育心理学(第 3 版)[M]. 北京：北京师范大学出版社，2019：163.

2. 常模参照评价

常模参照评价是把学生个人得分与相应群体已经达到的平均成绩(常模)做比较,进而评价学生的学习情况。其特点是把学生学习结果与其所在群体中其他人相比,即以同一群体的“常模”作为参照标准,而不与教学目标相比。

常模参照评价的标准来源于评价对象所在的群体,该标准只适用于其所在群体,评价标准依群体变化而变化。比如,某学生数学考试成绩为 80 分或 60 分好不好?有比较才有鉴别。如果不联系其他学生的得分情况,很难做出判断,可能他得 80 分那次的团体平均分是 90 分,那么 80 分的成绩就不是很理想;反之,如果得 60 分那次的团体平均成绩是 52 分,那么得 60 分就是不错的成绩。这种评价主要应用于各种选拔性考试,评价内容应难易适度,能拉开距离。

3. 个人特征参照评价

个人特征参照评价是把每个学生的各项成绩与自己以前的成绩作内部比较,以弄清学生是进步了还是退步了,并分析原因。其特点是把学生的学习结果与自己以前的成绩做纵向比较,而不与教学目标或他人相比,不会给评价对象造成竞争压力,这样容易看到差生的进步,并鼓励其继续努力,增强其上进心。

个人特征参照评价有两种方法:一种是把评价对象的过去与现在进行比较。例如,某学生期中考试数学成绩是 75 分,期末考试成绩是 85 分(假定两次考试的难度相当),通过比较,可以断定该生的数学学习有进步。另一种方法是把评价对象的某几个方面进行比较,考查其长处与不足。例如,可以从计算能力、图形感知能力、逻辑推理能力和解决数学问题能力等各个侧面来分别评价一个学生的数学水平,找出其数学能力中的强项与弱项。

个人特征参照评价的局限是:由于没有客观标准,又没有外部的横向比较,很难确定评价对象的真实水平,提供的有效反馈信息很有限。比如,某生先后两次数学考试成绩分别是 70 分和 80 分,从个体内部差异来看,其成绩是上升了,但是如果第一次全班的平均分是 60 分,标准差是 10 分;第二次全班平均分是 75 分,标准差也是 10 分。转化成标准分后,两次成绩分别是 1 分和 0.5 分,显然,按照个人特征参照评价方法来分析,该生的数学成绩却是下降了。所以,一般来说个人特征参照评价要与常模参照评价结合起来使用,才能取得比较好的效果。

(二) 按教学过程的阶段分类

1. 诊断性评价

诊断性评价也称为摸底评价,一般在学年、学期开学前或刚开学时施行。其目的是为了了解学生的基本情况,进行分班、分组,或确定下一步合适的教学措施。诊断性评价涉及的主要内容包括:教学所面临的问题;学生前一阶段学习中知识储备的数量和质量;学生的性格特征、学习风格、能力倾向及对数学学科的态度;学生的学习动机和已经形成的学习习惯;学生的身体状况、家庭教育和环境影响等。

诊断性评价具有多方面的作用:① 用于了解学生的入学准备程度。主要是了解学生已有的知识基础和生活经验、学生的心理发展水平与特点、学习动机、身体状况等方面的情况。② 决定对学生的适当安置。通过对学生在知识、技能、能力、性格与学习积极性等方面的差异性的准确判断,进而在教学中对学生进行分班分组并为学生提供合适的教学环境。③ 用于辨别造成学生学习困难的原因。如果一个学生在学习开始时得到了适当安置,但他仍然不能从教学中获益,那么就有必要用配置性评价诊断其学习困难的原因。这可能与教学、教材或测试有关,也可能是非教育因素造成的,应找出原因,并对症下药。

诊断性评价的目的不是为了给学生贴标签以决定把学生编入好班或差班,而是在了解和掌握评价对象的基础上,为制定教学措施做准备,为因材施教提供依据。

2. 形成性评价

形成性评价,也叫过程性评价,一般是在教学过程中进行的,其目的不在于评价学生,而是为了及时获取教学的反馈信息,有的放矢地改进教学工作。教师首先要把教学内容划分为若干单元,然后根据每个单元的具体要求设置教学目标,在该单元教学过程中或结束时进行评价,了解教学中存在的问题,把握教学目标是否达到。

形成性评价的主要作用是:① 改进课程的编制、教师的教学和学生的学习。形成性评价能揭示课程编制者、每位教师和每个学生在活动中所犯的错误或碰到的困难,然后再向他们提供帮助。② 为进一步学习确定教学步骤。通过对教材的每一单元的掌握情况进行的评价,教师可以了解学生对后继学习的准备情况,从而合理地确定学生下一单元的学习任务与速度。③ 可强化学生的学习。对那些已经掌握或基本掌握了单元学习任务的学生来说,形成性评价使他们及时获得成功的体验,从而强化学习结果和动力。对那些没有掌握单元学习任务的学生来说,学习评价有助于他们及时发现问题,集中注意力。如果在评价中注意多鼓励和肯定学生,则会使他们逐步树立信心,强化学习动机。④ 为教师提供反馈信息。教师通过形成性评价,可以发现自己在目标确定、教学方法、程序组织、手段使用等各个方面的长处和不足,从而有针对性地改进教学工作,提高教学技能。

3. 终结性评价

终结性评价,也叫结果性评价,一般在学期末、学年结束时或毕业时进行。其目的是为了评定学生在学习结束时掌握知识、技能以及能力的程度。如期末考评、毕业考评,评定内容范围较广。

终结性评价有三个基本特点:① 在目标上,它是对某个数学教学活动或某个数学知识板块上所取得的成绩进行全面的评定,并给出学生评定成绩;② 在内容分量上,它着眼于学生对阶段性数学内容的掌握,常常分量大而频率低;③ 在测试内容的概括性上,它的概括水平较高,题目多为知识、技能、能力等多种因素的综合体。因而,概括地说,终结性评价乃是在阶段学习或某个重要知识部分的学习之后进行的,旨在评价学生是否达到教学目标要求的概括性水平较高的测试和成绩评定。

终结性评价在教学工作中的主要作用有:① 为学生评定成绩。通过终结性评价,确定学生在数学上的进步和达到教学目标的程度,从而对学生的学业成就做出整体的价值判断。② 预言学生在后继学习中成功的可能性,并确定学生在后继学习中的起点。③ 为学生提供学习反馈。终结性评价能使学生明白自己整体的学习效果,并对学生的学习动力产生重要影响。由于终结性评价常常为一些重要的决策提供依据,所以要特别注意评价的信度和效度。以上三类评价的划分是相对的,它们之间有区别也有联系。见下表:

表 6-2　诊断性评价、形成性评价和终结性评价的区别①

种类	诊断性评价	形成性评价	终结性评价
作用	查明学习准备情况和不利因素	确定学习效果	评定学业成绩
主要目的	合理安置学生，考虑区别对待，采取补救措施	改进学习过程，调整教学方案	证明学习已经达到的水平，预言在后继教程中成功的可能性
评价重点	素质、过程	过程	结果
手段	特殊编制的测试、学籍档案和现场观察记录分析	经常性检查、作业、日常观察	考试
测试内容	必要的预备性知识、技能的特定样本，学生生理、心理、环境的样本	课题和单元目标样本	课程和教学目标的广泛样本
试题难度	较低	以教学任务而定	常模参照
实施时间	课程或学期、学年开始时，教学进程中需要时	课题或单元教学结束后，经常进行	课程或阶段课程结束后，一般每学期 1～2 次
主要特点	……	“前瞻式”	“回顾式”

四、小学生数学学习评价的原则

学习评价原则是学习评价的基本要求，掌握学习评价的原则，可以增强评价工作的科学性、客观性、准确性和全面性。

（一）评价标准多维化原则

“多一把尺子就多一批好学生。”多元智力理论认为：每个人都同时拥有九种智力，只是这九种智力在每个人身上以不同的方式、不同的程度组合存在，使得每个人的智力都各具特色②。因此，世界上并不存在谁聪明谁不聪明的问题，而是存在谁在哪一方面聪明，以及怎样聪明的问题。学校里没有所谓的“差生”的存在，每个学生都是独特的，也是出色的。这样的学生观一旦形成，就使得教师乐于对每一个学生怀揣着积极、热切的期望，并乐于从多角度来评价、观察学生身上的闪光点，发现并发展学生的潜能。这正是新课程评价所倡导的改革方向。

案例

“轴对称图形”教学片段

师：请同学们拿出一张纸，把它对折，按自己的想象，剪出一幅图案。

（学生剪出了各种各样的图形：红五角星、桃子、蝴蝶、手拉手跳舞的小女孩等，一幅幅图案栩栩如生）

---

① 施良方，崔允漷. 教学理论：课堂教学的原则、策略与研究[M]. 上海：华东师范大学出版社，1999：337.

② 陈琦，刘儒德. 当代教育心理学（第 3 版）[M]. 北京：北京师范大学出版社，2019：45.

师：请仔细观察你们剪的图案或生活中见到的物品，你能得出哪些结论？

生1：沿着一条直线对折，直线两侧互相重合。

师：生1能用自己的语言非常简练地把轴对称图形的特征概括出来，非常好！

生2：我觉得正方形、长方形、圆、等腰三角形、等腰梯形、角都是轴对称图形。

师：生2能把我们学过的几何图形是轴对称的挑出来，真不简单！

生3：同学们穿的校服上的拼图、蝴蝶、蜻蜓、飞机、人的五官等都是轴对称图形。

师：生3举出了现实生活中见到过的轴对称图形，说明你的观察能力很强，很热爱生活，太棒了！

这时生4举手发言了，但举的例子是错的。

师：生4这个例子虽然错了，但他敢于发言，以前他上课从不主动发言，说明他进步了，大家表扬他！

……

评析

这位教师运用多元智力理论，从学生熟悉的剪纸入手，通过学生剪出的一幅幅美丽图案，引导学生观察、思考，并从不同方面去评价每个学生，帮助每个学生找到一个他的才能可以尽情施展的地方，使每个学生的个性得以培养。

学生的发展是多方面的。“应试教育”对学业成绩的考核主要是进行课内知识的一维评价，也称为学业成绩的单维评价。单维评价仅仅是教学评价的一小部分，因为教学评价应包括学习态度、学习方法、实现目标程度、学习进步程度和创造力等的评价。因而，评价内容要综合化，既要重视基础知识方面的评价，更要重视学生综合素质的发展，尤其是创新、探究、合作、实践、情感与态度等方面的评价。

评价要关注学生的个性差异。评价标准多维化的一个重要原因是学生个体差异的客观性。那么，在评价中如何体现这种个体的差异性呢？最基本的方法是：评价目标的确定要体现差异性。在数学教学中，很多教师每节课都用同一个目标要求全班每一个学生，结果使学困生“吃不了”，优等生“还吃不饱”。

（二）评价方法多样化原则

新课程强调质性评价，定性与定量相结合，实现评价方法的多样化。评价方式多样化体现在多种评价方法的运用，包括书面测验、口头测验、开放式问题、活动报告、课堂观察、课后访谈、课内外作业、成长记录等。在条件允许的地方，也可以采用网上交流的方式进行评价。

每一种评价方法都有它的优点和局限，教师应结合学习内容及学生的特点，选择适当的评价方式。传统教学中更多地采用终结性评价和量化评价，认为量化就是客观、科学、严格的代名词。确实，数量具有简明、精确的特点，它能够减少人的主观推论；而且更重要的是数量能够用现代科技所提供的统计工具加以处理。因而，量化范式下的标准化测验、常模测验一度成为世界范围内盛行的评价工具和手段。然而，对教育而言，量化的评价是把复杂的教育现象加以简化或只评价简单的教育现象，它不仅无法从本质上保证对客观性的承诺，而且往往丢失了教育中最有意义、最根本的内容。这样，学生活泼的个性被抽象成一组组僵硬的数字，学生在各个方面的发展和进步也被简化为可能的几个数量，教育的复杂性和学生状况的丰富性则泯灭于其中。因此，新课程改革要求我们在坚持评价方法多样化的前提下，注重形成性评价和质性评价。

1. 注重形成性评价

关注结果的终结性评价，是面向“过去”的评价；关注过程的形成性评价，则是面向“未来”、重在发展的评价。新课程改革强调评价重心逐渐转向更多关注学生求知的过程、探究的过程和努力的过程，关注学生在各个时期的进步状况。

案例

教学长方体表面积的课堂实录

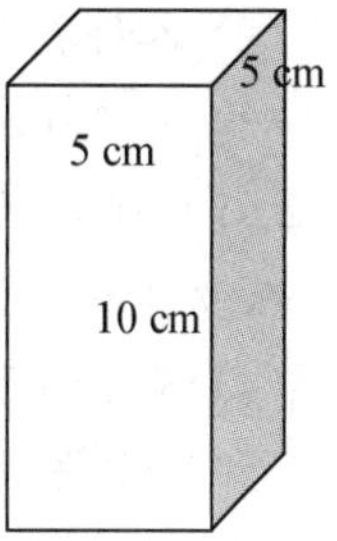

师：请大家求右图中长方体的表面积（单位：cm^2）。

生 1：$(5\times5+5\times10+5\times10)\times2$

生 2：$5\times5\times2+5\times10\times4$

师：还有更简单的方法吗？

生 3：我想出了一个更简便的方法：$5\times5\times10$

师：你是怎么想的？

生 3：上、下底面的面积有 2 个 5×5；由于 5×10 可看作 5×5 的 2 倍，因此其余四个面的面积就有 8 个 5×5。共计 10 个 5×5，所以列式为 $5\times5\times10$。

师：（大出所料，异常兴奋）好，真聪明！他的思维过程很独特，大家表扬他。

生 4：老师，我还有一种新的简便算法：$5\times10\times5$。

师：你又是怎么想的呢？

生 4：一个侧面的面积是 1 个 5×10，侧面共有 4 个 5×10，而上下底面的面积和是 1 个 5×10，于是列式为：$5\times10\times5$。

师：生 4 的思维过程更独特。

对此师生更为振奋，自发为他鼓掌。

评析

本课例中的评价着重关注的是学生独立思考和思维过程的创造性。学生回答过“是什么”之后，教师不要急于评价对错好坏，一定要再问一个“为什么”，要让学生把自己的思维过程展示出来，然后再评价。从“生 3”的回答来看，怎么看不像是求长方体的表面积，当学生回答出其思维过程之后，就会感受到非常新颖独特，富有创造性。

教师只有关注学生的思维过程，评价才可能深入学生发展的进程，才有可能对学生的持续发展和提高进行有效的指导，才有可能实现“知识与技能”“过程与方法”以及“情感态度与价值观”的全面发展。

2. 注重质性评价，关注发展

以往的数学学习评价是以考试、测验为核心的。对学生的评价主要通过单元测验、期中考试等方式实现的。而这些考试又多以知识技能为中心，重点考查学生的知识掌握情况与技能的熟练程度，这样的评价是我们司空见惯的。然而，我们是否考虑到对于评价学生的情感、态度和价值观，这种量化方法还能行得通吗？因此，要实现评价的促进发展功能，评价方法必须多样化，即除了纸笔测试等量化方法外，还要注意运用面谈、行为观察、行为记录、成长记录袋、学习日记和情景测验等质性评价方法。

案 例

建立个人学习档案

操作方法：

(1) 学期初把建档目的向学生及家长说明，让学生和家长都能明确建档的目的及意义。

(2) 各科教师要认真计划建档问题，选择不同的建档形式。

(3) 一般按一个单元或一个学习主题收集材料。这些材料应是学生平时最好的作业、最好的作文、优秀的美术作品、摄影作品、音像资料、社会实践调查报告、研究报告，乃至各项竞赛获奖证书……

(4) 学生自己管理档案。

(评价方法：期中、期末各开展一次学业成果展览会，展示档案内容，邀请家长、学生参加，让学生、家长自行评价出等级，写上评语，并提出建议。)

评析

本案例采用的是质性评价方法——档案袋评价方法。这种方法是学生开展自我评价的一个重要方式，它能够反映出学生发展和进步的历程。本案例通过展示学生档案，使学生和家长都能看到自己和孩子成长的足迹，从中能体会到一种成功的乐趣，会激励他更好地成长。

采用档案袋这种质性评价方法，一方面，学生通过对自己参与学习过程、结果和对同学学习活动进行评价，既是对自己学习活动的回顾、总结，也是自己发现问题、解决问题过程的反思。在这一过程中充分发挥学生的主体作用，调动学生学习的主动性和积极性。另一方面，通过档案袋的方法，对学生的情感、态度和价值观等方面的发展也能做出比较客观的评价。

(三) 评价主体多元化原则

传统的数学学习评价主体是教师，学生处于被评价的客体地位，等待老师的指点、评说。现代教学论认为：学生是学习的主体，是具有主观能动性的人。因此，新课程评价强调学生的参与与互动、自评与他评相结合，实现评价主体的多元化。评价主体的多元化是指教师、家长、同学及学生本人都可以作为评价者，可以综合运用教师评价、学生自我评价、学生相互评价、家长评价等方式，对学生的学习情况和教师的教学情况进行全面的考查。即被评价者从被动接受评价逐步转化为主动参与评价，一改以往管理者为主的单一评价主体的现象。比如，每一个学习单元结束时，教师可以要求学生自我设计一个“学习小结”，用合适的形式（表、图、卡片、电子文本等）归纳学习到的知识和方法，学习中的收获，遇到的问题，等等。教师可以通过学习小结对学生的学习情况进行评价，也可以组织学生将自己的学习小结在班级展示交流，通过这种形式总结自己的进步，反思自己的不足以及需要改进的地方，汲取他人值得借鉴的经验。条件允许时，也可以邀请家长参与评价。

从建构主义理论出发，新课程评价应该把学生作为评价主体，因为真正的主体性评价不是靠外部力量的督促和控制，而是每一个主体对自己行为的“反省意识和能力”。

案例

一次评价实录

师：同学们，这个学习质量评价表（见下表）中的每一项内容是什么意思，要求大家怎么做，我在开学初就和大家讲清了，你们还记得吧？

表 6－3　小学低年级学生数学学习质量评价表（情感部分）

姓名：________　班级：________

评价项目	年　月　日					
	自评	同学评	师评	自评	同学评	师评
1. 认识到生活中处处有数学						
2. 愿意学数学						
3. 专心听课，克服学习中的困难						
4. 积极发言，主动参与						
5. 在合作学习中愿意与同伴交流						
6. 按时独立完成作业并自我检查						
7. 运用所学知识解决生活中的问题						

说明：“＋”表示能；“√”表示基本能，“0”表示不能

生：明白了。

师：好，现在我们就按照这个表中的各项要求对每个同学进行一次客观的评价。请同学们对照表格逐项进行自评。（每个学生都认真地自评）

师：现在前后两张桌的四位同学组成一个互评小组，先由每位学生讲述自评的结果，再由其他同学进行评价，也评出等级，并向被评人说出理由。

生 1：在参与这一项，我能做到基本发言，但还不主动。评价结果应是√。

生 2：我认为生 1 在课堂学习活动中还是比较主动的，比如，在前两天老师讲正方形的认识时，他是第一个发言的，并举出那么多生活中常见的正方形实例。

生 3：我不同意生 2 的看法，生 1 有时不主动发言，比如，今天第一节课老师提的那个问题他会，但不主动说。

生4：咱们大致算一下生1有多少次主动发言，又有多少次不主动发言，然后我们综合起来，给他一个评价。（其他三位同学最后达成共识，生1的评价结果是能发言，有时也很主动）

生1：没想到我在大家心中有这么好的印象，以后我会继续努力的！

……

师：大家评得很认真，下面把这个表收上来，课后我要对每个学生进行评价，你们在表中“师评”这项会看到详细的评价结果的，并要求大家把这个结果放在你们的档案袋中，到期末结束时，我们进行综合评定。希望大家改进不足，继续努力！

评析

本课例充分体现了评价主体多元化的思想。这个评价过程既提高了被评价者的主体地位，又把评价变成了主动参与、自我反思、自我教育、自我发展的过程。在这个评价过程中，学生不是一系列评价的消极应付者，而是主动参与者，在相互沟通和协商中，增进了学生与学生、学生与教师之间的了解和理解，易于形成积极、友好、平等和民主的评价关系。这将有助于评价者在评价进程中有效地对被评价者进行监控和指导，帮助被评价者接纳和认同评价结果，促进其不断改进、获得发展。

每个人的命运靠自己来主宰，但对他人又有责任和义务，所以主体是“自主”和“责任”的统一。评价者和被评价者、教师和学生在评价过程中是一种“交互主体”的关系，评价过程是一种民主参与、协商和交流的过程，所以价值是多元的。

（四）延迟评价，给学生创造成功机会原则

新课程标准强调：学段目标是本学段结束时学生应达到的目标，应允许一部分学生经过一段时间的努力，随着数学意识与技能的积累逐步达到。对此，教师可以选择推迟做出判断的方法。这种方法能使学生看到自己的进步，对自己充满信心，对前途充满希望。其实，95%以上“差生”的智力都是正常的。只不过是由于他们经受了反复失败的打击而失去了自信心，学习的兴趣、积极性和自觉性变差了，学习成绩才变得差了起来。这种推迟判断法淡化了评价的甄别功能，突出了学生的纵向发展。特别是对于学习有困难的学生而言，这种方法能让他们看到自己的进步，感受到获得成功的喜悦，从而激发新的学习活动。

案例

“小学四年级期末考试”一例

师：在这次考试中，同学们都付出了努力，那么大家对自己的成绩满意吗？

（有一部分学生摇头。其中几个学生小声嘀咕道：不满意有什么办法呢？）

师：如果你对自己的成绩不满意，开学后，若提出申请，允许重新解答。

生：（欣喜地）真的吗？

师：是真的。如果你对自己的成绩不满意，假期你要努力地学习，开学后老师再给你们一次机会，重新出一张试卷来考试。大家认为怎么样？

（教室里一片掌声）

全班大约1/3的学生参加了第二次考试。绝大多数学生的成绩高于第一次的成绩，但是也有几个学生的成绩不如第一次。

（考试之后的总结）

师：我们班大约有1/3的同学参加了第二次考试，参加两次考试的同学可以在两个成绩中选择你最满意的一个成绩，老师将它作为你的期末成绩。

（有一些学生禁不住欢呼起来。）

（教师就学生自己最满意的一次答卷给予评价，给出鼓励性的评语。）

评析

在本案例中，教师通过延迟评价的方式，激发学生上进的动机，让学生通过努力后取得较好的成绩，体验到了获得成功的喜悦，从而激发起学生进一步学习的动力，坚定了学习的自信心。

（五）突出对学生探究、创新和实践能力的评价原则

创新是素质教育的重点，课堂教学又是培养创新精神和实践能力的主渠道，所以课堂上对学生探究、创新和实践能力的评价，是教学过程中不可缺少的一个重要组成部分。科学、合理、鼓励创新的评价有利于促进创新精神和实践能力的培养。

案例

一堂数学活动课

师：现在请同学们都来当回小小设计师，动手设计一个面积是6平方厘米的平面图形，好吗？

师：描述一下你设计的是一个怎样的图形。

生1：我设计的是长3厘米，宽2厘米的长方形。

生2：我设计了一个底6厘米，高1厘米的平行四边形。

生3：我设计的也是长方形，但长是4厘米，宽是1.5厘米。

生4：我设计了一个三角形，底是6厘米，高是2厘米。

生5：我设计了一个梯形，上底1厘米，下底3厘米，高3厘米。

生6：我设计的也是三角形，但底是3厘米，高是4厘米。

生7：我设计的也是梯形，但数据与生5不一样，面积还是6平方厘米。

师：大家真会动脑筋，一下子设计出了这么多种方案。刚才有些同学设计的图形是一样的，为什么其中的数据却可以有所不同呢？

生8：不管设计哪种图形，只要符合面积是6平方厘米就行了。比如长方形、平行四边形，只要把它们的长、宽、底、高分别写成两个数相乘等于6的式子，这两个数据可以是整数，也可以是小数；再比如三角形、梯形，只要把它们的底、高，上底与下底的和、高写成

两个数相乘等于6的2倍的式子,就可以得到很多图形。

老师以赞赏的目光鼓励他,学生也被他的精彩分析所折服。

生9:我赞成生8的看法,其实每种类型图例,都可以画出无数种图形,例如就长方形而言,它的长、宽可以是6与1,3与2,4与1.5,5与1.2……

师:刚才我们根据已经学过的图形,设计出了长方形、平行四边形、三角形、梯形……(生10举手打断)你想说什么?

生10 :正方形、圆我们也都学过了,我们也可以设计成……

生11:(插话)我们知道也可以设计正方形、圆,甚至是环形,但问题是我们还不会计算这些正方形的边长、圆的半径。

其他同学齐声附和,表示同意。

生12:(几乎是叫起来)可以的,可以算的。虽然我们暂时不能设计成正方形,但是我发现可以将图形设计成半圆,如果半径是2厘米,π取近似值3,那么半圆的面积等于$3\times 2^2\times 1/2$,正好等于6平方厘米。

师:生12敢于发表自己的想法,不应和众人的观点,非常值得学习。

师:我没想到你们能设计出这么多方案,那我们再想想已学习的平面图形,还有其他的设计方案吗?

生13:老师,能不能画组合图形?

师:你们说呢?

生14:我设计的是路标。

师:噢,有创意!真像路标!

学生也感到了新鲜和兴奋,并由此得到了启示,又开始酝酿他们的新方案。过了10分钟,许多同学又展示了他们的新杰作。

评析

奇妙的情趣,奇妙的思维,奇妙的想象,在学生的创作中得以淋漓尽致地发挥,学生的情绪达到了高峰。如此精彩纷呈的教学过程令人感叹:数学课堂可以使学生的个性如此张扬。

第二节　小学数学课堂教学评价

课堂教学活动中,不同的课堂教学观会形成不同的课堂教学和评价,得到不同的教学评价结果。反之,不同的课堂教学评价活动,有相应的课堂教学评价观和教学观指导。教师的课堂教学评价活动实质上就是教师深层教学思想的具体化和现实化。

一、小学数学课堂教学评价的内涵与意义

小学数学课堂教学评价,是指对小学数学教师的课堂教学所进行的评价,主要是对小学数学教师课堂教学的行为及其效果所进行的价值判断。课堂教学是学校教学工作的核

心，课堂教学评价的目的是促进教师改进教学，不断提高课堂教学质量。

现代教育的发展强调“教育要遵循学生和教师的生命体验，遵循学生的身心成长规律”，构建有效的教学评价应体现这一基本理念。小学数学课堂教学评价的意义主要表现在以下两个方面：

（一）有利于学生的全面发展

小学数学课堂教学评价最终目标是为了帮助教师改进教学，促进学生的全面发展。小学数学课堂教学评价通过临床的评价与诊断，来帮助教师积极自主地去构建新的教学策略，不断调整教学的组织方法与过程，以促进学生数学素养的发展，学生是最终的受益者。

（二）有利于教师的专业发展

小学数学课堂教学评价的主体就是教师自己，是教师对课堂教学过程与行为的批判性反思，是教师与同行、专家交流与分享的过程。经常性的进行教学反思，总结经验教训，发扬优点、克服缺点，是教师专业成长的最有效途径。当局者迷、旁观者清，执教教师若能让听课教师和专家给自己指点迷津、指明努力方向，更有助于促进教师的专业发展。

二、小学数学课堂教学评价的原则

（一）注重目标达成原则

所谓注重目标达成原则，主要包含两层含义。第一层含义是指教师预设的教学目标在陈述上是否达成了发展学生数学素养的全部要求。新课程主张每节课都应从“知识与能力、过程与方法、情感态度价值观”三个维度来确定教学目标，所以在预设教学目标时三个维度缺一不可。第二层含义是指教师的课堂活动是否围绕着预设的目标而组织。教学目标不能只是写在教案上，更主要的是必须落实到教学过程中，让教学目标成为教师教学行动的指南。

（二）注重行为表现原则

所谓注重行为表现原则，也主要包含两层含义：第一层含义是指教师的行为表现，主要是指教师的教学组织策略、教学方法以及教师所创设的教学环境等要符合新课程理念。第二层含义是指学生的行为表现，包括学生在课堂活动中的参与程度以及参与方式等。现代教学论提倡要“以学论教”，如果教师讲得天花乱坠，学生听得昏昏欲睡，那么无论如何都不能算作一节好课。反之，如果能充分调动学生学习的积极性、主动性，教师讲课时学生能集中注意力听讲，教师提问时学生能认真思考积极举手发言，教师组织小组讨论时学生能踊跃发表看法，教师布置探究任务后学生能动手动脑去研究……那么，就是一节成功的课。

（三）注重效果全面原则

所谓注重效果全面原则，是指课堂教学评价不仅要关注学生是否掌握了知识，形成了技能，还要关注学生是否积极参与了学习活动，是否进行了多向的交流与合作，是否获得了数学体验，是否经历了探究过程，是否发展了数学能力，等等。必须从“知识与能力、过程与方法、情感态度价值观”三个维度去评价教学目标的达成情况，三者缺一不可。

三、课堂教学评价的基本方法

(一) 临床观察法

“临床”一词来源于医学，是指医生直接接触病人，对病人进行实际的观察与治疗。教学评价中的“临床”是指评价者置身于课堂活动之中。而观察，是指评价者利用自身感觉器官和一些技术手段，有目的地收集教师课堂教学的相关信息，并分析和解释这些信息的活动。临床观察法是一种质性的课堂教学研究方法，也是课堂教学评价的一种最常见和最有效的方法。临床观察可以分为两种：

1. 结构性观察法

结构性观察法是观察者预先设计好了统一的观察对象、观察内容以及统一的观察记录标准，对所有的观察对象都使用相同的观察方法和记录格式。其目的是为了获得可以量化的观察数据，从而对观察到的内容进行统计分析。

表 6－4　课堂教学质量评估表

<table>
<tr><th colspan="2">评价项目</th><th>指标与权重</th><th>得分</th></tr>
<tr><td rowspan="22">教的方面</td><td rowspan="3">教学目标
(10 分)</td><td>1. 目标切合教材要求和学生实际</td><td>5 分</td></tr>
<tr><td>2. 认知和行为目标结合和谐，可操作，能落实</td><td>3 分</td></tr>
<tr><td>3. 目标对不同层次学生有不同达标要求</td><td>2 分</td></tr>
<tr><td rowspan="3">教学内容
(6 分)</td><td>1. 知识正确，容量适当，学生能接受</td><td>2 分</td></tr>
<tr><td>2. 把握教材内在联系和重点突破</td><td>2 分</td></tr>
<tr><td>3. 以教材为例，训练学生能力，指导学法</td><td>2 分</td></tr>
<tr><td rowspan="4">教学过程
(8 分)</td><td>1. 教学活动每一节流程结构合理，体现教学思路与学生思维，心理协调，有利于学生认知结构的建立</td><td>4 分</td></tr>
<tr><td>2. 结构流程有利于学生参与学习实践</td><td>2 分</td></tr>
<tr><td>3. 教学节奏、密度适当，时空分配合理</td><td>1 分</td></tr>
<tr><td>4. 具有本学科课型特点</td><td>1 分</td></tr>
<tr><td rowspan="5">教学手段
(11 分)</td><td>1. 教法注意提示认知规律和学法指导</td><td>4 分</td></tr>
<tr><td>2. 情景创设恰当、有效</td><td>2 分</td></tr>
<tr><td>3. 问题系列设计严谨，情、知有机交融、和谐</td><td>3 分</td></tr>
<tr><td>4. 教学挂图、教具和电教媒体的选用合理、高效</td><td>1 分</td></tr>
<tr><td>5. 教法体现对学生能力的培养，情感的激发</td><td>1 分</td></tr>
<tr><td rowspan="4">教学调控和效果的检测
(8 分)</td><td>1. 对学生信息及时反馈，有效纠正，完成教学任务</td><td>2 分</td></tr>
<tr><td>2. 精心安排有层次性、针对性和开放性的练习活动</td><td>2 分</td></tr>
<tr><td>3. 以师之情唤生动情，师生和谐平等</td><td>2 分</td></tr>
<tr><td>4. 给学生一定的消化思考余地，课业负担合理，轻负高效</td><td>2 分</td></tr>
</table>

（续表）

评价项目		指标与权重	得分
	教师素质 （7 分）	1. 教态大方自然，语言准确简练；演示操作规范，指导得法；板书科学、工整、美观	3 分
		2. 运用直观教具、现代教学媒体等，使用正确熟练，合理优化	2 分
		3. 善于组织教学，能随机调整	2 分
	教学特色	在课堂结构创设学境、教法和媒体运用等方面有独特创举，效果显著	另加 1～5 分
学的方面	参与状态 （15 分）	全员参与 有个别不参与 20%左右不参与 1/3 以上学生不参与	15 分 12 分 7 分 3 分
	交往状态 （15 分）	1. 有多边、丰富、多样的信息联系 2. 课堂上的人际交往有良好的合作氛围	8 分 7 分
	思维状态 （12 分）	1. 敢于提出问题、发表见解 2. 问题与见解有挑战性与独创性 3. 能联系实际举一反三，展开创造	5 分 5 分 2 分
	情绪状态 （8 分）	1. 有适度的紧张感和愉悦感 2. 能自我控制与调节学习情绪 3. 入境生情，意志得以锻炼 4. 感情共鸣的表露自然明显	2 分 2 分 2 分 2 分
综合评价	评语		总分

传统的课堂教学评价以教师为中心、以教论教，评价一堂课的效果也是从教师的角度出发，何为教学效果好，并没有说明。为使新课程理念真正落到实处，在课堂教学上真正体现以学生为主体，必须建立一个新的课堂教学评价体系。表 6－4 给出的评价指标包含全新的教学观念，体现了以“学”论“教”的评价思想，即从课堂上学生认知、思维、情感等方面的发展程度来评价教师教学质量的高低，具体表现为学生在课堂上呈现出来的四种状态，即学生的参与状态、交往状态、思维状态和情绪状态，占 50%的权重。这表明此评价指标不仅注重对课堂教学的结果的评价，更注重对课堂教学过程的评价。

2. 无结构观察法

无结构观察法是一种开放式的观察活动，观察者可以根据具体的情境确定和调整自己的观察视角和观察内容，运用描述的方式来记录观察结果。

案例

在这堂课中，根据学习内容以及学习组织特征，执教的教师组织学生进行小组活动的频率为 2 次；学生进行小组活动所用的时间分别为：第一次约 7 分，第二次约 4 分 30 秒；小组中的每一个学生是否参与讨论交流的统计情况为：

频次	第一次	第二次
未参加人数	1	2

（说明：所谓未参加的人，指的就是在小组学习过程中，相对于小组活动的学习主题和任务而言，既没有发言，也没有动手操作的学生。）

通过进一步观察小组学习中学生的参与行为，可以获得这些信息：

频次	行　为
第一次	一人显然是“领袖”，几乎全部由他在操纵小组学习的过程，第一句话由他开头，也是他第一个动手操作，还指挥另一个学生做记录。而有一个学生的参与只是按同伴的要求做记录，没有发言。其他两个学生偶有发言，并作为助手参与操作。
第二次	仍然呈现“领袖”主导的局面。只是刚才做记录的学生成为没有参与的人，记录是由“领袖”人物自己完成的。其间还出现指责同伴两次的情况。

具体观察一下参与小组学习的学生活动时间、方式和频次，可以获得如下一些信息：

频次	学生	时间	行　为
第一次	A_1	6分10秒	边动手操作，边说应该怎么做。其间有两句指责同伴的语言，一句下“指示”的语言。因为动作较快，所以有近一分钟的时间参与其他同伴的闲聊。
	A_2	1分20秒	动手一次，但似乎只是帮助A_1将学具放齐，还对A_1说了两句话。其余时间基本上在看A_1的操作。
	A_3	0分30秒	手稍微动了几下，但都是协助性的行为。其间还说了一句简单的话。大部分时间在玩一块多余的学具。
	A_4	2分30秒	受同伴指挥做记录，基本上没有发言。记录其间东张西望较多，而关注同伴操作的时间少。余下时间主要是和A_5闲聊。
	A_5	0	基本上没有参与小组活动。大部分时间只管自己拿着一支铅笔在涂鸦。其间和A_4说了几句话。
第二次	A_1	3分20秒	基本上是只管自己在做记录。其间说了四句话，有两句是指责同伴的话，一句是要求另一个同伴计算一下“指示性”的语言。余下时间在与同伴闲聊。
	A_2	1分10秒	小声和A_1嘀咕过两次，但A_1似乎没有听。另外还帮助A_1做了一次计算。其余时间在与A_3打闹嬉戏。
	A_3	0分30秒	小声与A_1嘀咕过一次，并与A_2交谈了一次关于A_1填的不对的话。其余时间在与A_2打闹嬉戏。
	A_4	0	主要时间在玩手上的铅笔。其间与A_1说了几句与主题无关的话。
	A_5	0	基本上是在东张西望，有一小段时间在自己的练习簿上写着什么。

……

观察者讨论认为，这样的小组学习，没有发挥同伴合作的真正价值，同伴之间的交互明显不足，缺乏共享性的活动。①

评析

观察者在临床观察某一课堂教学的过程中生成了获取并分析学生参与小组活动的信息及其效果想法。于是，采用随机性信息采集的方式，利用描述加频数统计的方法来进行观察。

运用临床观察法，应当注意：

(1) 要与被评价者取得沟通与理解，主要是为了保证获取信息的准确性，避免观察对课堂活动造成过大的干预。

(2) 确定观察的主题。课堂观察是一种有目的的活动，因此，在进入课堂做临床观察之前，必须先要确定观察的主题，以便将观察的注意力集中到与主题密切相关的信息采集上。

(3) 根据评价的目的和条件，选择观察的方式与技术。比如，是采用结构性观察还是非结构性观察；是运用量表进行频数统计的方式，还是运用描述的方式；观察对象是选择性的还是随机性的；准备采集全部信息还是部分信息；是跟踪性的反复观察还是单次性的观察等。

(4) 对信息的记录和描述要尽可能避免主观因素的掺杂，保持相对的客观性，尤其是对一些现象形成的原因，不能随意做出主观判断。比如，有观察员是这样描述的："教师提问时，只有不到一半的学生举手，因为大部分学生都没有理解教师提出的问题……"很显然，该观察员只是凭借主观臆测进行的判断，因为临床中观察者只是看到了现象，而这个现象背后的原因是无法通过观察获得的，必须通过其他信息采集方式(如课后访谈或问卷调查等)才有可能获得。

(二) 访谈法

访谈法也是一种质性评价方法，是评价者通过与被评价对象(教师或学生)面对面地交谈、采集信息的课堂教学评价方法。它具有以下特点：

1. 访谈是一种"商讨式"的语言交流活动

访谈不是一种单向的"评定式"的语言交流活动，而是一种双向的"商讨式"的语言交流活动。在访谈过程中，访谈者与被评价者处于平等的地位，被评价者可以向访谈者交流自己的课后反思，因而访谈法是一种参与式的课堂教学评价活动方式。

2. 访谈能获得一些非现象性的信息

在访谈过程中，被评价者可以向访谈者说明自己为什么要设计这样的活动；教师对课堂中学生出现的失误是如何理解的；学生怎么会想到采用这样的方法等。这样的信息是无法通过临床观察活动获得的，而这些信息又对评价教师课堂教学具有重要的价值。

3. 访谈能获得更为准确和有效的评价信息

采用临床观察法，往往只知其然而不知其所以然，而采用访谈法可以通过追问等方式

① 杨庆余. 小学数学教学临床案例分析[M]. 上海：上海教育音像出版社，2003：79.

了解现象背后的原因，评价者能够获得一些被评价者思考过程或理解过程等信息。

4. 访谈能有效地促进教师的专业发展

因为访谈实际上是一个评价者与被评价者之间双向交流与分享的活动。通过访谈，不仅能使评价者获得有效的信息，也能使被评价者通过反思自己的教学活动和学生的学习活动而获得发展，而且对评价者的教育教学工作也会有所启发，帮助其改进教育教学工作。所以在访谈过程中，被评价者和访谈者可以相互学习，取长补短，共同发展。

案例

一个“非预设型”的访谈①

访谈主题：备课者的思路

参加者：观察者（暂且称为G）、执教的教师（一位年轻的女教师，暂且称为A）、两位参与教学设计的教师（一位是该校主管数学教学工作的女教导主任，暂且称为B；一位是年纪稍长的女教师，暂且称为C）

说明：访谈由观察者在教学活动结束后突然提出，事先并没有这个计划，因此，这三位教师都没有准备。

访谈摘录：

G：谢谢三位老师，尤其要谢谢A老师，给我们展示了一堂非常精彩的数学课。

A：不客气。

G：在听课的过程中，我形成了几个问题，想和三位一起探讨一下，行吗？

B：可以。

G：你们设计的这堂课的主要教学目标是什么？

B：就是让学生通过已有的日常生活经验，来掌握“加减法速算”的方法。

G：在教学设计的时候，你们考虑到的学生在学习中可能的难点是什么？

B：主要就是学生常常会将最后的结果是进行加还是减弄反。就像在刚才的学习中，结果应该是再减去3，但还是有不少人误算成再加上3了。

G：（面向A老师）您认为这样的速算有一定的规律和方法吗？

A：我想应该是有的。

G：那么这些规律或方法是不是需要教给学生呢？

A：我让学生去找最简单的方法，就是想将这些规律和方法教给他们。

C：（插话）如果最后不将这些东西教给学生，那么，学生在这节课里就等于是白学了。

G：还有一个问题，（面向A）您为什么要在教学活动开始时设计这么一个情境呢？

A：什么情境？

G：哦，就是您设计的那个圣诞节购物的情境，目的是什么？对一个二年级的孩子来说，有什么特殊的价值吗？

A：主要是想让学生感受到，这种速算方法在我们的日常生活中是经常用到的。另

---

① 杨庆余. 小学数学临床案例分析[M]. 上海：上海教育音像出版社，2003：153.

外，还是想利用学生已有的用钱购物的经验。

B：因为这里的速算，最关键的是要能找到一个数最接近的整十、整百的数。因此，通过这个购物的活动，可以先训练学生怎么去寻找一个最接近什么整十、整百的数。

G：（打断）那预先给学生这些复印的“人民币”有什么用呢？

B：我们就是想模拟现实的真实情景，让学生自己去动手操作一下，发现一些规律。

G：（面向A）通过教学实践，您发现起到作用了吗？

A：应该是有一些效果的。但是好像并不明显。可能是学生还不习惯吧。

……

G：再一次感谢三位老师。

评析

在这个访谈过程中，访谈者以平等和探讨的口气向执教教师和两位参与课程设计的教师进行发问，让他们自己去思考教学中的问题所在和应如何改进，而不是以高高在上的评判者的身份对教师的课进行指手画脚，更容易促进受访者的反思和改进，最终达到评教的真正目的——促进教师的专业发展。

（三）随堂测验法

随堂测验法就是在某个教学活动结束之后，评价者当堂随机地或有选择性地抽取若干学生，运用书面或口头的方式，让他们来回答评价者目的性的测验题。

1. 随堂测验法的几个策略性问题

（1）评价对象的选择。评价对象的选择要根据评价目的而定，可以是预先确定好的，也可以是随机的。

（2）评价方式的选择。采用笔纸回答的方式，还是采用口头回答的方式，要根据评价主题确定。如果侧重于评价学生对数学知识的掌握、数学技能的形成以及问题解决的水平，可能采用笔纸回答方式更好些；如果侧重于评价学生对数学知识的理解、数学学习的体验以及数学情感和价值方面的问题，采用口头回答的方式更好些。

（3）测验题目的编制。测验题目可以课前预设好，也可以在听课过程中生成问题。编制题目的一个重要原则是，要尽可能准确反映评价者想获得的有关主题的信息。

（4）测验题目的类型。大致有两类，一类是选择—反应式的，包括判断、选择、匹配等备选答案性质的题型；另一类是建构—反应式的，包括解释、简答、设计等问题解决性质的题型。

（5）测验数据的解读。一般有三种策略：一是评价者在获取信息后独立解读；二是评价者与当场执教的教师一起解读；三是评价者与被测试的学生一起解读。三种策略有不同的价值，选择哪一种策略，主要取决于评价的基本目的。

2. 随堂测验法的优点

（1）信息反馈及时。采用随堂测验法，评价者能在第一时间掌握学生在数学知识的习得与数学能力的形成等方面的信息。

（2）信息反馈全面。随堂测验可根据评价目的采取灵活机动的方式，既可以获取结果信息,也可以获得过程性信息。

(3) 信息反馈突出重点。随堂测验不必面面俱到,可根据评价主题重点选择某一方面或几个方面进行测验。

3. 注意问题

(1) 要尽可能在自然状态下进行,要使测验成为一节课的组成部分之一,这样一方面使获取的信息更加有效,另一方面也不会增加学生的学习负担。

(2) 测验题目数量要控制好,一般1~3个问题足够。因为随堂测验一般是利用下课前3~5分钟的时间进行,所以题量要控制好。

(3) 数据解读的目的不是为了甄别学生的学业,而是为了诊断教学过程中存在的问题,让教师明确下一步教学应改进的方向。

(四) 研讨解析法

研讨解析法是一种参与式的教学评价方法,即被评价者与评价者通过对课堂活动过程或行为的研讨式分析,获得基本的评价。这种方法有两个显著特点:第一,活动是通过被评价者与评价者平等探讨与交流的方式来进行的。这与传统的评价者"指点江山"、话语霸权,被评价者俯首帖耳、唯命是从,被动接受的评课方式有着本质的区别。第二,往往有多人共同参与评价活动,因而这是一个团队共同探讨感兴趣主题的教研活动。

案例

"分数与除法"的评课过程①

1. 教学过程

(1) 复习铺垫,引出课题。如8÷4,10÷5,100÷50,2÷3,2不能被3整除,那么2÷3的商该怎样来表示呢? 从而引出课题。

(2) 学习新课。① 学习例2。例2:把1米长的钢管平均截成3段,每段长多少? 出示例2,读题,列式,然后教师演示讲解。② 学习例3。例3:把3张饼平均分给4个孩子,每个孩子分得多少块? 首先出示例题,读题后引导列式,然后教师操作、演示、讲解。

用3张厚纸片表示3张饼,摞在一起,平均分成4份,把其中的一份剪下来,这一份就是每个孩子分得的。因为这一份是从三张饼上剪下来的,也就是3个1/4块,所以3÷4=3/4(块)。教师操作,演示的过程用圆纸片粘贴在黑板上。

(3) 寻找规律。通过对两个算式的比较可知,两个整数相除不能整除的时候,商可以用分数来表示,分数的分母相当于除法中的除数,分子相当于除法中的被除数,即:被除数÷除数=被除数/除数,字母表示这种关系就是:$a \div b = a/b(b \neq 0)$。

(4) 巩固练习。练习时间占全课的1/3。

2. 评课实录

主持者:李老师你先说说本节课的设计思路。

---

① 王丽杰,关文信.新课程理念与小学数学课堂教学实施[M].北京:首都师范大学出版社,2003:181.

授课者：本节课主要是通过我的演示帮助学生理解分数和除法的关系，让学生记住这个知识，并通过大量的练习进行巩固。

主持者：你认为这堂课的特点是什么？

授课者：这节课的特点是通过直观教学手段帮助学生理解掌握知识，采用的教学方法是演示法与讲授法。如学习 1÷3=1/3，通过线段图帮助学生理解；学习例 3 时通过模型演示使学生直观地看到 3÷4=3/4。

参与者 1：本节课教学仍没有摆脱灌输式的束缚。教师只注意了自己教的优化，而忽视了学生学的优化过程，也就是说，教师没有引导学生进行积极主动地自主学习。

参与者 2：学生对知识的掌握，是在教师一步一步引导下，通过教师的讲解来实现的，而没有让学生自己去主动地发现规律，在这种基础上的教学，只能是学生较好掌握了所学知识，而实践能力和创新精神得不到很好的培养。

授课者：你刚才提到了实践能力和创新精神的培养问题，我也认为应当把创新教育落实在课堂教学中，那么就本节课来说，应如何设计呢？

参与者 2：在讲例 3 时，可让学生进行两次实际操作：一次是动手操作，初步感知分数和除法关系。比如，先出示一道为例 3 做准备的操作题：把一张饼平均分给 4 个同学，每人分得多少张？要求每个人用课前准备的圆纸片动手分，并说说分的过程。另一次是再一次操作，进一步感知分数与除法的关系。把 3 张饼平均分给 4 个孩子，每个孩子分得多少张？这就是培养学生的动手实践能力。

授课者：噢，我明白了。那么，又该怎样设计能体现创新呢？

参与者 2：可以把你在讲课中的几处演示讲解变为学生自己动脑想，动手做，在“做”的过程中，去发现分数与除法的关系。比如，学生通过操作知道一张饼平均分给 4 个同学，每人分得一张饼的 1/4，也就是 1/4 张，所以 1÷4=1/4(张)；3 张饼平均分给 4 个同学，每个同学分得 3/4 张饼……这时，教师可提出一个探索性的问题——你发现了什么？当学生自己发现了分数与除法的关系时，就像发现了新大陆一样，感到非常欣慰，这就是创新。学生发现的这个结论对社会、对他人来说没有什么用，但对学生个体来说，对其认知发展有很大作用。很可能带来智力上的飞跃，这就是我们所说的创新的含义。

授课者：非常感谢，您这种理论和实践相结合的评课，我受益非常大。

参与者 3：这节课没有让学生合作完成某一学习任务，缺乏对学生合作能力的培养，而合作学习是新课改倡导的学习方式之一，学会合作也是未来公民应具备的素养。

……

授课者：通过刚才的讨论和交流，我觉得这节课最大的差距是没能体现《新课标》的理念，依然是以教师为主的做法，应调整为以学生自主学习为主。

评价者与执教者一起提出改进建议，并拿出改进后的方案。大家提出了如下的改进建议：

(1) 应从以教师演示为主转变为学生操作为主。

(2) 应从学生的生活经验和已有知识中学习数学和理解数学。

(3) 应让学生经历知识的产生、发展及形成过程。

(4) 应注意培养学生的合作能力。

评析

评价者都是很谦虚、很客气地向授课者提出问题，在提出问题、解决问题的过程中，授课者几次发现自己备课时没考虑到的问题，双方共同探讨，气氛非常融洽，教师感到收获很大。

运用研讨解析法的价值：

(1) 评价的过程就是教学研究的过程。在这个过程中，没有“权威”与“听众”之分，研讨的目的是为了相互交流、取长补短、共同提高。

(2) 通过研讨与解析活动，能有效促进教师的专业发展。在研讨与解析活动中，授课教师的优点大家都要学习，其缺点其他教师可以引以为戒，所以不仅能够促进执教教师的专业发展，而且也能促进参与研讨的其他教师的专业发展。

(3) 在评价过程中还能生成新的问题或新的认识。

运用研讨解析法，评价教学应注意：

(1) 参与评价活动的所有成员都是平等的，没有专家或职务的权威，所以要谨防话语霸权，以势压人。

(2) 研讨和解析活动中要遵循“求同存异”的原则，允许保留不同的想法或意见。

(3) 每次活动要围绕某个主题展开研讨。

(4) 研讨解析活动作为教研组的教研活动之一，教研组要建立档案袋，做好记录，以便开展进一步的研究。

第三节　小学数学观课与议课

听课、评课是每位教师职业生涯中都会遇到的事情之一。有的是听、评其他教师的课，有的是被其他教师或专家听和评。就普通教师而言，被别人听评自己课的机会比较多，听、评别人课的机会相对较少。听课、评课的目的是对课堂教学的优劣做出鉴定，帮助执教教师找出成败原因，使其能够发扬优点、克服缺点，不断提高教学水平。但是在具体听课、评课过程中，听课、评课者往往高高在上，话语霸权，语气生硬，对执教者优点的肯定非常吝啬，而对不足之处则谈起来滔滔不绝，让执教教师难以接受，所以也不能真正达到听课、评课的目的。针对传统听课、评课的这些缺点，一种新的教研形式——“观课议课”应运而生。

一、观课与议课提出的背景

观课、议课的首倡者是成都大学师范学院陈大伟教授，他在谈到观课、议课产生的背景时介绍道：多年前，在四川省绵阳市涪城区教师进修学校工作的时候，我接到一位中学教师的电话。她说我们进修学校老师听她的课以后，当着学校领导的面说了许多问题，她批评说：“我们几学期才会给外面的老师上一堂课，你们来的是所谓的专家，听说你们要来听课，我们格外重视。可是你们听课以后全是下结论，提的意见我们又根本做不到，对我没有什么帮助。校长、主任听了你们的意见以后，却认为我素质不高，上课上得差，对我留下了不好的印象。"她的电话使我意识到：一方面，我需要思考和解决如何使听课、评课既能够帮助教师，又能够保护中小学教师的面子和积极性，从而解决好我们到中小学听课不受欢迎的问题；另一方面，也遇到了如何引导中小学管理者和一线教师认识课堂和自身不足的问题等。

在中小学，听课、评课不仅参与面广，而且耗时很多。我想，如果听课、评课效益不高，浪费的就不仅仅是大量的时间和金钱，还包括老师们宝贵的热情和积极性。因此，必须思考以更有效的方式进行听课评课。①

针对听课、评课中高浪费、低效益的问题，陈大伟教授开创性地提出了观课、议课的教研方法。

二、观课与议课概述

观课是指研究者带着明确的目的，凭借自身感官及有关辅助工具，直接或间接从课堂情境中搜集资料，并依据资料做相应研究。同时，通过感悟、体验和分析，以获得对课堂教学的认识和理解。议课以研究为取向，鼓励授课教师大胆尝试探索，强调参与者围绕共同的话题平等对话，把教师培养成具有批判精神的思想者、研究者和行动者。

观课、议课是参与者通过有目的的观察来收集相关信息，围绕共同关心的问题进行对话和反思，以改进课堂要素之间的关系，促进教师专业发展，实现教学自由的一种研修活动。这种方式适用于日常的教研和教师培训活动，其基本价值在于通过明确或改进课堂要素之间的关系来丰富教育教学理论和改进教育教学实践。随着科学技术的进步，观课议课的方法也在不断改进，其效果也在不断提升。

三、观课与议课的特点

（一）一线性

观课、议课是教师改善自己课堂教学的有效手段，也是教师实现专业发展的有效途径。一线教师主体参与，也是观课议课的主要特点。教师不是作为一名旁观者和外部的观察者的角色进入对象，而是以一名参与者和研究者的角色与对象融为一体，在课堂评价的互动交流中不断地通过体验、反思来发现自己教学中存在的不足，以修正自身的教学行为、领悟教学的技艺、体味教学的乐趣和生成过程，感受自己生命的存在价值。因此说，新课程中的观课议课是教师与一种"经验视界""文本视界""生命视界"的真正融合，是创生一种新"视界"、新智慧的过程，是教师与新课程的对话、与自身的对话、与教师的对话过程，是一种"对话文化、融合文化和生成文化"。

（二）日常性

观课议课主要适用于日常的教研和教师培训活动，学校是最适宜的场所，教师是其中的主体和主角。日常性既是观课议课的主要特点，又是它的意义和价值所在。

---

① 陈大伟. 教育科研与教师成长[M]. 上海：华东师范大学出版社，2009：74－75.

（三）互动性

在观课议课活动中，观课者和被观课者以平等的身份参与其中，展开平等对话和民主沟通，不存在“权威”与“听众”的问题。

（四）探究性

美国著名的教育评价学者斯皮尔伯格说：“评价的目的不是为了证明，而是为了改进。”新理念下的观课议课是一个学习和思考的过程，不仅要关注教师的教学行为，更应该关注学生在教师引导下的各方面的发展，通过学生学习方法的变化了解教师理念的变化。讨论和揭示更多的发展可能以及实现这些可能的条件和限制。

（五）反思性

对课堂观察的总结和分析的过程不仅仅是呈现观察结果，它实际上是教师对观察研究过程的总结反思，是教师研究性学习的深入，议课反对孤立地评价效果和行为，强调在平等对话的基础上，“从教和学的行为入手，帮助教师认识教育观念、教学设计、教的行为、学的行为、学的效果之间的联系”。不是对他人的课堂进行“指点江山与激扬文字”的卖弄，而是通过对问题和困惑的讨论，发掘问题行为背后的立场、观点和价值追求，建立“观念—行为—效果”之间的联系，进而改进教学，发展教师的实践性知识。

观课议课是参与者相互提供教学信息，共同收集和感受课堂信息，在充分拥有信息的基础上，围绕共同关心的问题进行对话和反思，以改进课堂教学，促进教师专业发展，实现教学自由的一种研修活动。

四、观课与议课的流程

观课议课的方法流程有很多，如何更科学更合理地设计观课议课的流程是观课议课教学评价是否能更好地引领教学实践的关键所在。因此，建议从课前、课中、课后三个层面完善观课议课教学评价的流程，具体阐述如下。

（一）课前“三了解”——充分做好观课议课的准备

1. 了解观察主题

在教研活动开展前，要针对教学实践中的困难和问题，提炼教学进程中需共同探讨并能全员参与的话题；有中心主题又可以进行分解，容易细化实践又可观可议的主题，确定为观察主题后予以公布。这样既明确了观课任务，又提高了观课针对性。

2. 了解教学思想

为了更好地让观课者理解课堂教学思路与意图，有效地进行议课分析，在课堂教学展示前要让执教教师与观课者就以下三方面问题进行简短的沟通说明，以便于观课者了解执教教师的教学思想。

(1) 阐述教学背景。包括本课教材结构分析与重点难点、学生学情和学习状态等，以增进观课者对课堂情况的了解，增进对本课教学基础和后续发展的理解。

(2) 介绍教学预设。包括本课的教学设想和将要展开的主要教学活动，以及要重点解决的课堂问题，提示重点观察的现象和时机。

(3) 交流教学创新。主要分享本课异于常规的教学创新，以避免观课者带着固化的观念观察课堂，并促使执教者放弃迎合观课者口味的习惯教法。

3. 了解班内学生

观课议课需要了解学生的学习活动、学习状态和学习效果，但为避免给学生带来压力，观课者应提前进教室，通过与座位周围的学生聊天，拉近与学生的距离，舒缓学生可能的紧张和压力，使学生在教学活动中以平常心、自然的方式参与学习，这样观课者在观课中才能收集到更加真实和有价值的信息。

(二) 课中"三行动"——无缝切换观课议课的视角

1. 行动之一：选择

观课议课要重点选择"课堂教学中学生的学习状态、学生学习的主体性、教学问题的设计与处理、课程资源的开发利用、重难点处理"等可观察、可记录、可解释的现象作为观课视角，以课程理念、理论素养、教学价值为支撑，设计出五个重难点处理观课量表。这些观课量表的价值意义大小取决于其信度与效度，这些观课量表的设计应遵循两个标准：信度标准和效度标准。在测量学上，信度和效度只具有统计学意义。课堂观察的信度是指在同一观察点上，观察和测量的一致性、稳定性、普遍性。课堂观察的效度是指观察结果与观察的教学特性的符合程度。高效度是课堂观察的重要特性，课堂观察若无效度，无论具有其他任何优点，都无法发挥其真正的功能。因此，课堂观察必须首先评价其效度。

观课量表又可分为基本观课量表和备用观课量表。其中，"学生的学习状态"观课量表和"学生学习的主体性"观课量表为基本观课量表。这两个观课量表虽然观课维度和观察点有所区别，但体现的都是"学为中心"，因此，使用时，观课教师只需选择其中一个就可以了。另外的"教学问题的设计与处理"观课量表、"课程资源的开发利用"观课量表和"重难点处"观课量表为备用观课量表，根据教研活动的需求进行有针对性的选择使用。

2. 行动之二：记录

所谓"观"，就是综合运用各种感觉器官，眼观六路、耳听八方地观察课堂中每一个与相关主题的教学场景。而记录作为呈现观课信息最直接的手段，成为观课过程中的中心任务。常态下，课堂记录主要有两种方式：定量记录和定性记录。根据课堂观察量表，在特定时间段内出现的类目中的行为进行记录统计。在此基础上，以非数字的形式呈现观察的内容，作为定性记录，包括描述(从空间、时间、环境、行动者、活动、目标、感情等角度描述)、叙述(对观察到的事件和行为做详细真实的文字记录)学生的学习状态观课量表、学生学习的主体性观课量表、教学问题的设计与处理观课量表、课程资源的开发利用观课量表和图式记录(用位置、环境图的形式直接呈现相关信息)、技术记录(使用录音、录像、照片等形式对所需研究的行为事件做现场的永久性记录)。因此，为提升观课议课效果，观课教师可以有机结合两种记录办法，以简洁明了的方式，参照观课量表中的参数指标记录真实的教学环境和课堂活动，真正做到观有所察。

3. 行动之三：提炼

作为观课议课活动中一个承上启下的环节，一方面，观课教师需对观课信息进行总结梳理，另一方面，还需结合教学实际，分析观课信息，提炼切合主题的教学困惑和教学故事，思考解决困惑的对策以及教学改进的策略，为议课环节做好准备。

(三) 课后“三修正”——大力提升观课议课的功效

议课是观课议课活动的关键部分。观课是教学评价的基础,是为了发现问题;而议课是教学评价的提升,是为了分析问题和解决问题。因此,议课效果的好坏直接决定了教学评价的成败。为了确保议课的有效推进,应修正议课环节中的三大重心,才能大大提升观课议课的功效。

1. 修正议课立场

传统意义上的评课,评课者更多的是课堂教学活动的旁观者,甚至是高高在上的评判者。而对于议课中的立场,我们主张“同在共行”。“同在”就是观课者要融入其中,设身处地站在执教者的立场思考问题。“共行”就是无论作为执教者还是议课者,不置身事外,都在民主平等的伙伴关系中,共同开展研究,共同解决问题,实现共同进步。我们建议观课者在议课时多使用“假如我来教……”的话语结构,这样既尊重了执教者,又为所有观课议课的参与者提供了一种新的教学思路。

2. 修正议课对象

受传统的“以教评教”思想的影响,教师们不但在听课时只关注教师行为,在评课时也依然只聚焦在执教教师身上。对此,观课议课应遵循“就事论事”原则,修正议课对象为课堂中的现象和事件,而不是执教者个人。教师们要对提炼所得的课堂现象和事件进行分析和讨论,其目的虽然也是为了促进执教者反思和改进,但更多更重要的却是为了最大限度地发挥观课议课的功效,帮助每一位参与者理解和改进教学。

3. 修正议课流程

传统的教研活动中,满是彬彬有礼的“称颂者”和夸夸其谈的“仲裁者”,却鲜见掷地有声的“谏言者”,更遑论胸有成竹的“实践者”! 这样的教研活动不但降低了吸引力,更是丧失了生命力。鉴于此,要修正简单对话式的议课流程,而改为:观课者描述观课困惑或教学疑难问题→执教者答疑,阐明意图和教学思考→观课者反馈看法→参与者共同分析教学问题,达成解决问题的共识→主持者总结教研成果,布置教学改进任务。

这样的一个流程设计不但把教师观课议课的重心转移到了关注教学疑难问题上,而且由于最终讨论了疑难问题的解决办法并落实到教学一线的行为改进上,使得观课议课教研活动真正达到了为教学服务的功效。

五、观课、议课的注意事项

(一) 观课、议课须始终坚持“以学论教”的思想

在“学为中心”的课堂教学核心理念引领下,观课议课和听课评课最大的区别在于,听课评课是以关注教师的“教”为主,而观课议课却强调把学生的学习活动和状态作为关注的焦点。“到学生身边去”成为观课议课的一个基本要求,要求教师通过关注学生的学习方式、学习状态、学习效果来观察、映射、反思和总结教师的教,通过以学论教,实现有效教学。

(二) 观课、议课须始终坚持“平等对话”的方式

平等对话是提升教学评价有效性的基础和保障。只有消除执教教师和观课议课教师

之间的主客之分，既能够在观课时转换角色，假设自己是执教教师来观察课堂、发现问题、思考问题和解决问题，又能够在议课时营造和谐交流、共同探讨的氛围，以主人翁的态度来阐述问题、分享设计、出谋划策，才能让参与教研活动的教师真正抛开顾虑，畅所欲言，才能使教研活动真正达到群策群力解决教学疑难问题的功效。

（三）观课、议课须始终坚持"改进教学"的目的

毋庸置疑，教研活动开展的目的是为了更好地为教学服务，提升教学效度。如果一个教研活动的设计和组织，大家只是和和稀泥，唱唱赞歌，走走过场，既未能发现课堂故事和问题，也未能提炼一线教学中的共性问题，更不能创设平台让大家分析讨论生成教研成果为改进教学行为服务的话，就缺失了存在的必要性。观课议课打破了"不想在同行面前暴露自身弱点，不愿工作时被他人指手画脚，不希望有人干涉自己教学"的"私下默契"的学校教研活动状态，它致力于通过关注学生的学习状态、学习过程和学习方式来评价教师的"教"，帮助、指导教师打造高效课堂，力求课堂教学方式的最优化，教学效率的最大化。观课议课转变了教师对教学方式的认识，形成了同伴互助、共同提升的意识；转变了教师对常规教研活动的看法，形成了着力解决实际课堂教学问题的务实氛围；转变了教师对校内培训的片面认识，形成了教学业务技能、经验交流共同分享机制。观课议课更让教师真切感悟到了"观课即上课，议课即研究，成长即成果"的教研氛围，激发他们主动参与的意愿。

教学活动具有无限的丰富性和多种选择性，在复杂的课堂教学活动面前，我们都必须抱有"我们未必了解别人""我们未必正确""即使我们正确，正确的方法也未必只要一种"的谦逊态度。因为未必了解情况，所以不能简单下结论，而是需要询问，需要倾听，要少用句号，多用问号。因为自己也未必正确，自己不可能完全从逻辑上把握、规定和制约教学活动，所以对话和交流时就不能强加和压制。因为正确的方法未必只有一种，所以需要容忍多样性、鼓励多样性、探讨多样性。

案例

一节小学数学课的观课议课活动实录①

济源市轵城镇东天江小学　商国辉

课前交流：

一、讲课人作课前预设说明

课题：分数能否化成有限小数的规律

讲课人：商国辉

时间：5 月 18 日

关注点：学生的思维真正地参与到知识的形成之中。

预设及说明：

① 可参见，一节小学数学课的观课议课活动实录，https://www.mianfeiwendang.com/doc/4628be6df2d4760891afaf2b/4。

（一）课始激趣，创数参与

1. 请学生说一个分子是“1”的真分数。

2. 把真分数化成小数（不能化成有限小数的得数保留3位小数）。

3. 根据分数化成小数的结果，请学生感知上面的分数可分为哪几类？

预设目的：数学课程标准中强调：从学生已有的经验出发，让学生自己说数，从开始说的时候就引导学生参与到学习之中。研究分子是“1”的真分数，是为了降低本节课的难度，让学生研究什么？为要研究的分母做准备。

（二）定向探究参与

1. 刚才这些真分数有的能化成有限小数，有的不能化成有限小数，你想，一个真分数能否化成有限小数和分数的什么有关？

2. 能否化成有限小数和分母有着怎样的关系？

3. 探究。（可能出现奇偶数、质合数方面的猜测）

4. 汇报总结。

5. 验证与推广。

刚才我们研究的分数分子都是“1”，这个规律对于分子不是“1”的分数是否有用呢？判断下列分数能否化成有限小数：（略）

总结：规律也同样适用于分母不是1的分数。

6. 典型例子能否化成有限小数？为什么？强调：必须是最简分数。

7. 为什么分母中除了2和5以外没有其他的质因数的数就能化成有限小数？

预设目的：本阶段从分子为“1”的真分数中猜测规律，验证规律，然后再推广到一般的规律，最后再到典型的分数中。主要是渗透“从特殊到一般再到特殊”的认识规律的思想方法，让学生在参与探究的同时，掌握科学的学习方法。

（三）巩固成果，课尾余趣

1. 判断

因为 $30 = 2 \times 3 \times 5$，所以不能化成有限小数。

2. 作业：下面的分数，哪些能化成有限小数，哪些不能化成有限小数？（略）

3. 给同学或父母讲一讲今天的收获。并放到“数学快乐储蓄箱”里。

二、观课教师课前交流

常亚歌：让学生参与到知识的形成之中，你准备采取哪些方式让学生的思维真正地参与到学习中去？

商国辉：学生只有思维的参与，才能算得上是真正地参与。这节课，我根据我班学生的情况（年级中成绩不太理想的学生集中的班级），把思维梯度降低了一部分，采取由“特殊到一般再到特殊”的思考方法来让学生探究规律。为了让学生都能思考，我的提问有些难度很小，但学生必须动脑。如：你能说出一个分子是“1”的真分数吗？这样，促使学生真正地思考。

史红桃：你准备让学生参与什么？怎样让学生参与？

商国辉：我想让学生自己去学习规律。通过思考来让学生知道规律是怎样得来的。

刘新超：我觉得这一节课是一节思维含量高的课，数学课的总结，特别是规律的总结是学生高级思维的表现，是教学的一个难点，我在让学生总结规律时，从语言表达到内容的概括都很费力。我觉得这节规律课让学生思维参与到规律的探究、总结，我觉得不容易。特别是你这一班学生的情况更为特殊。

赵涛：我觉得让学生说"为什么分母只含有2和5而没有其他的质因数时，能化成有限小数？"这个问题好多教师都没有认识到位，学生能认识到吗？学生对于这个过难的问题怎样去参与呢？

曹理智：教师的行为也相当重要，在观课议课中，教师怎样对学生的思维及时地反馈呢？怎样及时地看学生参与的情况呢？

于会：学生的思维速度不同，参与时的深度不同，特别是你这一班，学习的基础普遍较差，让学生真正地参与思考，应考虑到学生的基础。我们在学习教学的革命中，培养学生高参与的策略时，有一句话：不要指望学生对所学内容全部掌握，完全理解，因为我们的练习和复习还可以互相帮助。那么学生参与到知识中，你这班的学生肯定需要很长时间，在学生没有完全掌握时，你采取什么方法来使各层学生能参与到知识中去呢？

三、课前观课分工

1. 时间：分配是否合理，准确计算上课效率的有效度。（赵涛）

2. 教师行为：行为是否有效，教师怎样去查出学生思维状况，教师的哪些行为有利学生参与，哪些行为对学生参与无利？（曹理智：济源市骨干教师）

3. 学生观察：学生是否参与到教师的提问与引导的思考上了？各层学生在提问时干什么？学生是否有一定的情感体验？（于会：课题组参与成员）

观课议课记录：

一、讲课人及时反思

本节课总体感觉：学生没有达到预定的参与目标，出现了太多与平常行为不符的意外。

1. 班里的学生虽然起点较低，但属于"天不怕，地不怕"的班级群体，本节课敢说者甚少，与平日课堂大相径庭。

2. 学生没有参与探究而直奔主题后，在引导学生读书时，以读规律、讲规律来看学生的理解水平时，总有一种"水过地皮湿，再润不浸"的感觉。

3. 总结方法时一反平时你一句我一句的交流状态，一直重复而无争辩。

学生的意外导致了教师的意外：

1. 在引导学生探究时，学生说出了规律之后，明知理解肤浅，当堂却不知从何入手更好地让学生体验规律，导致对规律把握不好。

2. 由分母是"1"的真分数直接到结论后，把预设时推广到一般规律的环节漏掉了，致使本节课在思维上不太严密。学生的思维更没有真正地融于对规律的理解中去。其实太多的意外，其原因根源在于自己想关注课堂的生成却无机智的应变能力，在学生直奔主题时没有创造机会让学生去参与到对知识的验证中，从而错失学生参与的良机。

二、交流

曹理智：上课为了让学生参与，你采取了提问，本节课你提问学生的目的在于把握学生的思维参与状况，可你发觉了没有，你提问涉及几人？其中，崔林峰一节课就回答了五、六次，而有的学生却一次也没被叫到。

商国辉：这一点倒是平时不太注意的。应该是每个同学都有机会回答，一个人平时回答多这一点没有考虑到。因为平时这个班非常活跃会不会都想说、敢说，并且一时组织滞后将会不自觉地超时争辩。看来，以后在日常的教学中还得关注学生回答参与率这一点。

史红桃：开课让学生说分子是“1”的真分数后，接着让学生把这些分数化成小数，光学生把这些分数化成小数用了5分钟，这一节课中让学生把分数化成小数目的是做什么用的？用5分钟是否合适？

商国辉：让学生把分数化成小数的目的是体会除尽与除不尽，为化成有限小数与无限小数埋下伏笔。用5分钟从导入的角度去思考，时间还是有点长的。

刘新超：此时如采用分组做就能迎刃而解了。或者把计算器拿来也能快速地计算出来，这样节省不必要的时间，可以把有限的时间花费在探究规律的真正的思维上。

于会：本节课学生的参与率从课堂回答还是能看出反馈情况的，如采用手势，一个人回答，其他人胸前手势判断，能看出所有人的思维情况而不受他人的影响。当然，这样会使氛围在静悄悄中进行，而显不出那种活跃的氛围。从参与的角度来看，是学生高参与可行的方法。

刘新超：当你引导学生探究规律时，问题一提出，多数学生都没举手，只有几个人举手，结果，他非常流利地说了出来。接着，你问其他同学，你们是不是也知道？怎么知道的？学生回答说，是从课本上看的。接着你又问，为什么分母的质因数只有2和5时，才能化成有限小数？学生又答了，接着，你让学生读规律、讲规律，而一改你所预设的探究。这一点我觉得学生的思维没有参与到规律之中，这一点你当时是怎样想的？目的是什么？

商国辉：这是本节课之所有意外的根源，学生为了上这节课已经预习了，对规律会不会都已经知道了？这时我想，对于已知谜底的规律再让学生去探求，学生又有多大的兴趣呢？可我班学生在学习中“浅尝辄止”的现象严重，再加上本身基础较差，有相当一部分人从众现象严重，怎么办呢？当时，我想了一下，就从读书入手吧。(因为我平时比较注重指导学生读书，这样，不管我是否暂时不在，学生遇到问题时，可通过读书来解决)让学生通过读书，参与到规律的理解之中。而让学生先读了规律，为了检验学生对规律的理解，我让学生看黑板上的数字并补充，这一行为主要是让学生理解规律中“除了2和5以外，不含有其他的质因数”而设计的，这一点可能没有经过探究，没有经过分析与比较，是不会有太深的感觉的，那么通过体悟规律，来补充完黑板上的数字情况，可以看出学生的理解程度。因此，我让学生根据这句规律所反映的情况对黑板上的例题做以补充，如8只有质因数2;20只有质因数2和5;当时学生补充了1/125，是只有质因数5，可以看出学生对这句话理解了，所以我又补充了特例，引起学生对“最简分数”的理解与注意。在此基础上，让学生再读规律，并标出学生自认为的重点词语，目的是让学生通过读来理解规律。但由于学生没有亲历探究，读中悟得不深，所以在总结判断的方法时，用时较多。

史红桃：你让学生总结“怎样判断能否化成有限小数的规律”的方法时，学生用了好几分钟时间也没总结上来，这一点的设计是想让学生达到什么目的？

商国辉：让学生总结判断的方法，是为了让学生更加明确判断的步骤，因为这一班学生整体基础较差，组长能给组员提供一些帮助。

史红桃：这节课你认为学生学会了什么？有哪些收获？

商国辉：从最后的作业情况来看，很多人仍用除法来做，做题慢是这班学生的实际情况，从表面现象来看，规律对学生没有发挥作用。学生这一节并没有收获多少。学生的收获，还得从课堂问卷和学生作业来分析。从参与的情况来看，学生没有积极参与，从课堂的氛围可以看出。但是什么原因造成本节课的思维没有参与到规律之中呢？

史红桃：学生的参与关键是动机，在激发动机时没有情感的参与。没有激起探究的欲望，如果在第一阶段后，问学生感觉分几类后，再写几个数，师生比赛，看谁能快速判断这些分数能否化成有限小数呢？在比赛中激发欲望，我想会好一些。（全体教师一片掌声）

改进设想：在第一阶段，感觉分几类后再写几个数，提问学生是否能快速判断这些分数能否化成有限小数？然后和学生比赛，激发欲望。课堂上必须冷静，不可太慌。如再遇到学生直奔主题时，采取如下方案：

（1）可将作业提前。从作业入手看学生掌握程度，如多数掌握较好，则从出题训练入手，让学生参与对规律的深层理解；如学生多数掌握得不太好，从不理解处引导学生说出为什么这样做，这时不能过早地提问学习好的学生，而应让学生先交流后针对重点问题深入探究，从而让学生思维真正地动起来。

（2）也可采用读书法。但在读书时，通过读规律，让学生说例子，并说出为什么，然后，分组对抗比赛，在学生不能解决的矛盾处探究。

评析

本案例从“课前交流—观课议课记录—改进设想”三个层面介绍了一次观课议课的完整流程。本次观课议课活动，设计合理，分工明确，观得仔细，议得融洽，建议可行，收到很好的教学评价效果，无论是对执教教师还是对观课议课教师的专业成长都有很大的帮助。

本章小结

教育要遵循学生和教师的生命体验，遵循学生的身心成长规律和教育规律，构建有效的教学评价更应体现这一基本理念。评价应被视为教学的重要组成部分。教师应该清楚地知道自己教了什么以及学生学了什么，并根据评价提供的反馈信息，不断改进和创新教学，促进学生的全面发展。评价与教学的有机结合是近年来国际评价研究的重要趋势。学生学习评价是数学课程评价、数学教学评价的重要组成，也是课堂教学的一条基本线索；课堂教学评价的目的是促进教师改进教学，不断提高课堂教学质量，提升教师的教学能力。说课、评课是教学研究和培训活动，也是课堂教学评价活动。总之，评价不是教学的终结，而是对教学的反思，是改进教学的开端。

思考与训练

1. 小学数学学习评价的功能是什么？
2. 简述小学数学学习评价应遵循的原则。

3. 小学数学课堂教学评价的方法有哪些?

4. 简述观课议课的流程。

5. 结合小学生数学日记案例,思考数学日记作为评价的一种形式,体现了数学教学评价的哪些要求,根据《新课标》解释你的回答,并与同伴交流。

案例

这几天,我已经学会了该如何解方程了。方法非常简单,跟这个例子的本质是一样的。例子:首先,天平左盘放两个球,右边放两个长方体。这时,天平是平的。问:要是左右两盘各放一个同样大小的圆柱,天平还平吗?很快,我们就会得到这个结果:天平两边,只要每一边放上的物体都一样重,天平就能保持平衡了。还有一个例子。例子是:天平两边,左盘放两个球,右盘放四个球。问:要是左右两盘去掉二分之一,天平还能平吗?这时,我们就能想出这个结果:天平两边,只要扩大和缩小同一个倍数,天平还是平衡。这些基本功,我一定要打扎实。因为,这对我以后做方程题打下了坚实的基础。

教师评语:这是等式的两个性质。要仔细体会方程的思想方法。

还有一个问题。题目见书中的第 14 页和第 82 页。我读过题目后,知道了一个数量关系:甲船行十八小时的路程比乙船行十八小时的路程少五十七点六公里。根据这个数量关系,我们可以这样列方程:$32.5\times18=(x+18)-57.6$。想解这个方程很简单。首先,可以把这个方程写成:$585=18x-57.6$。接着,我们就能算出 $18x=585+57.6$,一个 x 就等于 35.7 了。

其实,还有一种方法,就是:算术法。在这道题中,我们知道“经过十八个小时后,甲船落后乙船五十七点六公里”。知道了这个条件,我们可以算出两船都行了一个小时,甲船落后乙船多少公里。就是 $57.6\div18=13.2$ 公里。之后,就把“甲船每小时行驶的速度”加上“乙船每小时行驶的速度比甲船每小时行驶的速度快 3.2 公里”,就知道乙船每小时行多少公里了。

教师评语:这个算数方法非常棒!这说明,我们解决问题的时候不要看是在哪部分,就确定非要用那部分新学习的方法解决才行,而是要多联系以前的方法,选择优化的方法,灵活地解决问题。这里的方程方法其实是为解决应用问题提供一种新的思考而已!

参考文献

[1] A. A 斯托利亚尔. 数学教育学[M]. 丁尔陞,译. 北京:人民教育出版社,1984.
[2] A. N. 怀特海. 数学与善[M]//邓东皋,孙小礼,张祖贵等. 数学与文化. 北京:北京大学出版社,1990.
[3] 陈昌平. 数学教育比较与研究[M]. 上海:华东师范大学出版社,2000.
[4] 弗赖登塔尔. 作为教育任务的数学[M]. 陈昌平,唐瑞芬,等译. 上海:上海教育出版社,1995.
[5] J. Papur. 数学家谈数学本质[M]. 王庆人,译. 北京:北京大学出版社,1989.
[6] 克鲁捷茨基著,李伯黍,洪宝林译. 中小学生数学能力心理学[M]. 上海:上海教育出版社,1983.
[7] 林崇德. 学习与发展——中小学生心理能力发展与培养[M]. 北京:北京师范大学出版社,2011.
[8] M·克莱因. 西方文化中的数学[M]. 张祖贵,译. 上海:复旦大学出版社,2014.
[9] Philip J. Davis, Reuben Hersh, Elena Anne Marchisotto. 数学经验(学习版)[M]. 王前,译. 大连:大连理工大学出版社,2013.
[10] 邵光华. 作为教育任务的数学思想方法[M]. 上海:上海教育出版社,2009.
[11] 史宁中. 数学基本思想 18 讲[M]. 北京:北京师范大学出版社,2016.
[12] 斯蒂恩. 今日数学[M]. 马继芳,译. 上海:上海科学技术出版社,1982.
[13] 伍鸿熙. 数学家讲解小学数学[M]. 赵洁,等译. 北京:北京大学出版社,2016.
[14] 吴正宪,刘劲苓等. 小学数学教学基本概念解读[M]. 北京:教育科学出版社,2014.
[15] 吴文俊. 关于研究数学在中国的历史与现状[J]. 自然辩证法通讯,1990(4):1-3.
[16] 中华人民共和国教育部. 义务教育数学课程标准(2011 版)[S]. 北京:北京师范大学出版社,2012.
[17] 张奠宙,孔凡哲等. 小学数学研究[M]. 北京:高等教育出版社,2009.
[18] 郑毓信. 数学教育哲学[M]. 成都:四川教育出版社,2001.
[19] 朱欣欣. 小学数学案例教学论[M]. 杭州:浙江大学出版社,2011.
[20] 蔡金法. 试论数学概括能力是数学能力的核心[J]. 数学通报,1988(2):4-6.
[21] 贲友林. 关于获得数学活动经验的三点认识[J]. 江苏教育,2011(12):10.
[22] 李奕娜,刘同舫. 工具与文化之间的数学品格——模式观的数学本体论下对数学意义的探索[J]. 自然辩证法通讯,2013,35(1):84.

[23] 廖运章,卢建川. 2014 英国国家数学课程述评[J]. 课程. 教材. 教法,2015(4):116 - 120.

[24] 李琼,倪玉菁等. 小学数学教师的学科知识:专家与非专家教师的对比分析[J]. 教育学报,2005,1(6):60.

[25] 马复. 论数学活动经验[J]. 数学教育学报,1996,5(4):22 - 25,54.

[26] 莫尼卡・泰勒. 价值观教育与教育中的价值观(上)[J]. 教育研究,2003,280(05): 35.

[27] 宋乃庆,宋运明等. 我国小学数学新教材编写特色探析——以西师版为例[J]. 西南师范大学学报(社会科学版)2014(3):80 - 85.

[28] Khoon Yoong Wong, Kok Leong Boey, Suat Khoh Lim-Teo, Jaguthsing Dindyal. The preparation of primary mathematics teachers in Singapore: programs and outcomes from the TEDS-M study [J]. Singapore: ZDM Mathematics Edecation, 2012(44): 293 - 306.

[29] Fitz Simons, G & Seah, W. Beyond numeracy: Value in the Mathematics Classroom [R]. Sydney: The 24th Annual MERGA Conference, 2001: 202.